高职院校
质量文化管理研究

程宜康 / 著

东南大学出版社
SOUTHEAST UNIVERSITY PRESS
·南京·

内容提要

本书在构建高职院校质量文化管理基本理论的基础上,试图从"文化人"的人性假设和"以人为中心"的管理中心假设切入,从文化管理的视域认识高职院校质量文化的内核——质量立校的管理使命、走向卓越的管理愿景、共同发展的核心价值,并从哲学、文化学、教育学、管理学等不同视角进一步深入认识文化管理的本质和内涵。基于上述认识,本书力求确立质量文化管理的基本关系、基本原则,提出质量文化管理的具体运用。本书最后还从文化角度讨论了高职教师的发展。

本书主论严谨,案例充分,研究深入,为高职乃至高等教育的研究提供了一个新的视角,对当前着力强调的高等教育改革也有较强的借鉴意义。

图书在版编目(CIP)数据

高职院校质量文化管理研究 / 程宜康著. — 南京:东南大学出版社,2021.1
　ISBN 978-7-5641-9413-0

Ⅰ.①高… Ⅱ.①程… Ⅲ.①高等职业教育-校园文化-文化管理-研究-中国 Ⅳ.①G718.5

中国版本图书馆 CIP 数据核字(2021)第 014995 号

高职院校质量文化管理研究

著　　者	程宜康	责任编辑	刘　坚
电　　话	(025)83793329　QQ:635353748	电子邮件	liu-jian@seu.edu.cn
出版发行	东南大学出版社	出 版 人	江建中
地　　址	南京市四牌楼2号	邮　　编	210096
销售电话	(025)83794561/83794174/83794121/83795801/83792174　　　　83795802/57711295(传真)		
网　　址	http://www.seupress.com	电子邮件	press@seupress.com
经　　销	全国各地新华书店		
开　　本	787 mm×1092 mm　1/16	印　张	13.5　字　数　340千字
版　　次	2021年1月第1版	印　次	2021年1月第1次印刷
书　　号	ISBN 978-7-5641-9413-0		
定　　价	60.00元		

* 未经许可,本书内文字不得以任何方式转载、演绎,违者必究。
* 东大版图书,如有印装错误,可直接向营销部调换,电话:025-83791830。

前言

质量是高职院校发展的永恒主题,质量管理也是高职院校最重要的管理内容。当今,高职院校人才培养质量受到社会的广泛关注,加强学校质量管理,不断改善和提升高职教育质量,已成为所有高职院校当下最重要的任务。2015年教育部下发了《教育部办公厅关于建立职业院校教学工作诊断与改进制度的通知》,随后又发布了《高等职业院校内部质量保证体系诊断与改进指导方案(试行)》,要求高职院校全面构建学校内部质量保证体系,着力推进质量自我诊改工作,树立现代质量文化。这既对高职院校质量立校提出了新要求,也对高职院校质量管理提出了更高的要求,相应地对高职院校质量管理研究也提出了新的课题,其中最重要的是关于树立现代质量文化的要求。

从教育部文件的要求和专家的解读可以看出,虽然高职院校教育质量保证从外部评估转向内部自我保证,但就其方法体系来说,仍然属于科学管理方法,并且体现了ISO(国际标准化组织)全面质量管理的基本概念体系和方法。源自企业的全面质量管理自20世纪90年代起就被国外高等院校所采用,在我国的一些高职院校中也有所运用,并取得了一些成果。但是,由于高等院校与企业有着完全不同的文化背景,在我国还有着完全不同的体制背景,尽管质量的科学管理理念和方法在高等院校备受推崇和广泛运用,但是院校质量管理的实践告诉我们,科学管理无法解决所有的质量管理问题,特别是最根本的问题——人的管理。在理论层面,科学管理的理论也无法解释复杂的高等院校质量管理问题,在方法论层面也不可能具有唯一性或排他性。事实上,由现代企业文化引申出来的文化管理正受到越来越多的企业的重视,文化管理也被管理学界称为对科学管理的一种超越。

正是由于当今高职院校质量保证体系构建的现实要求,以及高职院校质量科学管理实践的现实困惑,我们需要在当前院校质量管理的科学理性的基础上,进行文化管理思考,并以此厘清高职院校现代质量文化建设的思路,寻找文化管理与科学管理相融合的高职院校质量管理的新途径与策略。就文化管理而言,质量文化管理研究应该被放入高职院校文化管理的总范畴,成为学校文化管理的一部分,但是由于高职院校文化管理的话语更加宏大,不是笔者能力所及的,所以先从质量文化管理研究出发,可能更加适合当下高等院校发展的现实需要。另外,笔者之所以选择质量文化管理研究,是因为在笔者几十年的学校工作之中,既有对学校这样的文化高地深深的喜欢,也有着对学校的种种现象背后的文化困惑和思考。文化塑造了我们,我们也在时刻创造文化,从一定意义上说,高职院校质量管理研究如果缺失了文化研究,那是不完整的。

从20世纪90年代起,笔者和同事们就高职院校质量管理从事过多个省、部级课题研究,研究的主要内容是质量的科学管理,研究的成果也在笔者工作过的学校被实践着。在实践中笔者也深深地体会到,基于全面质量管理的一些基本概念(要素)在高校这样的组织中并不能被完全等同地看待,例如产品、质量的测量等。如何通过质量管理让质量真正得到教师发自内心的维护,如何让卓越教学追求成为所有教师内心的动力,如何通过质量管理实现教师的价值和自身的发展,促进学生的成功和发展,进而实现学校整体的卓越发展,依然是当下高职院校质量管理所面临的重要问题。到了21世纪初,笔者和同事们开始将质量管理的视野转向质量文化管理,由于文化管理的核心是价值观管理,而最困难的恰恰是价值观管理的落地问题,因此,质量文化管理依然是一个从理论到实践都需要深入研究和探索的重要课题。最近几年,笔者有幸接触并较为深入地了解了加拿大百年理工学院的质量保证体系,对质量文化管理有了新的认识,对高职院校质量文化管理的研究和实践也有了更多的信心。

笔者对于高职院校质量文化管理的研究是理论和实践相结合的,研究的方法依然遵循科学研究的方法。笔者试图建立高职院校质量文化管理的基本理论:以"文化人"的人性假设和"以人为中心"的管理中心假设作为质量文化管理的基本假设;从文化管理的视域认识高职院校质量文化的内核——质量立校的管理使命、走向卓越的管理愿景、共同发展的核心价值,从哲学、文化学、教育学、管理学等不同视角进一步深入认识文化管理的本质和内涵。在上述认识的基础上,确立质量文化管理的基本关系——质量主体间关系、质量文化建设与质量保证的关系、文化管理与科学管理的关系;质量文化管理的基本原则——价值观和合原则、文化力增强原则、管理效能提升原则。笔者对高职院校质量文化管理的理论研究是为质量文化管理的具体实践服务的,这也是高职院校质量管理者所期望的,因此笔者提出了质量文化管理的具体实践——质量文化建设、课程反思性实践、质量发展性评价、质量管理的冲突管理。笔者在思考质量文化管理实践问题的时候,也给出了质量文化管理的案例,一些是笔者和同事们自己所实践的,一些是从加拿大百年理工学院所了解的,相信这些案例对质量文化管理的实践研究能提供有益参考,也相信在其他许多高职院校能有更好的实践和创新。在本书的最后,笔者讨论了卓越教学成为高职院校教师发展追求的问题。对于高职教师发展,笔者希望从文化和学术的角度给予新的阐释。虽然在主流的高职教师发展话语中占主导地位的是"双师型"教师发展,但是笔者认为高职院校教师的"文化人"和"学术人"角色,在其职业生涯中是不会被改变的,因此高职教师的文化发展和学术发展应该受到高职教育研究者和学校管理者的重视,笔者认为高职教师的职业价值和生命价值应该在文化和学术两个维度上得到真正的体现和创造。

从现有的文献看,虽然对高职院校质量管理的研究极为丰富,但对于高职院校的文化管理研究却不是很多。笔者深感高职院校文化管理研究的必要,尤其是质量文化管理的研究，对高职院校现代质量文化建设具有重要意义，对高职院校质量保证体系的构建也是有意义的。由于笔者研究水平所限，本书中的讨论可能在理论上还不够严谨和完整，对中外文化的理解还不够深刻，一些结论可能过于感性和粗浅，因此需要高职院校中对文化管理感兴趣的研究者给予指正。这里，笔者还想说的是，理论研究始终是为实践服务的，这也是笔者做教育研究的基本信念。笔者始终在理论和实践两个时空里与自己对话，因为笔者从一开始就是教育的实践者，但必须有理论指导，这样才会更有底气地实践。

从高职院校质量科学管理到质量文化管理的研究，笔者前后持续了有二十多年，所有的研究都源于自己在教学管理工作中的点滴思考，最终又汇聚成研究工作的动力。在这一历程中，笔者工作三十多年的苏州职业大学的历任领导和同事们给了笔者最好的舞台，也给了笔者最大的支持和帮助，笔者对此非常感谢。笔者也非常感谢苏州百年职业学院的老师们，在笔者担任该校高级学术顾问期间，他们给了笔者了解和认识加拿大百年理工学院质量体系的极好机会，让笔者再一次感到全球视野对于学术研究是多么的重要。

程宜康
2020.10

目录

第一章 文化管理导论 …………………………………………………… 1
一、文化管理的基本理论 …………………………………………… 1
二、高职院校学院文化 ……………………………………………… 12
三、高职院校文化管理 ……………………………………………… 18

第二章 高职院校质量文化 ……………………………………………… 28
一、高职院校质量文化——文化的视角 …………………………… 28
二、高职院校质量管理文化特性——管理学的视角 ……………… 34
三、"问题导向"的高职院校质量科学管理认识 …………………… 39

第三章 高职院校质量文化管理理论 …………………………………… 49
一、文化管理视域下的质量文化内核 ……………………………… 49
二、质量文化管理的基本认识 ……………………………………… 58
三、质量文化管理的基本关系（原理）……………………………… 62
四、质量文化管理的基本原则 ……………………………………… 70

第四章 基于文化力提升的质量文化建设 ……………………………… 79
一、质量文化建设的价值观引领 …………………………………… 79
二、质量文化环境建设 ……………………………………………… 87
三、质量文化管理的柔性机制建设 ………………………………… 89
四、文化平台建设 …………………………………………………… 95
五、文化素质教育课程建设 ………………………………………… 102
六、专业质量保证体系建设 ………………………………………… 106

第五章　课程反思性实践 ·· 110
　　一、什么是反思性实践 ·· 110
　　二、基于质量文化管理的课程反思性实践 ···················· 116
　　三、课程反思性实践的角色与责任 ······························· 126
　　四、加拿大百年理工学院基于卓越教学的教师反思性实践 ·········· 131

第六章　发展性专业质量评价 ··· 137
　　一、什么是发展性质量评价 ·· 137
　　二、发展性专业质量评价 ··· 140
　　三、发展性专业质量评价指标体系 ······························· 143
　　四、基于课程反思性实践的发展性专业教育质量评价 ········ 151
　　五、基于软能力的专业（课程）发展能力评价 ············· 155

第七章　质量管理冲突的文化管理 ······································· 159
　　一、冲突与冲突管理 ·· 159
　　二、质量管理冲突现象与类型及特征 ··························· 161
　　三、质量管理冲突的成因——基于文化的视角 ············· 165
　　四、质量管理冲突的文化管理 ······································ 168

第八章　教学卓越：高职院校教师发展 ······························· 178
　　一、高职院校教师专业化发展 ······································ 178
　　二、教学卓越：高职院校教师发展的根本追求 ············· 184
　　三、教学卓越追求下的质量文化管理 ··························· 194

参考文献 ·· 199

后记 ·· 206

第一章 文化管理导论

> 当今我们正处在一个被高度科学化的时代,社会及各种组织的管理都被贴上了科学管理的标签,即使是像高等学校那样具有丰富深厚文化内涵的组织,科学管理在很长时间内一直被人们推崇,在高职院校也被广泛运用。在后现代主义看来,高等学校的教育管理不存在"最好的"或"最有效的"唯一理论和模式,因为教育管理从来都无法回避关于教育价值和文化责任的问题。事实上,在现代企业已经开始从科学管理走向文化管理的今天,高等学校也已经开启了文化管理时代,即使我们仍在运用科学管理的方法,也需要从文化的视域解读与运用。

一 文化管理的基本理论

1. 基本概念

1) 文化概念

(1) 文化的定义

关于文化的定义众多,以至于至今没有一个统一认可的定义。《辞海》所定义的"文化",从广义看是指人类在社会实践过程中所获得的物质、精神的生产能力,以及创造的物质财富和精神财富的总和,狭义地看是指精神生产能力和精神产品。西方有代表性的描述性"文化"定义由有人类学之父之称的泰勒(Tylor)所提出:"文化或文明是一个复杂的整体,它包括知识、信仰、艺术、法律、伦理道德、风俗和作为社会成员的人通过学习而获得的任何其他能力和习惯。"[1]其他的定义则从不同的角度提出。例如:社会学的文化定义强调了社会或组织的规则和方式,以及人们呈现出的价值观、制度、风俗等;历史学的文化定义则关注到人类在历史进程中遗传下来的东西,包括物质和精神的;心理学的文化定义认为"文化"是人们传统习惯的行为模式,包括所有解决问题的传统方法等等。

文化的定义是如此的多样和繁杂,但是就一个国家、一个社会组织而言,对文化层次结构分类的认识却相对比较一致,比较多的是对企业文化的层次结构分类。一般地,文化层次

---

① 泰勒.原始文化[M].蔡江浓,编译.杭州:浙江人民出版社,1988:1.

结构的四层次说最为普遍,即一个组织(企业、学校)的文化总可以由内而外分成精神文化、制度文化、行为文化和物质文化。在此基础上还有五分法,即精神文化、制度文化、行为文化、物质文化和环境文化;三分法,即精神文化、制度文化、行为文化;二分法,即精神文化、制度文化。另外,对于组织文化还有管理文化、质量文化等表述。

从人类学角度对人类文化形态的解构看,有学者提出五层结构:文化细胞——个人或个体;文化单元——家庭、团队、组织等;文化实体——历史地理区域(地缘);文化板块——民族国家;文化集群——宗教信仰、种族[①]。这一关于文化的人类学层次结构形态,能够帮助我们从人类文化学的视角,认识和理解组织文化结构每一层次的文化内涵,以及背景和意义,或者说能够帮助我们更深刻地认识组织文化的诸多影响因素,因为现代组织文化已经被刻上了人类整体文化的精神、制度、物质印记,而不是仅仅局限于一个孤立组织的文化意义。

(2) 文化的管理学认识

从管理学角度看,管理自身具有文化属性,管理文化则是关于文化的样式分类性定义。对此,王方华认为"管理文化是指社会、企业乃至各类组织的管理思想体系,以及与之相适应的制度和组织建设"[②]。宝贡敏从社会性、心理性要素出发,认为"管理文化是小群体文化,组织文化,区域、语言、宗教群体文化中与工作相关的潜在基本假设"[③],据此,我们认为管理文化就是人们在管理活动中表现出的行为模式、价值观念、道德规范、精神风貌。

管理文化也被称作制度文化,体现于管理制度,不过这样的制度正如吴福平在哈耶克(Hayek)及我国学者柯武钢等人的观点基础上所指出的,是由外在制度(文化的显性样式)和内在制度(文化的隐性样式)所构成的。由此吴福平给出了文化的另一个定义:"文化是人类在生产、生活实践中或习得或累积或创造的内在制度(潜规则)与外在制度(显规则)互动的和。"[④]其中外在制度指知识、语言、法律、礼仪、符号等外化的规则系统(显规则),内在制度则包括价值、信仰、习俗、习惯等内在的规则(潜规则)。这一关于文化的管理学定义,在本质上"强调了文化的规范价值、工具价值、实用价值,也指明了文化的流变和动态等特性"。这里给出上述管理视域的文化定义是因为从管理学的理论到实践,最重要的话题是关于文化的,从管理学的角度如何理解和认识"文化",是理解和认识"文化管理"的前提,否则就会陷入"文化管理的文化缺失"窘境[⑤]。在这里特别提出上述关于文化的管理学观点,也是想提醒我们在认识管理文化现象或问题和实践文化管理时,能够有一个新的视点:一是管理文化是外在制度与内在制度互动的"和";二是管理文化具有动态性、流变性,而恰恰在科学管理意

---

① 汤正翔. 文化结构层次上的五种形态[J]. 芜湖职业技术学院学报,2005,7(4):34-37.
② 王方华. 管理文化的内核与外缘[J]. 上海管理科学,2018,40(5):2.
③ 宝贡敏. 论适合我国管理文化特点的企业管理模式[J]. 浙江大学学报(人文社会科学版),2000,30(6):5.
④ 吴福平. 文化管理的视阈:效用与价值[M]. 杭州:浙江大学出版社,2012:21.
⑤ 吴福平. 文化管理的文化缺失[J]. 思想战线,2011,37(6):99-104.

义下的组织管理,其主要特征表现为稳定性和连续性。

2) 科学管理

理解文化管理首先需要厘清科学管理。20世纪初,美国管理学大师泰勒在其《科学管理原理》中最早系统提出了科学管理理论,该理论超越了以往传统以经验管理为特征的企业管理,从而真正成为管理科学理论。泰勒的科学管理理论可以概括为:科学——用科学方法代替纯粹的经验;制度——建立在明确规定的纪律、条例和原则之上;和谐——以合作与协调替代争吵与斗争;效率——科学管理的根本目的。另外,20世纪马克斯·韦伯提出的科层组织结构学说,以及亨利·法约尔的管理五要素、十四条管理原则等,都被称作科学管理的古典理论。在科学管理发展的一百多年中,世界各国的企业管理普遍体现了科学管理的理念和方法,且"科学管理的影响同样也永远地改变了教育领域"。事实上,当今世界各国的学校管理普遍遵循了科学管理的相关原则:科层化权力机制、量化任务与绩效、共同目标与行为规范、工作流程化、纪律与控制、最佳(教学)工作方法等,其中规范、流程、纪律、控制体现为管理制度[①]。

科学管理的核心是将人看作"经济人",泰勒在《科学管理原理》一书中开宗明义地宣称:"管理的主要目标应该是使雇主的财富最大化,同时也使每一位雇员的财富最大化",这样的财富最大化意味着"雇员得到更多的薪酬……(以及)劳动生产率达到最高",因此"任务和奖金这两个因素就构成了科学管理机制两个最重要的因素"。韦伯界定的科层制同样具有相似的"组织原则":在一个组织中去除纯粹个人的、情绪的和非理性的因素,以系统化的严格纪律,建立对人和事的有效控制;以专长录用雇员,以层级与功绩兑现工资与升迁。正是由于科学管理的"经济人"理论假设前提,该理论自诞生起,就不断地受到质疑和批判,即使是韦伯本人也担心"追求效率的理性精神可能会失控,可能会变成一种他称之为'铁笼'的东西,从而把人性囚禁起来"[②]。当然,由于科学管理完全突破了传统的"经验主义和个人权威控制",改变了"低效率和内在固有冲突的不和谐局面",对于企业提高生产效率、有效控制质量、力求创造和谐的利益共同体,都有着重要的作用和贡献[③]。

3) 文化管理

文化管理是一个管理学范畴的管理范式概念,文化管理不是宏观意义上的对文化事业的管理,也不是对一个组织的文化工作的管理,更不是文字意义上的对具有文化内涵的工作的管理。**文化管理是一种"以人为中心的管理思想和管理理念","是以文化竞争力作为核心竞争力的系统的组织管理学说和理论","是把组织文化建设作为管理中心工作的管理模式"**[④]。

---

① 汉森.教育管理与组织行为[M].冯大鸣,译.上海:上海教育出版社,2005:26,32.
② 汉森.教育管理与组织行为[M].冯大鸣,译.上海:上海教育出版社,2005:26,32,23.
③ 李新春,胡晓红.科学管理原理:理论反思与现实批判[J].管理学报,2012,9(5):658-670.
④ 张德,吴剑平.文化管理——对科学管理的超越[M].北京:清华大学出版社,2008:29.

文化管理的提法最早起于企业文化,初见于美国管理学家特伦斯·迪尔(Deal)和艾伦·肯尼迪(Kennedy)1982年合著的《企业文化——企业生活中的礼仪与仪式》一书,此后,企业文化被认为具有文化管理特征,许多取得重大企业发展成就的企业管理模式被广泛称道,例如杰克·韦尔奇(Welch)的"基于价值观的领导",中国大陆海尔的"自主管理模式",中国台湾宏碁的"以人为中心的管理模式",等等。作为企业文化研究和企业管理研究,文化管理最早被认为是企业文化的一部分,或者是企业文化在企业中的运用,或被看作企业管理的一种手段和方法,或被认为是一种新的管理思想、理论、模式,但是"(企业文化)以提高企业的文化表现力为目标,通过使企业文化体系更加系统、完善和规范,使各种表现形式的企业文化更加生动并富有感染力,从而使企业文化在机构成员间得到更好的认同和分享等"[①]。作为理论问题,企业文化属于文化学研究范畴,文化管理则属于管理学研究范畴,但是企业文化与文化管理两个概念既有联系,也有区别。自20世纪末至今的几十年来,文化管理就作为组织管理学理论研究的新领域和前沿,不仅受到全球企业界的关注,更是在其他社会组织形式的组织管理研究中受到广泛重视,特别是在教育领域的学校中。

　　文化管理理论的形成本身是一个企业管理实践的发展过程,从企业管理的经验主义到科学主义,科学管理无疑促使了20世纪全球企业发展取得里程碑式的成就,但是随着科学技术的发展,科学管理的"经济人"假设的前提受到了严重质疑。起于20世纪30年代,兴于六七十年代的行为科学理论力图纠正和补充科学管理的不足,以"社会人"假设为前提,要求企业管理者重视人的管理,包括人的动机与激励、团体行为与领导力、个体与组织目标一致,等等。在行为科学理论的影响下,企业管理的实践出现了"人本管理""人文管理"等提法,其中"人本管理"作为一种管理范式,成为与科学管理范式相"对立"的管理理论。但是从管理理论的发展阶段看,由于文化管理的核心是"价值观管理",所以有别于简单化的"人本管理",甚至是"人情管理",因此文化管理的提法更"适应于后科学管理时代要求",其"内涵到外延都更科学和更富有时代特征"[②]。

　　2. 文化管理理论假设

　　在管理学发展的较长时期里,科学主义范式与人本主义范式是被探讨得最多的两种范式。由于科学主义范式的局限性,以及人本主义范式中"人"的指向模糊性,文化管理范式在企业管理的实践中逐渐被管理理论所关注并认可。按照拉卡托斯科学研究纲领方法论的"硬核理论",文化管理范式应该具有其自身的若干基本假设,正如现代科学管理学理论是建立在各种管理中心假设及人性假设之上的,比如泰勒的科学管理范式就建立在"以任务为中心""以市场为中心""以顾客为中心"等"管理中心假设",以及"经济人""社会人""复杂人"等

[①] 代兴军.关于企业文化管理若干问题的思考[J].经济纵横,2013(4):53-56.
[②] 张德,吴剑平.文化管理——对科学管理的超越[M].北京:清华大学出版社,2008:30.

人性假设之上。在经历了二战后企业管理理论群芳斗艳的"丛林时代"后,20世纪80年代后兴起的企业文化理论的"硬核"——基本假设,逐渐被文化管理的研究者在企业文化的实践中所认识和提出。目前形成较为普遍共识的是:"以人为管理中心假设"成为现代管理文化的核心,而人性假设主要有"文化人假设"——文化学视角,以及"观念人假设"(复杂人假设)——心理学视角①。在本研究中我们认为"文化人假设"更加符合像高等学校那样的组织。

在上述文化管理的管理中心假设——"以人为管理中心",以及人性假设——"文化人"中,"人性假设"是前提性的。文化管理的本质是体现对人的尊重,实行对人的超越"经济人"的激励,实现以卓越为特点的人的发展。从管理心理学角度看,由于人的本质是人的自然属性、社会属性和思维属性的辩证统一,人在管理活动中的行为不仅受其生存性的自然属性影响,即心理状态、信念和利益三大因素的影响,更受其自身观念体系——世界观、人生观、价值观的巨大影响,而"通过影响和改变这些观念就可以持续地影响和改变人的行为"②,这是"观念人假设"的基本出发点。另外,从人类文化学的角度看,由于文化可以被定义为"我们的情感、情绪、欲望、印象、知觉、思想和观念的客观化",因此"文化性也就成为人与动物最显著的区别",即人自身即具有文化性,"在此种意义上,人之为人的前提假设就是文化人"③。当然,无论是"观念人假设",还是"文化人假设",文化管理的逻辑起点和逻辑终点均被确定为"人",即管理因"人"而起,又因"人"而"管",所以说文化管理是"以人为目的"和"以人为中心"的管理。

3. 文化管理的基本要义

1) 基于价值观的管理

文化管理无论是"文化人假设"还是"观念人假设",都是将管理的核心要义指向了人或群体的价值观,因为一方面,每个个体的人或作为群体的人,其表达出来的行为方式和诉求,都是由其价值观所决定的;另一方面,任何组织也都有自己的核心价值观,这样的"价值观还决定了制度走向、制度框架和制度创新,进而成为左右组织发展战略与行为取向的根本准则"④,并且"可以持久地促使组织去追求某种价值目标,这种由强烈的欲望所形成的内在驱动力往往构成推动组织行为的动力机制和激励机制"⑤。但是组织和组织的成员在价值观上不可能从一开始就能够一致,因此由组织价值观所形成的组织制度、规定等,就很容易与持有不同价值观的组织成员(个别或者群体)发生管理冲突。因此文化管理的根本任务就是要

---

① 吴剑平,张德. 试论文化管理的两个理论假说[J]. 中国软科学,2002(10):106-110.
② 吴剑平,张德. 试论文化管理的两个理论假说[J]. 中国软科学,2002(10):106-110.
③ 于学友. 文化人:教师发展的应然追求[J]. 华北电力大学学报(社会科学版),2009(3):128-132.
④ 王方华. 管理文化的内核与外缘[J]. 上海管理科学,2018,40(5):2.
⑤ 郭启贵,潘少云. 文化管理及其对管理本质的凸显[J]. 求索,2013(4):103-106.

实现组织和个人的全面发展,这是文化管理价值诉求的基本出发点,或者说文化管理就是基于价值观的管理。

基于价值观的管理具体来说有以下几点:一是形成组织核心价值观。通过组织价值观与组织内个体和不同群体价值观的和合,以凝练成共同的核心价值观,并成为所有组织成员的一种心理契约。在组织核心价值观得到遵循的前提下,所有个体或不同群体价值观也都能够得到尊重,并得到一定意义或程度上的实现。二是要形成组织核心价值观指引的组织行动体系,要用组织核心价值观指引各项管理工作,这样的指引不是口号式、标语式的,也不是随意给某项工作或措施贴上价值观标签,而是每一项工作、举措、政策都能够真正体现组织核心价值观,例如先进人物形成,激励奖励政策制定等。三是向组织外部(社会)和组织内部所有成员传达核心价值观。组织的软环境系统能够体现组织核心价值观,包括组织的文化符号系统,如视觉形象系统、信息媒介系统等,都应该能够符合并显现组织的核心价值观。

2) 重在文化建设的管理

文化管理也是组织文化建设。不同于人类学意义上的文化概念,组织文化是指组织内部人为地、有意识地建构的文化。组织文化具有动态性、非稳定性和可建设性,必要时需进行重塑和创新;组织文化自身是一种管理资源,需要根据时代要求和组织发展目标予以丰富、完善。当然,从人类学意义的文化概念看,组织文化的建设要顾及和适应组织外部(全球化背景、社会整体)的文化环境,因为组织外部环境相对稳定,并且不易被改变。组织文化建设可以从组织文化的精神文化、制度文化、行为文化、物质文化四个层面展开,也可以从文化管理的功能予以展开。在这里我们兼从组织文化的结构内涵和文化管理功能出发,提出文化管理理念下的文化建设主要任务。

(1) 培育文化力

组织的精神文化建设就是文化力培育。文化力概念是中国学术界使用的术语,与西方国家的软实力(软权力)概念比较相近,而中国理论界倾向于将软实力称作文化力,或更倾向于将文化力称作成为文化软实力,在本研究中,我们依然简称为文化力。关于文化力在学术界尚没有形成一致性的定义。我国学者贾春峰认为"文化力就是各种文化因素在促进和推动生产力发展中的内在力,也可以理解为,人们在改造和征服自然中的文化力量"[①]。秦亚青从国际政治学角度,认为文化力是"使某些私有知识成为共有知识,成为世界主导文化的基本内容,形成世界文化的结构框架,并推动主导文化传播和扩散的力量"[②]。文化经济学者彭中天认为"文化力就是文化资源的转化运用能力,是文化要素的生产化、生活化、经济化与大

---

① 贾春峰. 文化力[M]. 北京:人民出版社,1995:4.
② 秦亚青. 世界政治的文化理论——文化结构、文化单位与文化力[J]. 世界经济与政治,2003(4):4-9.

众化的过程"①。从上述各种文化力表述中看,无论是"改造和征服""传播和扩散"还是"转化运用",都强调了文化对外(国家、组织)或对内的某种"作用力"。

对于组织文化力培育的任务来说,首先是要提升文化的"作用力"——对外的影响力,以及对内的凝聚力,其中凝聚力是前提性的,对内没有凝聚力的组织文化自然也不可能对外有真正的影响力,反过来具有对外影响力的文化又能够提升对内的凝聚力。另外在一定意义上说,组织文化的凝聚力取决于组织内各种领导者(包括杰出人物)的文化内蕴、文化认知、文化自觉、时代意识、个人魅力等。其次,文化力也是指提升优秀文化的传承、传播能力,文化资源的"生产化"能力,提升文化"产品"的"生产"技术水平,包括组织形象塑造、组织文化凝练等,更重要的是具有培育先进文化的创新能力,即文化创造力。

(2) 核心价值观指引的制度建设

组织文化建设是组织制度建设的关键。任何模式的管理都会以一定的制度形式呈现,没有好制度的管理将会是效率低下和高成本的,因此,文化管理并不是"无为而治",而是管理的理性与非理性相结合,硬管理和软管理相结合,这样的结合在文化管理的实践层面就是核心价值观指引的制度实现。另外,所谓文化管理的"软管理"也要以"内在制度"的价值、信仰等文化软要素,通过由"外在制度"确定的方法、机制实现文化管理功能。什么是文化管理的核心价值观,每一个组织都会有自己的理解和诠释,但无论将文化管理的核心价值观如何加以表述,都将会以"以人为本"的理念指引,所以文化管理的制度建设也必然是"以人为本"的,为此,文化管理的制度建设应该遵循和体现以下原则:

增进人的领导力。一是增进组织主要管理者的文化领导力,这样的领导力主要体现在文化认知能力、文化自觉能力、文化建设能力、文化创新能力以及文化品位上。上述文化能力和文化品位需要通过一定的制度性安排,包括组织的主要管理者担任、组织、主持、参与各种文化论坛、文化团体、文化媒体等的设计、运行和管理。二是要增进组织所有成员的自我领导力,制度应该有利于组织成员实现自我管理。这样的制度不是表现出压迫性、强制性、单向性、排他性的要求,而是要在制度性要求下,通过人性化的机制和程序,让组织成员自觉参与包括决策在内的各项组织管理,真正实现自我管理,包括自我学习管理、自我质量保证、公共行为的自我规范等。

增进人的凝聚力。制度应该充分体现契约性,这样的契约是通过组织与个人之间的文本约定,表达出共同的发展愿景。规定性制度应该给予组织成员充分的意愿、诉求表达机会和空间。所有制约性的规定应该体现在不违背组织核心价值观的基础上尊重个体的自我价值观,尊重个体的情感、尊严。激励性制度应该有利于产生能被公认的先进人物和团队;尊重不同岗位的劳动价值,并体现不同岗位劳动价值与组织核心价值观的意义共享;具有促进

---

① 彭中天. 什么是文化力[EB/OL]. [2018-08-10]. http://collection.sina.com.cn/wjs/rw/2018-08-10/doc-ihh-nunsq6238898.shtml.

团队合作及成果分享的导向作用;避免极端功利性激励,在物质激励和精神激励之间取得兼顾和必要的平衡。建立社会、社区服务机制,让成员在社会、社区服务的行动中,增进公民意识和社会责任感;通过组织的社会荣誉和个人的组织荣誉的互生、互动,提升组织对成员的凝聚力。

增进人的发展力。人的发展力是组织发展力的基础,个体发展力形成的基础是其文化的"产物"。人的发展力既是一种能力,也是一种潜力,包括人的学习能力、自我管理能力、职业生涯发展能力。文化管理制度应该有利于成员的职业发展,通过制度的建立能够让每一个成员充分地展示自己的职业能力、专业能力、创新能力、生活才艺等的多样化平台,包括建立各种技能(创意)竞赛、文化(职业、学术)论坛等;建立各种提高文化素养、职业素养、全球视野和获得新技术、新技能的培训机制。

(3) 体现共同价值观的文化资源与文化环境建设

"人是环境的产物,在人与环境的交互作用中,既有人们对环境的认识和改造,也有环境对人的感染和教化。"① 文化管理就是要通过组织的各种文化资源,促进对人的内化作用,实现对人的管理,更重要的是实现人对自己的管理——自我管理。文化资源包括硬资源和软资源,它们构成了组织的文化硬环境和文化软环境。组织的文化硬资源包括工作与生活设施,厂区、校园等场地等,硬资源建设虽然是物化的建设,但依然需要体现文化管理的核心价值观——"以人为本"。因为组织的"物质文化实质上是反映企业(组织)文化中的其他符号作用于一般物质的结果,而不是物质本身"②。所谓"其他符号"就是包括价值观等文化软要素,例如,组织的物质条件建设不仅要提供设施条件,更要让设施体现对人的身心关怀——方便、体贴、温馨,要让物化的硬件体现艺术性的美感和生态性的环保。文化软资源包括:品牌与形象类——组织形象(标识、标语、口号等)设计与展示,组织发展历史成就展示,(企业)产品与技术水平展示;友情资源类——行业、协会资源和校友会、企友会资源,社区服务与社会关怀展示;行为资源——组织仪式与礼仪,文化与职业(技术)学习,健康与卫生习惯——当行为成为组织成员的自觉性的习惯、习俗,便成为组织的文化资源。

3) 基于人与组织共同发展的管理

文化管理的基本价值诉求(信念)和基本目标就是要谋求组织与人的共同发展。在生产力高度发展的现代社会,人们有了更多方面和更高层次的需求,仅仅"满足其生存需要和安全需要的物质激励杠杆,已越来越乏力,而设法满足职工的社交、自尊、自我实现等高层次的精神需要,成为激励职工、赢得优势的关键手段"③。也正因为如此,"人的全面发展与组织发

---

① 张德,吴剑平.文化管理——对科学管理的超越[M].北京:清华大学出版社,2008:111.
② 李继先.企业文化结构层次新论[J].中州学刊,2010(6):44-47.
③ 张德.从科学管理到文化管理——企业管理的软化趋势[J].清华大学学报(哲学社会科学版),1993,8(1):28-36.

展之间的矛盾"成为组织管理的主要矛盾①,文化管理正是要解决这一主要矛盾。人的全面发展与组织发展是对立统一的关系,一般来说,组织发展总是矛盾的主要方面,人的全面发展是矛盾的次要方面。如果在任何一个组织内,没有组织核心价值观指引下的组织目标实现,就不可能有个体的发展,但是,如果没有人的发展也不可能有组织的真正发展或长期发展。从文化管理的实践出发,促进组织与人的共同发展应该体现在以下几方面。

(1) 塑造共同价值

文化管理是基于价值观的管理,塑造组织的共同价值观就是要形成组织与人共同发展的共识,这也是文化管理最重要的基本原理。由于组织内部往往是一个复杂的群体结构,其组织文化也是一个包含多个亚文化的文化结构,每一个内部群体或群体内部的每一个个体,其诉求都会体现出多样化,而组织的发展目标落实到每一个群体或个体又会有不同要求,相应的权利和义务都会有所不同,这样就必须将组织内部所有的价值诉求予以"群化"、或"整合"、或"融合"、或"和合"(我们更倾向于"和合",后面将会讨论),从而形成能够被所有人基本接受共同价值观,达成组织全体成员的发展基本共识,以此解决"人的全面发展与组织发展之间的矛盾"。

(2) 学习型组织建设

建立学习型组织是解决"人的全面发展与组织发展之间的矛盾"的重要手段,也是培育组织文化力的重要途径。学习可以满足人的多层次需求,特别是精神层次需求,也是实现精神需求的最重要的途径;学习有助于促进了解、理解人类历史、客观世界(社会与自然)和当今全球化发展;学习可以促进理解和自觉接受组织的共同价值观;学习可以促进自我职业生涯发展;学习可以促进自我精神健康,建立良好的群体关系。学习型组织建设包括建立各种培训、论坛、社团;组织具有组织文化特色的各类社会公益、艺术文化活动;提供各种学习公共平台和学习资源。学习型组织建设要注意有形与无形相结合,团队与个体相结合,规定性与非规定性相结合,目标导向与过程导向相结合。

(3) 制定组织与个体(群体)发展目标

组织与个体(群体)发展目标是相互支撑和统一的,更要能够符合组织的共同价值观。所有目标的制定过程应该是公开透明的,是在经过广大成员充分讨论,并形成基本共识的基础上做出的。另外,发展目标的表述要清晰、可实现,目标的告知要准确、可理解,目标的调整要公开、合理。

(4) 契约保证与执行

文化管理的契约保证既有其法律的约定意义,更是一种精神层面的共同承诺和自我约束。组织内一旦形成共同体价值观,形成了组织与个体的发展目标,组织与个体就在制度上

---

① 张德,吴剑平.文化管理——对科学管理的超越[M].北京:清华大学出版社,2008:66.

形成了权利和义务关系,这样的关系不仅仅是一种法律意义上的契约关系,更是一种心理契约——内隐契约(Implicit Contract)。文化管理的契约不是基于产权关系或雇佣关系的,而是基于共同价值观基础的,强调这一点是必要的,否则文化管理又将折返回科学管理的框架。契约的形式和表达可以是组织与个体、组织与团队、团队与个体、个体与个体之间的。一旦形成了契约,契约双方就有遵循、执行和实现的义务。

(5) 建立个体(团队)发展通道

组织与个体的共同发展不仅仅是理念的、口号的,而且是具体可见和可以实现的。重要的是要建立个体和团队的发展通道,提供发展的条件,这样的通道和条件应该是为组织的所有成员所创造的,机会也是平等和公正的。另外,建立个体或团队的发展通道和发展条件,还需要根据不同群体(非正式组织)的文化特点给予不同的考量和安排,并促使不同群体成员之间形成文化理解。

(6) 管理冲突的化解

管理冲突是所有组织在其管理实践中经常要面对的难题,也是文化管理必然面对的难题。在组织与个体共同发展的过程中,管理总是会产生冲突,从一定意义上说,冲突也是促进组织和个体共同发展的动力,但是如果对冲突的管理不能处理好,也将严重地不利于组织与个体的共同发展。从文化学的角度看,管理冲突在本质上是文化的冲突,由于文化管理是"以人为本"的管理,在解决管理冲突过程中,容易照顾冲突各方的利益和尊严,从而降低冲突的强度,甚至化解冲突,这将有利于组织与个体发展目标的实现。

4. 文化管理的若干问题

1) 文化管理的实践性

加拿大著名教育管理家格林菲尔德(Greenfield)说"组织是人们在行动中创造的……它们建立在观念、价值和个体的行动上"[1]。美国管理学大师德鲁克(Drucker)认为"管理是一种实践活动,因为从本质上说,它不是为了让人知道些什么,而是让人去做些什么"[2]。所以说管理的本质不在于"知"而在于"行",文化管理也同样如此,它必须是一种实践,而且"是一种文化实践,包括文化的传承、利用和创新"[3]。事实上文化管理概念最初是由企业文化而来,更多地表现为一种企业文化建设为特征的企业管理模式,后来学术界普遍将其视作一种新的管理思想、理念、方法和模式,成为一种新的管理理论体系,更多地体现了管理哲学思想。从管理学角度看,文化管理的知识类型是实践智慧,但是文化管理的管理特征在方法论层面仍显不够丰富,即体现管理的"科学"性尚显不足,也就是说现有文化管理的研究理论性更为突出,但是在实践层面依然感觉难以操作。为此,吴福平认为现有的文化管理研究"大多只是

---

[1] Greenfield T B, Ribbins P. Greenfield on Educational Administration[M]. London:Routledge,1993:99.
[2] 德鲁克. 管理:任务、责任和实践(第二部)[M]. 陈小白,译. 北京:华夏出版社,2012:序 4.
[3] 张德,吴剑平. 文化管理——对科学管理的超越[M]. 北京:清华大学出版社,2008:183.

从文化的内容而非功能、效用的角度着手深入,进而难以真正科学地、动态地指导企业文化的实践,特别是难以为企业文化实践提供'重构或再造可操作技术手段'"①。因此,文化管理作为一种管理模式,在实践层面的方法、路径、策略等都还是处在所有文化管理实践者的探索中。同时,因为文化管理自身的软性管理和隐性管理特征,很难描述文化管理的有形性、制度性、机制性。也因为文化管理的文化意义,使得对文化管理的认识局限于理念性和思想性,更因为文化管理的文化建设内涵,也就很容易将文化管理划入文化建设的范畴。

2) 文化管理的文化意义

从文化学角度看,文化管理的文化意义首先在于管理的文化属性。任何形式的管理实践在本质上都是文化现象,而"在一个人类学家看来,一个组织的文化不是它拥有的东西,而是它本身就是的东西"②。首先,在管理的文化属性看来文化管理是应然和必然的。因此,无论是"经验管理""人本管理",还是"科学管理",或者其他提法的管理模式或方式,"都理应有'文化管理'参与其中",否则理解和认识文化管理就会"缺乏'文化依据'"③。也就是说,当我们面对"科学管理"等其他管理理论与实践的时候,应当以文化的视角和从文化管理的视阈和思维予以认识和分析。其次,文化管理的文化意义在于文化管理的"文化人假设"。由于文化管理是"以人为中心"的管理,因此人的文化性决定了管理实践的文化思维:文化即人化——管理即管理文化;人的文化创造——管理即构建文化;人的理想状态——管理即给予人精神与身心满足,包括自由、尊严和卓越。

3) 文化管理的包容意义

文化管理作为一种管理思想和管理理念,被认为是后科学时代对科学管理思想的解放和发展。但是,虽然"文化管理解决了科学管理在战略管理、人性假设、团队激励等方面的缺陷,其'以人为本、全面性、无限性'等特征有效弥补了科学管理的缺陷与不足……但科学管理仍然是任何企业走向管理现代化的必由之路",并且即使是"经验管理作为基本的管理手段都将长期而稳定地发挥作用"④。因此,虽然有很多文献将文化管理看作是对其他管理模式的超越,但也有许多学者认为文化管理与其他管理模式并不是一种替代关系,特别是从理论研究的多元化出发,"文化管理范式的确立对管理学方法论的最大启发就是研究方法的多元化,它并不是要消灭其他研究范式"⑤。对此,我们认为在组织管理的现实实践中,文化管理是现代社会组织管理模式发展的新阶段,并同时对科学管理模式具有包容性。我们还要认识到文化管理也必然具有科学管理的要素和方法,即文化管理在管理学意义上的"科学

---

① 吴福平. 文化管理的文化缺失[J]. 思想战线,2011,37(6):99-104.
② 汉森. 教育管理与组织行为[M]. 冯大鸣,译. 上海:上海教育出版社,2005:79.
③ 吴福平. 文化管理的视阈:效用与价值[M]. 杭州:浙江大学出版社,2012:5.
④ 代兴军. 关于企业文化管理若干问题的思考[J]. 经济纵横,2013(4):53-56.
⑤ 魏文斌. 文化管理范式的确立及其方法论意义[J]. 科学学研究,2006,24(S1):32-35.

性",也就是说文化管理本身具有非理性管理与理性管理的双重意义。

二 高职院校学院文化

1. 大学文化与高职院校学院文化概念

大学文化是"大学在长期办学实践的基础上,经过历史的积淀、自身的努力和外部环境的影响,逐步形成的一种独特的社会文化形态","是大学精神文化、物质文化、制度文化和环境文化的总和"[①]。大学文化的显著特征包括"神圣性""理想性""学术性""批判性""传统性"。大学的"文化人"应该具有"追求真理的意识和传统""追求高尚的意识和精神""追求真知的意识和精神""追求理想的意识和精神""追求社会责任的意识和境界""追求文明,进步的意识和传统"。在这里,我们应该看到大学文化在我国是一个被广泛使用的泛指性提法,"大学文化在我国实际上是高教文化……(因为)我国习惯于将高等教育机构,包括高等专科学校都称为大学"[②]。

由于我国高职院校属于高等教育领域的教育机构,因此高职院校的院校长们更是愿意以大学文化的名义研究和建设高职院校文化。但是由于高职院校并不是传统意义上的大学,而且由于其职业教育的社会职能差异性,用大学文化的本质特征来解读、阐释高职院校文化并不是完全适切的,即使今后高职院校升格为本科层次的院校也是如此。所以,在本研究中,我们更愿意将高职院校文化称作学院文化(**注**:也有大学文化研究者将高校二级院系文化称作学院文化的)。将高职院校文化称作学院文化,并不意味着自我降格"身份",只是从高职院校的社会担当和教育特征出发,以及从组织管理角度出发,更加便于讨论和研究高职院校文化。当然,由于高职院校从一开始就具有高等教育属性,所以高职院校的文化品位、学校所有成员作为"文化人"的追求,应该是与上面提到的关于大学文化的特征相一致的。强调这一点是极为重要的,因为在"文化人"的文化品位上,以及在"学术人"的科学精神上,高职院校需要向大学"看齐"。为此,我们依然按照大学文化的定义,将高职院校的学院文化定义为:学校在长期办学实践的基础上,经过历史的积淀、自身的努力和外部环境的影响,逐步形成的一种独特的社会文化形态,是学院的精神文化、物质文化、制度文化和环境文化的总和。

2. 大学文化与校园文化概念的异同

校园文化一词在高等教育领域作为与大学文化同义的词而常常被使用,但严格地说这是两个相近但又不完全相同的概念。对此,马晓梅做出了较为详细的分析:首先大学文化与校园文化的不同之处在于:"两者是归属于不同层次的文化。大学文化是社会文化的亚文化,归属于社会文化,它体现的是大学的理想、宗旨和目的。校园文化归属于大学文化,它是

---

① 王冀生.大学文化的科学内涵[J].高等教育研究,2005,26(10):5-10.
② 王长乐.大学文化简论[J].天中学刊,2000,15(6):70-75.

大学文化的具体化和表现形式。大学文化是内在的,它体现的是一个高校的内在精神……它是在历史的积淀中形成的一种文化场……"而校园文化更多的是外化的,"它是指环境、活动和仪式等表层方面的内容"。两者"都涵盖了文化的物质层面、精神层面、制度层面和行为方式层面,其中精神层面的信念、意识、价值观念等都是各自的核心部分。"其次,两者之间的联系在于"校园文化和大学文化的主体都是学校里的学生、教师和管理者。……(而)大学文化的内涵、结构、核心都是历代先贤经过漫长的历史与实践不断总结、筛选和凝练出来的……对校园文化形成了质的规定性和导向性,具有引导大学校园文化建设的理论与实践价值"[①]。

据此,我们可以认为大学文化是一个社会学概念,是社会文化的亚文化,其文化学和历史学意义是所有高等院校共同具有的。对于不同的大学(学院),由于其在国家高等教育体系中所处的层次不同,教育类型不同,以及由于发展历史不同,地域经济结构、专业的产业背景不同等原因,也会导致各大学(学院)文化内涵有不同的特点。校园是一个空间和区域的概念,校园文化则是一个大学文化的一部分,是学校成员在校园内呈现出的行为、活动、面貌,以及校园环境的文化内涵和意义。

3. 高职院校学院文化分类

1) 按文化群体分

霍夫斯泰德(Hofstede)把文化定义为"使一个群体区别于另外群体的集体思维"[②]。从管理学视角看,高职院校管理的主体是在学校从事教学、科研、管理活动的人,包括学校领导、教师、学生和行政管理者,而文化是所有这些高职院校人在管理活动中表现出的行为模式、价值观念、道德规范、精神风貌。高职院校人既是高校物质文化、精神文化、制度文化和行为文化的建构者,同时也受学校文化的影响和塑造;他们既是学校管理活动的主体,又是被管理的客体;他们既有高职院校人共同的文化特征,又有各自所在校内非正式组织的亚文化特征。了解和认识高职院校所有成员的上述基本特征,以及不同群体的文化特点,将有助于我们认识和理解文化管理对于高职院校的意义,更有助于在高职院校实现文化管理。

(1) 校长文化

校长文化也可称作领导文化,反映的是学校领导(领导班子成员——领导群体)在学校管理实践活动中所表现出的价值观念和行为方式,包括他们的价值观念、职业意识、思维方式、处事方式等。在中国高校管理体制内,高校领导是一个体制色彩鲜明的、团队形式的领导群体,学校主要领导跟广泛意义下的大学校长的文化角色既有相似性,又有很大的差异性。就个体角色而言,兼具有行政的、学术的、教师的、社会的、政治的角色。由于"领导者"

---

① 马晓梅. 大学文化与校园文化关系辨析[J]. 文教资料,2012(29):58-59.
② 代兴军. 关于企业文化管理若干问题的思考[J]. 经济纵横,2013(4):53-56.

的"主要功能就在于塑造和指引组织的文化"①,因此作为学校领导者的校长,他们所体现的校长文化对学校的学院文化有着至关重要的影响。

(2) 教师文化

关于教师(包括非直接教学工作的科研人员)文化,我国学者认为其"是指教师在教育实践活动中所形成与发展起来的价值观念和行为方式,包括教师的价值观念、职业意识、思维方式、行为习惯、处事方式等。其中,价值观念与思维方式属于隐性文化,态度倾向与行为方式属于显性文化,前者影响并决定后者",并且教师文化可以"分为隔离型文化与合作型文化"②。加拿大学者哈格里夫斯(Hargreaves)则从后现代时代的视角,提出教师文化应从内容和形式两个方面来阐释,他认为教师文化的内容"包括特定范围的教师集体共享的态度、价值、信念、习惯、假设以及行为方式等……教师文化的形式包括处于特定文化群体中的教师之间的人际关系模式和联系方式……并由此将教师文化划分为四种类型,即个人主义文化、派别主义文化、自然合作文化、人为合作文化"③。教师文化是学校最重要的亚文化类型,也是高职院校课程文化、专业文化、技术文化、职业文化的集中体现,了解各种教师文化的解读,对学校文化管理实践具有重要意义,尤其是对于质量的文化管理更为重要。

(3) 学生文化

学生文化与教师文化一起构成高校中最重要的群体文化,学生文化既是高校文化的重要部分,更是学校文化建设与发展的结果,呈现着学校文化的基本面貌和样子。在众多关于学生文化的各种定义中,洪明的定义更具普适性、简洁性,他认为"学生文化是学生在学校及校外以完成学校学业为核心任务而呈现的活动方式和价值观念的统称",并且指出学生文化与学校主流文化之间既具有对抗性又具有依附性,其自身形态既具有过渡性又具有独特性,内部既具有统一性又具有差异性,既具有稳定性又具有动态性④。当然,学生文化在我国高校中相对地处于教师文化和管理文化(管理者文化)的双重压抑之下,甚至经常会表现出文化的冲突。因此,在高校提高对学生文化的主体性认识是十分必要的⑤。在这里我们指出这一点,同样也是为了让我们更好地理解在高职院校中实行文化管理的重要意义。

(4) 管理者文化

在高校组织中,管理者并不是某一个特定的组织概念,而是为了区别于教师、学生群体而提出的所有学校管理人员群体(包括所有从事行政管理的科员、处长、科长、主任等)的分类称谓,管理者文化便是这一群体的文化。由于有些文献在讨论高校文化构成和文化冲突

---

① 汉森. 教育管理与组织行为[M]. 冯大鸣,译. 上海:上海教育出版社,2005:211.
② 郝明君,靳玉乐. 教师文化的变革[J]. 中国教育学刊,2006(3):70-71.
③ 邓涛,鲍传友. 教师文化的重新理解与建构——哈格里夫斯的教师文化观述评[J]. 外国教育研究,2005,32(8):6-10.
④ 洪明. 谈谈学生文化及其培育[J]. 教育科学研究,2014(5):14-17.
⑤ 李福华. 高等学校文化构成及关系探讨——学生主体地位的文化学视野[J]. 大学教育科学,2004(4):10-13.

时,这里的管理者文化被表达为"管理文化",其群体所指则是学校的所有行政管理人员,但是从管理学范畴看,管理文化的概念并不是指管理人员的文化。在世界各国的大部分高校管理体制中,科层制管理是普遍的,科层制管理架构中的管理成员集体地构成了管理者文化。我国高校的管理者文化的特征是"高度行政化"和具有很强的"权力倾向"。因为学校"归根到底拥有两个自然的联盟:教师联盟和管理者联盟。从形式上说,管理者具有上级的特征,而教师则是下级"[①]。

2) 按文化形态分

(1) 课程文化

文化是人类社会历史实践过程中所创造的物质财富和精神财富的总和,当然也包括学校的课程,因此任何学校的课程具有天然的文化属性,学校的任何课程都是一种客观的"文化现象"。广义地看,学校的课程知识都是存在于各种文化形式之中,学校的课程开发则是"'社会文化的选择',包括知识、态度和价值等选择及运作"[②],课程规划需要"建立在公正的文化选择的基础上"[③]。课程情景也是文化情境,课程教学的认知活动同样依存于文化之中,因为"情境认知的突出特点是把个人认知放在更大的物力和社会的情景脉络中,这一情境脉络是互动性的,包含了文化建构的工具和意义"[④]。因此,高职教育的课程,也是来源于不同文化背景的国家、地区和经济、文化组织的社会经济活动和各类组织的职业与技术活动。当我们选择了一种职业教育理论模式或课程模式时,也可以说我们选择了一种文化,选择了某种文化价值,所以说课程文化最重要的内涵是课程选择和课程目标的价值观。

(2) 专业(学科)文化

专业(学科)文化是为了强调高职院校的教育类型特殊性而提出的,而在更多的文献中被称为学术文化。按照文化的一般性定义,学术文化可以认为是高校的"学术人在发展学术的过程中形成的共同价值观、精神、行为准则及其在规章制度、行为方式和物质设施中的外在表现"[⑤]。也有将学术文化称作学科文化的,即"学科在形成和发展过程中所积累的语言、价值标准、伦理规范、思维与行为方式等的总和"[⑥]。上述定义都体现了高校学术群体的文化特征,但学科文化则隐喻了学术人由于学科差异性所导致的思维及行为差异。在高职院校由于更强调教师的专业与学生的职业对应,所以我们还是将学术文化或学科文化称为专业文化,其定义应该更接近学科文化的提法(**注**:在第八章中对专业有更深入的讨论)。因此,

---

[①] 汉森.教育管理与组织行为[M].冯大鸣,译.上海:上海教育出版社,2005:91.
[②] 薛天祥.高等教育学[M].桂林:广西师范大学出版社,2001:236.
[③] 麦克尼尔.课程导论[M].谢登斌,陈振中,等译.北京:中国轻工业出版社,2007:120,305.
[④] 乔纳森.学习环境的理论基础[M].郑太年,任友群,译.上海:华东师范大学出版社,2002:63,2.
[⑤] 沈曦.大学学术文化的构成要素[J].当代教育论坛,2003(11):82-83.
[⑥] 陈何芳.大学学术文化与大学学术生产力[J].高等教育研究,2005,26(12):1-7.

高职院校的专业人(学科人)除了有着高校学术文化的共性(自由、民主、求真和创新)以外,更有自身专业(学科)的文化特征,理解这一点在学校管理实际中是非常重要的。另外,由于高校的学术概念包括"教学的学术"以及科学学科概念下的学术,为了区别教师教学的学术和教师的专业(学科)学术,所以区分出了教师文化和专业(学科)文化,前者强调了教师的人才培养的文化意义,后者则突出了专业领域的学术文化意义。

(3) 技术文化

将技术文化独立地分列出来对高职教育是有重要意义的,因为高职教育培养高素质技术技能人才,必然地要涉及并体现技术文化。人类所创造和赖以生存的技术从一开始就是人类文化的重要组成部分——技术即文化。技术文化作为文化的主要范畴之一,同样也具有文化的一般结构。考虑到技术文化的特殊性,并参照上述文化的一般结构(层次)表述,我们将技术文化的结构分为五个方面:一是以"符号、意义"表达的技术知识文化,技术知识包括技术理论知识(技术原理、描述性定律等)和技术实践(工匠知识、技术经验、技术规则等)知识[1];二是以"价值观"为主体的技术观念文化,如技术创新思想、技术伦理、工匠精神等;三是以规定生产(技术)活动的"规范规则"为主体的技术制度文化,包括关于技术创新、技术传承、技术评价的技术社会性制度,也包括用于技术生产的工艺规程、质量控制规范等;四是以物质形态——人造物(工具、机器、设备等)为特征的物质技术文化,物化的技术不仅可以反映每一个时代的技术水平,同时也可以反映人们的生活水平;五是技术行为文化,反映人们在生产、生活中使用技术进行劳动和使用技术产品过程中的行为。

(4) 职业文化

职业文化是社会职业人身上所呈现的文化现象,既有广义的职业人和相应的职业文化共性,更有不同职业的职业人所表现出的职业文化特性,例如医生职业、教师职业、公务员职业、工程技术工作的职业、商业工作的职业,等等。职业文化对于高职院校来说有双重的意义:一是作为职业教育社会学范畴的所有不同职业领域职业人的职业文化概念,二是作为教师职业的职业文化概念。前者是我们将职业文化视作高职院校学院文化一部分的主要出发点,这是基于高职教育的教育类型和人才培养特征而提出的文化思考。

说明:上述文化的分类,只是表达了在不同视角所看到的高职院校学院文化的不同内涵,但是上述各文化内涵表述都是或有所重合,或有所包含,或有所差异,只不过有时为了强化某一文化对于高职教育的意义和作用,便更愿意使用某一种文化表述。例如:高职教育的课程文化就内含了专业(学科)文化、技术文化、职业文化;专业(学科)文化也包含了技术文化。再例如:从一般意义下的高等教育看,就可以用学术文化来涵盖课程文化、专业(学科)文化、技术文化,但是从高职院校的学院文化看,如果使用学术文化的表述就不能更好地表

---

[1] 徐国庆. 实践导向职业教育课程研究:技术学范式[M]. 上海:上海教育出版社,2005:124-139.

达高等职业技术教育的特征。

3）按管理目的分

任何组织的任何管理模式或管理举措都有其管理的目的,管理的目的表述也可以有多个视角。从高职院校管理文化的视角看,主要有质量文化和资源文化,前者是学校的立校之本,后者是学校办学之基。

（1）质量文化

无论是在企业或学校,质量文化都是最重要的管理文化。质量文化反映了人们在质量管理活动（质量评价、质量保障、质量控制）中呈现的价值观和行为方式,以及相应的质量管理制度。由于教育类型的特殊性,高职院校的质量文化与传统本科高校和基础教育都有所不同,主要体现在质量内涵、质量评价、质量目标实现等方面。学校的质量活动主要体现在人才培养质量的保证和提升上,但是由于人才培养的质量内涵及质量评价和质量实现过程远比企业产品质量保证要复杂得多,所以学校的质量文化有其自身的特殊性,相应的质量文化的建设也更加重要。

（2）资源文化

资源文化是指学校的所有资源在组织管理过程中所呈现的文化特征、文化样式和文化内涵。从企业管理的目的来说,是要以现有的资源实现最大的目标——满足客户,提高效率、效益。对于学校同样也有相似的管理要求——满足学生学习,满足社会（企业）人才需要；提升教育教学资源的使用效能,尤其是对于我国特定的教育投入机制来讲更是如此。另外,从管理文化来说,高职院校资源文化建设更多的是提升硬资源的文化内涵,提高软资源的文化力。

4）按管理环境分

（1）社区文化

由于高职院校的地方性特征明显,学校的社区服务功能也是高职院校显著的办学特征,因此,社区文化也会反映到学校的文化活动和文化建设之中,同样好的学院文化也会促进良好社区文化的形成。

（2）企业文化

企业文化对于高职院校有着特殊的意义,校企合作办学、企业学院、校企合作人才培养、学生初步的职业素养训练与养成等等都会不同程度地受到企业文化的影响。这样的影响有积极的一面,也可能有对学校教学管理和文化建设不利的一面。

（3）全球文化

随着我国高职院校国际合作的深入,国外合作院校的文化（所在国家的文化）,包括价值观、管理方式、思维方式、工作方式、行为习惯、宗教信仰等都会直接影响到学校的文化层面,其中最为关键的是价值观差异。同样地这些影响既有积极的一面,也有不利的一面,特别是在与不同国家(地区)合作办学过程中的跨文化管理和跨文化冲突消解中,了解、理解和认同不同国家(地区)之间的文化差异,尤其是尊重差异并消除文化对立是十分必要的。当然最重要的是在尊重文化差异的同时,需要合作的双方能够建立一定意义下的价值观统一。

三 高职院校文化管理

1. 高职院校文化管理

按照文化管理的概念,文化管理也完全适用于学校这样的组织。吴剑平等认为大学"从经验管理到科学管理、再到文化管理,是世界大学管理的大趋势。文化管理是以人为中心的管理模式,注重发挥大学精神、大学文化在管理中的主导作用。在科学管理的基础上实行文化管理,是我国大学实现管理现代化和创建世界一流大学的必然选择"[1]。对于学校的文化管理,陶然认为学校文化管理是"把学校管理的软要素作为学校管理的中心环节的一种现代学校管理方式。它以学校既定的价值观为核心,以学校文化的塑造为龙头,贯穿于学校的规章制度、道德规范、行为准则、审美教育等方方面面"[2]。康万栋认为学校文化管理应是"以人为出发点,并以人的价值实现为最终管理目的、尊重人性的管理";是"以重视软要素(价值观、愿景、品德规范、团队精神、组织氛围、管理艺术等)为重要特征的管理";"是一种强调非理性因素,主张理性因素与非理性因素统一的管理模式"[3]。对于我国高职院校来说,刘晓认为文化管理"就是将各种文化要素诸如物质文化、规范文化和认知文化综合运用于学校管理全过程",并指出高职院校文化管理的基本特征和特点是"柔性化管理,人性化服务","融入行业、企业文化,职业特色鲜明",相应的文化建设"既要重视建设学校物质文化和制度文化,更要建设学校精神文化"[4]。

高职院校(高校)实行文化管理不仅可能,而且更加适合,其原因一是由高职院校这样的社会组织自身的文化丰富性所决定的,丰富性表现在高学历"文化人"的集聚度高,学校成员的文化意识强,文化自信度高,相应地学校成员更容易认可和接受文化管理。还有就是学校自身作为文化组织,自身的文化积淀深厚,丰富的文化资源有利于文化管理的实行。二是由于高职院校自身具有文化功能——文化传承、文化传播、文化生产、文化创新,决定了高职院校

---

[1] 吴剑平,李功强,张德. 试论大学管理模式与世界一流大学建设[J]. 清华大学教育研究,2004,25(2):51-56.
[2] 陶然. 学校文化管理新思维[M]. 北京:中国人事出版社. 2005.
[3] 康万栋. 文化管理:学校管理的新走向[N]. 中国教育报,2009-04-28(6).
[4] 刘晓. 国家示范性高职院校文化管理的探索与实践[J]. 教育与职业,2008(6):8-11.

更需要文化管理,特别是在文化管理理念下的学院文化建设更有利于学校文化功能的实现。

鉴于以上关于高校文化管理的各种观点和认识,我们认为:**高职院校文化管理是以人为中心的管理理念和管理思想,是把学校文化建设作为管理中心工作的管理范式,是以提升学校文化竞争力为最终目的的管理实践。**对于这一认识需要予以重点说明的是:

第一,"以人为中心"既具有"以人为本"的管理哲学意义,即内含了"以人为本"的管理理念,同时又有管理科学意义下的管理目的指向——"人"。事实上,在管理系统的诸多要素中人就是最重要的,人在管理系统中既是管理的主体,又是客体。在文化管理范式下,管理者对被管理者来说,就是要尊重人、服务人、发展人。管理者体现的是实现管理的功能,即对人的"管理"需要以尊重为前提,以服务为方式,"管理"人的目的是实现学校和全体成员的共同发展。另外,对于作为管理客体的人来说,还要实现自我管理、自我成长。

第二,"文化建设作为管理中心工作",并不是说文化管理等同于文化建设,而是从学校整体层面上说,文化建设是文化管理的基本样式,文化建设过程本身也是文化管理的过程,学院文化也是文化管理的成果。这一认识体现了管理文化自身的"流变和动态性",以及"外在制度与内在制度互动的'和'"的特性。当然,在学校具体管理领域内实施文化管理,则需要进一步给出方法论意义上的内涵表述,例如质量的文化管理。

第三,学校文化管理与企业文化管理的最大不同之处在于其目的,学校文化管理的最终目的是提高学校的文化竞争力。学校文化管理不是为管理而管理,文化建设也不是为建设而建设,而是要在文化建设和具体业务管理的过程中,自觉地将"以人为中心"的理念贯穿其中,通过文化管理保证学校和所有成员的共同发展,通过文化建设实现学校文化的发展和文化力的提升。

第四,我们认为文化管理是一种管理范式,而不仅仅是管理模式。范式一词是库恩在研究科学哲学和科学史的时候所提出的,后在社会科学领域被广泛使用。范式可表征为一种理论模型、一种框架、一种思维方式、一种理解现实的体系、科学共同体的共识,也是研究问题、观察问题、解决问题所使用的一套概念、方法及原则。模式是实物客观规律的归纳,经验的概括,表现为一种问题解决的思维方式和规则[1]。范式在本质上表现为所持的世界观和哲学观,它为人们提供看待事物的眼光,也是一种最高层次的方法论[2]。相比模式而言,范式的内涵更丰富,一种范式之下可以有多种模式,但范式决定模式的内在属性与基础[3]。按照上述观点,就管理学领域来说,文化管理显然是一种管理范式。首先,文化管理是管理理论从

---

[1] 姜大源. 职业教育:模式与范式辨[J]. 中国职业技术教育,2008(31):1.
[2] 朱爱军. 论库恩的范式概念及其借用[J]. 学习与探索,2007(5):49-52.
[3] 雷曜. 管理教育范式与模式的比较研究[J]. 中国管理科学,2001(9):648-652.

科学管理的一种转型，其理论基础——价值观已经确立了具有哲学意义的基本管理理念，这一价值观正在为管理理论研究者和实践者所共同秉持。如果一定要说文化管理范式还处在"范式转换"之中，那么文化管理所持的管理信念能够让我们坚定这样的"范式转换"，而不会将文化管理仅仅看作是一个模式那样轻松简单。其次，正是因为文化管理是一种范式，所以文化管理提供的是一种如何看待学校管理的"眼光"，以及最高层次的方法论，而不会直接提供某个可以"直接照着做的程序"，这恰恰需要我们在文化管理范式（哲学的立场、文化的视野）下探索多样化的文化管理具体的模式（机制、方法）。当然，我们在这里只是将文化管理范式的提法作为学校文化管理理论研究和定义而使用，在以后更多地讨论文化管理实践时会继续使用文化管理模式这一用语，因为文化管理模式作为文化管理范式的下位概念，依然具有管理学的理论意义和实践意义。

2. 高职院校文化管理的理论假设

按照文化管理的理论假设，我们将高职院校（高校）文化管理的理论假设确定为"文化人"和"以人为管理中心"的假设，其中人性假设的"文化人"假设更加符合高等院校各群体的文化内涵和特征，尤其在所有高校推行科学管理和绩效考核的今天，"文化人"假设更加有利于我们反思现在高职院校实行的管理方式，有利于改革和创新高职院校的管理模式。

1) 关于"文化人"的假设

在管理学领域，关于人性的假设是极为重要的管理理论前提，更是管理实践的重要理念指引。纵观世界各国企业（组织）管理实践和管理学理论的发展过程，人性假设从最早亚当·斯密的"经济人"假设到今天的"文化人"假设，经历了两百多年的变迁。最初的"经济人"假设把企业员工看成是经济动物，这一假设成了科学管理兴起的理念基础。但是科学管理无法解决人在工业文明下的非物质需求，反而加深了企业劳资双方的矛盾。于是在霍桑实验的基础上，梅奥等人20世纪30年代提出了"社会人"假设。此后又在马斯洛人类动机理论的基础上出现了"自我实现人"和"复杂人"假设。但是，"'复杂人'假设对人性的认识虽更为全面，但它却没有使认识走向深入，而只是对'经济人'和'社会人'进行了折中，更主要的是'复杂人'假设强调的是人的个性而不是共性。"随着企业文化实践的兴起和理论研究的深入，今天有更多的管理研究学者提出了"文化人"假设，其中也有提出与之相接近的"观念人"假设，但是"文化人"假设已经涵盖了"观念人"假设的内涵，后者只是更加偏重于从心理学角度看待人性，前者则是从人的文化属性出发看待人性。也正是由于人性的"文化人"假设的提出，"使管理学界获得了一种新的人学基础，逐渐形成了一种新的管理理念和管理模式——文化管理"①。

高等院校相对企业而言,是传承文化、传播文化、创造文化的文化高地,学校的教师、学生、管理者等组成了一个远比企业要复杂得多的文化群体,特别是高校教师、科研和管理工作者作为人类文化的传承者、创造者和文化人才的培育者。因此,高等院校中的群体是更加具有文化意义的人,在讨论高职院校文化管理时,"文化人"的人性假设更加符合学校实际。对于高等院校"文化人"的认识,于学友给出了以下较为完整的论述:

> "文化人不是指专门从事文化事业和宣传工作的人,也不是一般意义上具有知识素养和文化品味的人,它具有这些含义:(1) 文化人是对人的本能和自然的超越,是对人的文化的创造。文化人不满足于或停留在人类已有的创造,而是以一定的方式不断超越外部的自然,不断超越、更新已有文化,重建、创造新的文化。(2) 文化人以精神的满足和价值的实现为追求。文化人不断超越自然、超越已有,进行着创造,在此过程中不断获得精神的满足和身心的愉悦,实现个体生命的价值。(3) 文化人具有自由的维度,自由是文化应有之义。这种自由不是以自我幸福为原则的功利主义和享乐主义,也不是没有任何约束的主观任意。"②

如果我们将上述关于"文化人"的论述给予简明化,那么高职院校成员的"文化人"基本特征应该是:以精神的满足和价值的实现为追求;不断超越、更新已有文化,重建、创造新的文化;普遍具有自由的意志和人格。

2) 关于"以人为管理中心"的假设

高等院校最重要的管理是围绕人才培养展开的教学管理和学生管理,与其他社会组织最大的差异是所有的管理工作都是围绕人展开的,包括教师、教辅工作者、学生,特别是学生既是管理的对象,也是学校管理文化的"产品",即人才培养的成果。因此高等院校的管理中心说就有着学校层面的"教学为中心""学生为中心"的提法,以及在教学模式讨论中的"学生为主体,教师为中心",在质量管理讨论中也有类似于企业的"以顾客为中心"(将学生和企业视作顾客)。但无论是怎样的提法,都没有离开"人",不过每一种提法都局限于学校的某一类群体,或者某一类"利益关联者",以至于由于某一类群体的"中心"地位确定,使得其他群体被"忽视"或被"失落"。因此,高职院校的管理中心应该是更广泛意义的对象——"人",是所有的实体的人。

另外,在学校管理实际中,由于我国教育文化传统的关系,学校的教师和学生事实上一

---

① 郭启贵,潘少云.文化管理及其对管理本质的凸显[J].求索,2013(4):103-106.
② 于学友.文化人:教师发展的应然追求[J].华北电力大学学报(社会科学版),2009(3):128-132.

直存在着主体性缺失的问题。从学校群体文化看,管理者文化、教师文化、学生文化这三种文化群体,事实上存在着自上而下的管理优势和文化优势,"学术文化、学生文化始终处于学校文化的边缘地带,管理文化作为强势文化(High Culture)'一枝独秀'"①。而且,教师文化又对学生文化具有优势地位,事实上学生在大部分情况下处于"话语权利"缺乏的处境。学校管理的"以人为本"正是要重建教师和学生在管理活动中的主体地位,即实现"以人为管理中心"的文化管理。总之,高职院校文化管理的"以人为管理中心",就是要让管理回归人——把人作为管理工作的出发点和归宿,突出教师、学生的主体地位,尊重人、依靠人;就是要通过管理完善人——以实现学校所有成员,特别是教师、学生的全面发展作为管理主要目的。

3. 高职院校文化管理功能

随着文化管理的实践在企业里得到发展,文化管理理论在管理学领域逐渐被认可,高等院校关于文化管理理论的研究也得到了广泛的重视,从理论界到院校管理者,也普遍认为文化管理适用于高等院校的管理。因为"大学(高校)管理更多依靠的并不是权力,而是文化,而是经由文化自觉而形成的权威……任何正式制度的空缺需要由文化来填补……(也)必然促进高校的文化管理转向"②。

1) 共同发展功能

按照文化管理的要义,高职院校文化管理的首要功能是促进学校与所有成员实现共同发展,特别是要实现学校所有人的全面发展。与企业或其他本科高校不同的是,高职院校共同发展和人的全面发展的意义和内涵有所不同。

第一,共同发展首先是学校所有人(学校的学生、领导、教师、管理者、教辅人员、服务人员等)的发展,其中学生和教师的发展最为关键和重要。虽然由于我国教育体制的特点,学校在创办初期可能会有迅速的发展(主要是规模的发展),但是只有教师实现有质量地发展才是学校真正意义的、长久的发展。另外,学校人的发展,最根本的还是学生的全面发展,人才培养是学校的根本任务,没有学生的全面发展,学校所谓的发展也是没有意义的。

第二,高职院校人的发展内涵与普通本科高校有所不同。首先,教师的学术发展内涵不同,按照美国当代著名教育家欧内斯特·L. 博耶(Boyer)有关高等教育的学术四维度观点,高校的学术分为探究的学术、整合的学术、应用的学术和教学的学术。对于高职院校的教师来说,最重要的是教学的学术和应用的学术,因为高职教育关于教学的学问要比传统本科教育更为丰富和特殊,原因在于职业技术教育课程的技术知识与科学知识的特征不同,教师自身的职业技术能力形成的环境、条件不同,还有就是教学的对象不同,技能教学的方式、方法

---

① 李福华. 高等学校文化构成及关系探讨——学生主体地位的文化学视野[J]. 大学教育科学,2004(4):10-13.
② 盛正发. 从制度到文化:现代大学管理的新向度[J]. 黑龙江高教研究,2012,30(1):35-37.

不同。其次,学生的全面发展内涵不同,这是由于大学与高职院校教育目标的不同所致,例如学生的素质、知识、能力内涵更加符合企业实际和现实需要,职业教育就业的"功利性"现实,也使得人才培养目标必须经常做出及时调整,以适应行业的职业要求变化和企业的技术发展变化。

第三,由于高职院校管理文化与企业文化的差异,使得实现所有人的全面发展既有有利的一面,也有困难的一面。有利是因为大部分高职院校的体制优势,可以从政策方面使得学校所有成员(不包括学生)都能享受公平的"体制关照",特别是学术发展的标志——"职称",当然也会相应地由于体制的"公平性"而产生"泛学术"发展弊端。不利的一面是学校的群体较多,每个群体的文化背景不同,但文化层次差异不大,在高校发展水平的总体衡量标准(高校的标准)——价值取向下,学校对各个群体的发展诉求很难做出政策性的抉择,更多情况下只能在不同群体的文化冲突中做出必要的妥协。

2) 文化建设功能

文化管理理念下的文化建设的主要任务是培育文化力、核心价值观指引下的制度建设和体现共同价值观的文化资源与环境建设,但是高职院校文化管理理念指导下的文化建设却因为其管理文化的独特性而具有自身的特点。

按照王振洪教授的观点,高职院校的管理文化独特性在于:一是"高职院校的管理理念既具有高等教育机构以人为本、学术自由的基因,同时作为职业教育机构,其独特的功能决定高职院校具有源自市场行为的,以追求质量控制与顾客经营为核心目标的企业管理理念",即所谓的"跨界管理"。二是"所有管理活动,包括学校上层的系统化管理,包括教师处理课程与教学的底层管理,必须要突出学生与未来工作场所的联系"。三是"以企业文化与创业精神为特征的物质文化"具有明显的企业特征。对于民办高职院校来说,其管理更是"表现出了更高超的平衡商业与学术的技巧与能力"[①]。

总之,高职院校的管理文化建设一定会受到企业管理文化的影响,其管理文化也一定会有企业文化和职业文化的特征,但是作为高等教育组织,高职院校管理者更应该具有自己的文化建设主张。

(1) 坚持以高等教育和职业教育共同价值观为主体

高职院校需要吸收现代企业文化中普遍认同的、对学校人才培养有益的价值观,形成具有高职教育特征的学校核心价值观。由于企业价值观体系与教育的价值观体系的文化背景和组织目标追求具有差异性,特别是不同行业(或同一行业不同企业)对人才培养的诉求也会不同,所以高职院校的价值观管理不能简单地标以"市场思维",管理制度建设也不能简单

---

① 王振洪.高职院校管理文化的独特性及其成因[J].中国高教研究,2012(3):86-89.

地"耦合商业规范"。

（2）增强高职院校对外、对内的"文化作用力"

高职院校既要通过产教融合、校企合作形成良好的人才培养合作，形成鲜明的高职教育文化，取得社会满意的人才培养认可，提升学校的对外影响力；又要通过塑造自身应有的高等学校文化品格、文化品位，在高等学校的群体中获得高等教育文化认可，提升学校所有成员的高等教育文化凝聚力。因为就像大学文化那样，高职院校的学院文化一旦形成，将是持久和稳定的，而来自行业、企业的文化影响只是促进学校文化发展、创新的动力和机制之一，而不具备主导性和替代性。

（3）提升学校文化软环境培养人、内化人的教育水平

企业环境文化更多的是指其硬资源（硬环境）所产生的对人们的身心的文化影响，其呈现的软环境所表达的文化意义（风貌、理念、情感、习惯等）是企业的价值观。由于高职院校的教育责任所决定的价值观内涵与企业有着很大的不同，所以学校软环境的文化内涵和文化作用也有所不同。首先是高职院校软环境文化呈现出多样性，包括优秀传统文化、德育文化、政治文化、国际文化、企业文化等；其次是环境文化的呈现需要更加适合学生的心理特征，适应学生美学欣赏的时代特征，从而真正起到环境文化的内化教育作用。

3）质量立校功能

我国几乎所有高职院校都会将质量立校作为学校最重要的办学理念。按照文化管理的要义，文化管理对学校最重要的意义，一方面是对学校质量文化的核心——质量价值观的引领；另一方面还在于文化管理的理念、策略和方法，对于高职院校质量科学管理的不足与局限性，是一种优化和超越。

对于高职院校来说，质量立校应该是根植于学校所有成员内心的一种使命和责任。在高校由于教师坚持"教授治学"主张，人们对于质量的认识与判定存在某种意义上的不确定性，再者，高职院校与行业、企业等多方利益相关者在教育质量的标准认识与要求方面也具有差异性。上述差异性的背后恰恰是由于所有质量利益关联者的价值观差异所致，特别是对于学校"知识人"群体来说，他们对人才培养质量、教学质量的认识、态度，决定着学校的质量管理能否真正有效地开展和达成管理的目标。因此过去源于企业的质量科学管理是"对大学文化传统的一种挑战"，大学也将"超越传统的'自治'而进入一个质量'共治'的新时代"①。正因如此，文化管理的理念给了高职院校质量管理一个崭新的方向和空间，通过文化管理将使高职院校的质量文化产生更好的文化活力，使高职院校真正实现质量立校的办学使命。

---

① 王建华. 高等教育质量管理：从技术到文化[J]. 中国高等教育，2008(21)：26-29.

4) 消解管理冲突功能

高等院校管理中的冲突从根本上说是文化冲突,这样的"文化冲突通常表现在大学行政管理主客体以及领导层与下属之间的科层主义文化与民主自治文化之间,以及学术文化内部不同学科亚文化之间的文化冲突"①。周玲博士则将高校的文化冲突具体分为"学术资本主义与学术人文主义的冲突""学科(专业)文化冲突""外来文化与本土文化的冲突"②。高职院校管理总的来说具有传统高校的管理模式和特征,尤其是人力资源管理、教学管理和质量管理等,高校管理中的文化冲突在所有高职院校都会遇到,但是高职院校管理又有自己的文化冲突特殊性。对于高职院校来说,学校管理中的文化冲突主要是行政管理与教师自我管理的冲突,专业(学科)之间的冲突,校企合作、国际合作过程中的跨文化冲突、业绩管理冲突等。既然高职院校管理中的冲突是文化的冲突,那么消解文化冲突也必然需要通过文化管理来实现,事实上高等院校的管理实践已经证明,学校内部的文化冲突无法通过科学管理得到实质性和根本性的解决。

4. 高职院校文化管理的认识问题

1) 文化管理中的文化自信与文化自觉

文化管理首先是在国际优秀企业中出现的管理实践,并由此逐渐形成了相应的管理思想和管理理论。我国学校领域对文化管理的讨论和实践始于20世纪末,特别是在基础教育领域得到了一定的发展。相比之下,在高校则更多以大学文化讨论作为主题,高校文化管理讨论作为一种管理文化研究,近十多年来越来越受到高校管理者和理论研究者的关注和重视。

科学管理已经成为当今高校的基本管理模式,文化管理未来也一定会在高校得到重视和发展。然而我们也必须清醒地看到,尽管科学管理的许多不足受到高校"文化人"的"责难",但是文化管理又应该以怎样的"名义"成为学校管理新的选择和创新?以"文化"的名义,以"管理"的名义,还是仅仅因为科学管理的局限性?事实上任何管理本来就"理应由'文化管理'参与其中"。但是就文化管理而言,高校的性质和特征表明其本身已经是"文化的高地",高校内部群体的"文化人"身份又使其具有某种天然的"管理对抗"性。也正因如此,也有学者认为高校的文化管理就是一种"无为而治"的管理。这似乎向我们展示了某种意义上的高校文化管理"悖论":高校管理本来就是文化管理,或者高校无须文化管理。究其原因,产生"悖论"是由于高校的"文化人"所具有的天然的"文化自信"所致。但是文化的动态性、流变性特征告诉我们,人们的文化自信是在文化形成的历史过程中建立的,任何文化都既由

---

① 陈金圣,谢凌凌.大学管理中的文化冲突及调谐[J].当代教育科学,2012(15):6-9.
② 周玲.大学组织冲突研究——角色、权力与文化的视角[D].上海:华东师范大学,2006:4.

人创造,也会改变人,而文化自身的内在矛盾性,也必然需要"文化优化",文化形成的过程就应该是一个"文化优化"的过程。

对于高校的"文化人"来说,"文化优化是一种文化态度,文化优化是文化批判和文化理想的统合而达到的一种文化自觉,是对文化自身进行的全面反思、自觉调整,不断克服文化局限性、惰性,激发文化创造力,升华文化理想,促进文化进步"①。也就是说,高校的文化优化本身就是一种自觉的文化管理,高校的"文化人"在文化自信的同时,也需要文化自觉。相应地对于文化管理来说,高校"文化人"的文化自信正是高校文化管理的优势——文化认知、文化理想,而他们应有的文化自觉正需要通过文化管理来影响和促进。对于任何类型、层次的高校来说,学校管理需要"文化人"具有文化意义上的文化自信,也需要管理意义上的文化自觉,或者说高校(高职院校)的"文化人"应该是因为文化自信而具备文化自觉,也因文化自觉而更加具备文化自信。

2) 文化管理的具体实践

文化管理在实践层面始终是一个不太好描述的管理模式,现有文献也没有完整地给出文化管理的模式描述,在有关高职院校的更是如此。严璟就指出现有文献中关于学校的文化管理实践,还"没有明显地体现它在操作层面上与学校文化建设的区别,措施的可操作性和实效性也有待考证"②。事实上,在管理学界人们也极力"避免给出在方法论上有启发的对文化到底是什么的看法",而"一旦回避'文化是什么'的界说,在具体的文化管理工作和实践中必然难以做出实质性贡献"③。对于这一问题,我们需要从以下几个角度去认识文化管理的实践性问题:

首先,文化管理是用理念指导管理实践。文化管理是一种管理理念和管理思想,理念是用来指引实践的,思想是用来指导实践的。高职院校的管理尽管也提出"以人为本",但是在过去很长的一段时期里,在科学的"科层制管理"和经济驱动的"激励管理"下,"以人为本"实际上已经失去了本来的意义和管理初衷,即人性假设的实际"陷落"。所以,我们如果真正地在管理制度制定、管理过程的行为层面,是以人为本地看待人、对待人,是真正地实现学校与学校所有人的共同发展,那么我们的高职院校(高校)管理本身就在实践文化管理。

其次,文化管理需要选择合适的途径和策略。英国后现代主义教育管理哲学家霍金森(Hodgkinson)说"管理是行动的哲学"④。在文化管理的实践中,仅仅用文化管理的理念、思

---

① 苗伟. 文化优化:一种自觉的文化管理[J]. 上海交通大学学报(哲学社会科学版),2008,16(2):66-73.
② 严璟. 我国学校文化管理研究综述[J]. 文教资料,2009(14):98-100.
③ 陈立旭. 文化管理理论和实践的新视野——评吴福平《文化管理的视阈:效用与价值》[J]. 浙江社会科学,2013(9):152-154.
④ Hodgkinson C. Administrative Philosophy[M]. Oxford:Pergamon,1996:6-7.

想去指引、指导学校的管理是远远不够的,只有选择合适的途径和策略来实施文化管理,才能让高职院校的文化管理真正地有其名、有其实。什么是文化管理合适的途径和策略?合适的途径就是能够最充分地利用学校的文化资源和文化优势,在具体业务领域的管理活动中充分地体现文化管理要义,并能够实现文化管理的基本目标。合适的策略就是要以文化管理的基本理念——"以人为本",采取最人性化的管理方法和程序,克服目前科学管理所难以解决的管理难题和管理冲突。

再者,学校文化建设的过程本身就是文化管理的过程。从管理学意义来看,任何组织的任何建设,其过程本身就是管理过程,但是文化管理意义下的文化建设不仅仅是管理学意义上的要对文化建设进行的管理,更重要的是文化建设过程本身就是文化管理的过程。这是由管理学意义上的文化定义所决定的:文化本来就是组织的"显规则"和组织成员个体的"潜规则"互动的和,即价值观的和合过程,而文化自身又具有管理学意义上的"效用价值"——"规范价值、工具价值、实用价值"。因此相应的文化建设成果——管理文化,产生了实质性的文化建设管理作用,即文化建设就是文化管理的基本功能。

正是由于以上原因,我们认为文化管理一定是实践性的,也一定可以在高职院校的管理实践中发挥重要和不可替代的作用。

第二章　高职院校质量文化

> "文化是质量的终极目标……高等教育质量的文化含义,既意味着质量是文化的产物,也说明质量本身就是一种文化……就是文化的结晶……就是一种文化的建构。"[①]高职院校质量(信念、目标、管理)作为重要的学校文化,根植并形成于学院文化,成为学院文化的一部分——质量文化。几乎所有高职院校都声称其实行了质量的科学管理,在这一意义上,高职院校的质量文化是以科学管理为主要特征的。但是学院文化总是在不断发展和被建构的,学院的质量文化也一定是在发展和被建构的,因此当我们在讨论质量文化管理这一全新质量管理范式的时候,我们需要从文化和管理的视角厘清高职院校质量文化的概念和内涵,更重要的是要以问题意识认识当下高职院校质量科学管理的问题。

一　高职院校质量文化——文化的视角

1. 质量、质量文化概念

1) 质量概念

质量概念来自企业的产品生产,一般是指"产品或工作的优劣程度"(《辞海》);"产品符合规定要求的程度"(克劳斯比);"质量就是满足需要"(德鲁克);"一组固有特性满足要求的程度"(ISO9001)。在西方,高等教育的质量界定在很长时间内也是众说纷纭。对此英国学者戈林(Green)认为:"高等教育质量的界定主要从五个角度进行:其一属于传统的解释,把质量与提供独特而特殊的产品和服务联系在一起,隐含排他性的特点,如牛津和剑桥大学的教育质量;其二,把质量与预定规格和标准的一致性作为依据,依此使不同类型的院校可能设定不同的质量标准;其三,强调以高校达到目的的程度为标准,把判断质量的尺度定义为是否符合标准;其四,把质量定义在实现高校办学目标的有效性上,具体标准是以高校是否具有明确的办学理念和使命的表述为特征;其五,把质量定义为以高校能否满足顾客(Customers),即学生及其家长、社会和政府等规定的和潜在的需要。"随着企业的全面质量管理

[①] 王建华.高等教育质量管理:文化的视角[J].教育研究,2010,31(2):57-62.

的兴起,我国学者提出了对高等教育质量概念的若干参照性认识:① 以"卓越"(Excellence)或"一流"(First-Class)为标准;② 合适的目标(Fitness for Purpose);③ 满足高校内外顾客的要求;④ 持续的质量改进(Continuous Quality Improvement)。但是正如英国学者罗伯特·伯纳德所说:"不同的高等教育的概念最终导致人们对其质量概念多样化的探索。"[①]为此,我们在这里提出高职教育和学校教育教学管理的两种语境下的质量表述。

(1) 教育质量(人才培养质量)

学校的教育质量也是人才培养质量,是"人才培养体系诸如培养目标、知识体系、培养模式、教学制度、文化环境、教师素质等要素共同影响的结果"[②]。对于高职院校而言,人才培养质量是被培养者的能力、知识、素质满足职业工作要求,满足良好社会公民要求,具有健康、良好身心的程度,这是从高职院校人才培养整体性出发的质量认识。这里需要特别指出的是,尽管上述教育质量(人才培养质量)的定义是从企业产品质量概念出发的,但我们最终是把高职院校人才培养质量确定在了学生全面发展的教育使命之上,这样的质量定义就是将学生看作一个独立的个体、一个社会人、一个职业人。

(2) 教学质量

教学质量是指学校提供的课程(体系)和课程教学(服务)满足学习者诉求和国家意志的程度。这是从学校具体教学实施过程和教学目标达成出发的质量认识,这里的教学包括所有围绕学生进行的教育教学活动,包括学生德育教育、体育教育、艺术教育等的教学活动。教学质量是由课程教学标准、教学原则、教师教学方法与手段、教师教学态度、课堂管理水平等要素共同决定的。

(3) 服务质量

学校非教学和科研成员的工作质量,是其所提供的服务满足教师课程教学和科研的质量要求,以及学生非学术性需求(健康、生活、娱乐等)的程度。

(4) 办学质量

学校办学质量是更广泛意义下的质量——不仅仅是产品意义的质量,办学质量包括人才培养质量,学校资源(各种硬、软资源)质量,学校办学效能、发展能力等。

(5) 专业质量

专业是学校人才培养的基本单元,专业质量是指专业的综合质量,包括专业教育(人才培养)质量——专业人才培养符合社会要求的程度,以及专业发展能力——专业办学效能和人才培养质量持续提升的能力。专业质量概念的提出是必要的,也是以前被教育理论界和院校所忽视的,在专业国际认证得到普遍重视的今天,研究专业质量具有重要的现实意义。

[①] 施晓光.西方高等教育全面质量管理体系及对我国的启示[J].比较教育研究,2002,24(2):32-37.
[②] 眭依凡.培养目标达成:关于大学教学原则重构的思考[J].西北工业大学学报(社会科学版),2019,39(1):15-26.

2) 质量文化概念

质量文化概念最初源自企业文化，是关于质量的组织管理亚文化。迄今为止，人们对于质量的认识有五个阶段："第一个阶段，质量是检验出来的；第二个阶段，质量是制造出来的；第三个阶段，质量是设计出来的；第四个阶段，质量是管理出来的；第五个阶段，质量是文化的结晶。"[①]

什么是质量文化？美国学者约瑟夫·M.朱兰提出"质量文化是人们与质量有关的习惯、信念和行为模式，是一种思维的背景"[②]。与此相似，王建华认为"质量是文化的一部分，文化是质量的终极目标。以此为基础，高等教育质量的文化含义，既意味着质量是文化的产物，也说明质量本身就是一种文化"[③]。相应地，高等教育的质量文化是"关于高等教育的质量价值观念和质量行为规范的集合，即在高等教育质量领域占主导地位的价值体系"[④]。更为全面和被普遍接受的高等学校质量文化定义是由刘德仿教授所提出的："高校质量文化，是指高等学校在长期的教育教学实践中，自觉形成的涉及质量空间的价值观念、意识形态、思维方式、道德规范、规章制度及传统、习惯等'软件'的总和。"[⑤]这一定义对于高职院校来说依然是适用的。

应该指出，我们虽然总是在质量管理的话语系统里谈价值观、信念、契约、行为、制度等，但所有这些又无不属于学校精神文化、制度文化、行为文化、物质文化的范畴。人们对于质量的认识和行为从来就是学校文化最重要的部分，即质量文化体现和彰显了学校的文化。同时，由于高职院校具有的高校文化基因和独特的文化品质不同于其他社会组织，这就决定了学校的质量文化应该更具丰富性、开放性，而相应的质量管理也更具复杂性。

3) 质量文化结构

教育教学质量取决于学校全体成员共同的质量价值取向（师生本位）、质量承诺（信念与契约）、道德习惯，取决于师生教与学的行为、质量保障制度、硬软件服务等。因此，从文化结构的一般定义出发，高职院校的质量文化也可以用由内隐的精神文化和外显的制度文化、物质文化、行为文化四个层面的结构表达。按照上述质量文化的定义，质量的精神文化是质量文化的核心层，它是渗透于高职院校全体教职员工思想和心灵深处的关于质量的价值观念；质量的制度文化是质量文化的中层文化，主要体现为与质量管理有关的道德规范、规章制度（评价、考核、激励等）；质量的行为文化是质量文化的表层文化，是组织成员在质量活动中体现出来的思维方式、行为、习惯，在学校则体现为教风、学风；质量的物质文化是质量文化的

---

① 卢显林.零缺陷管理[M].北京：中国商业出版社，2006：74，190.
② 朱兰，戈弗雷.朱兰质量手册[M].焦叔斌，等译.5版.北京：中国人民大学出版社，2003：724.
③ 王建华.高等教育质量管理：文化的视角[J].教育研究，2010，31(2)：57-62.
④ 王建华.高等教育质量管理：从技术到文化[J].中国高等教育，2008(21)：26-29.
⑤ 刘德仿.论高校质量文化之构建[J].学海，2000(5)：172-175.

表层文化,包括高职院校的教学质量保障条件、质量管理系统的软硬件条件、承载于物质实体的质量文化符号系统等。

2. 高职院校质量文化基本特性

1) 基础性

质量文化是质量保证体系构建和实践的"土壤"。尽管文化的定义众多,但是较为共同的解释和理解是:"文化是相对于政治、经济而言的人类全部精神活动及其活动产品。"从这一理解出发,我们可以认为质量文化是已经存在的质量实践活动及质量目标达成本身,但如果从文化的英文单词"culture"的拉丁文词根的意思看,文化也意味着"耕耘",或者说培育的土壤。在这一意义下,我们认为质量文化既是质量实践活动的"现在"和已有质量实践活动的"产物",更是新的质量文化形成的"土壤",进一步地说也应该是处于发展中的质量保证体系构建的"土壤"。当我们致力于高职院校内部质量保证体系构建时,我们需要对自身所在的"土壤"有清晰的认识,更要为其增加新的活力要素和营养。为此,我们依然需要对现有的质量文化进行深度的"耕耘"和"培育",也就是说在进行质量体系构建的同时,我们更需要进行质量文化的建设,使得在学校质量保证和诊改工作实践中,让创新的、发展的质量文化所表达的信念、观念、追求在学校的每一位成员中得到内化,并付诸我们的质量实践活动之中。

2) 发展性

文化本身具有"流变和动态性",因此质量文化也总是处在不断发展的过程中。高职院校质量文化是在其质量管理活动过程中,通过与质量实践有关的理念、行为、制度等不断互动的动态过程中形成的精神成果,以及具体外化的质量表现,这样的质量文化既是在质量实践活动的发展及变革进程中所积淀的,其本身也总是处于发展和创新之中。从文化的本义来说,任何形态的文化都不是凝固不变而是不断演进的。对于高职院校来说,由于接受教育者的个体需求,以及社会需求都处在不断变化中,人们对高职教育质量文化的认识、对质量文化内涵的认识也会随之变化。文化本身具有时代性,它不能脱离时代背景而独善其身。从来不存在永恒不变的质量文化——质量观念、思想、理论和模式,即便世界一流大学的质量文化也会带有时代的烙印,也需要根据不同时代所提出的新要求以及条件的变化,持续地建构其质量文化,使质量文化始终保持活力。

3) 多元性

高职院校质量文化的多元性源自高职院校文化的多样性,但是对形成学校质量文化或对学校质量文化产生重要影响的文化主要有:传统文化、学术文化、课程文化、专业(学科)文化、技术文化、企业文化、全球文化。这些文化对高职教育教学质量既有正面的作用,也有可能产生负面的影响。

(1) 传统文化

传统文化对学校质量文化的影响是很大的。例如,现代工业文明与农业文明的最重要的区别之一在于其质量文化,由于农业社会的劳动基本上是自由、散漫和随性的,因此"差不多""大概""估计""可能"就成为产品生产质量的"可测量"。再例如,我国教育文化传统下的教与学特点就是重在知道"是什么""有什么",而缺乏"怎么会这样""会怎样""应该怎样"的学习思维引导,相应的学习成果测量重在知识的记忆。

(2) 学术文化

高校教师最坚守的就是其学术地位和学术自主性,学术文化在高校具有极强的影响力,"教授治学"成为教师的文化宣言。事实上,当学校的办学与教育定位确定后,其相应的教育教学"合适的目标"就应该成为"教授治学"的前提,这一点显然是无可置疑的。但是对于高职教育而言,由于学校办学和教育定位与社会有着极强的关联度,高职教育教学的"合适的目标"与教授们基于原有学术教育背景所理解的教育教学目标常常会产生某些差异,如果此时由于教师坚持其对课程教学的学术理解,就势必产生质量认识上的差异,也因此产生许多质量管理冲突。另外,高职院校举办的专业有很多,不同的专业背后就是不同的学科,形成学校众多的学科亚文化群体,这些群体之间对质量的认识也有着很大的差异。

(3) 企业文化

作为社会文化中对学校有重要影响的企业文化,对高职教育质量文化形成有着直接而具体的影响,这是由高职教育的性质所决定的。在高职院校对教学质量起主要作用的是专业(学科)的学术,但是对人才培养质量的认可又必须来自企业对能力、知识、态度的认识和要求,其背后的人才培养质量认识差异本质上是他们的质量文化的差异,即价值观差异。我国高职教育几十年的改革与发展,已经逐渐地拉近了学校和企业的距离,产教融合、校企合作使得高职院校对人才培养质量的认识也有了很大的变化。但是不可否认的是,由于学校和企业的组织性质的差异,"生产方式"的不同,企业文化对高职院校质量文化的影响依然不会是决定性的。

(4) 全球文化

随着高职院校国际化办学与人才培养合作,学校接触到了主要来自西方发达国家的高等教育和职业教育教学理念与方法,但是更多的是引进了课程,获得了海外学校的文凭,或海外继续学习的通道。通过合作,我国一些高职院校虽然获得了海外高校的办学经验,但是也深深感受到了跨文化的差异,其中最重要的是各自质量文化的差异,而质量文化差异的核心在于价值观差异。尽管在价值观的表述上各自没有什么特别的不同,例如都提出"以人为本",但是在质量保证、质量评价的认识、理解上都有着较大的不同,特别是在具体实践的方法、质量保证执行力上更是有着很大的差异。

3. 高职教育质量价值维度

对高职教育质量的评价取决于质量的价值取向,价值取向是质量文化最重要的核心内涵。在这里,我们讨论质量的价值取向,必须首先确定和认识质量的价值维度,其次要准确描述质量在每一维度上的价值内涵,在质量评价的操作层面上,价值内涵是最重要的。高职教育质量的价值取向和其他高校一样,也体现为社会、学术和学生三个维度,但是在每一价值维度上的价值内涵是有差异的,这是由高职教育的基本功能和人才培养目标所决定的。高职教育的基本功能是为社会培养高素质的、具备高技术能力的应用性人才。

1) 社会维度

高职教育质量内涵必须回答高职教育为社会培养什么样的人才。所有学校都在为社会培养人,那么高职教育培养的人才与其他教育所培养的人才有什么区别?与社会所需要的特定人才的符合度怎么样?我们现在已经不会对一些已经被广泛接受的观点提出本质性的异议。比如,我们说高职教育的目标是培养生产、服务、管理第一线所需要的具有高深知识、高技术能力和现代职业态度的高素质人才,对于具体的专业而言,"知识"的高深程度,"技术"能力的水平,以及素质水准,则需要由行业、院校联盟共同合作,借鉴国际教育标准,制定相应的专业教育标准。

2) 个人维度

对于高职教育来说,要确定在个人维度上的价值内涵和向度常常是困难的。一是因为个体价值缺乏明确性和具体性,现在许多进入高职院校学习的学生对自己的学习期望从一开始可能就是模糊的,这与他们前十几年接受的教育有关,或者说以前接受教育的动机或动力是非内省和非内生的,而更多受到家庭、学校或社会的功利性的驱使。到了接受高职教育时,学生对未来职业或者说未来"生计"的认识是模糊的,对未来职业生涯是茫然的。因此,学校在"功利"的社会价值与学生的不确定个体价值之间必然地做出有利于社会的倾斜,这在客观上形成了学校与学生在教育目标上的差异。二是由于学校自身管理体制的不适应性,以及教育教学资源的不足,使得学校对于那些有明确教育价值诉求的学生也无法提供更多更好的服务,最直接的例证就是我们目前还不能实行真正意义下的学分制。尽管如此,也绝不意味着学校在满足学生个体发展需求上真的"无能为力",事实上,学校在主动适应社会人力资源市场需求和满足学生个人的就业要求的同时,应该更关注学生的"就业质量",关注学生在就业后三至五年的发展,关注学生的职业生涯,在这些方面,学校可以做得更多,这也是高职院校教学改革的方向。

在这里,我们想特别指出的是,在高职院校内人们谈起质量,在业务层面总是关于教学的,在教育目标意义下总是关于就业的,但是作为学校教育,是否还有其他同样重要的质量内涵?比如关于成为一个合格的公民,一个具有健康人格和身心的人,这个问题在我们习惯的质量认识、质量话语中,常常被"德智体美"口号式的培养目标所掩盖,在我们的质量文化中,事实上最缺乏的是具体的质量表述,更缺乏具体的实际行动,例如关于生命关怀的教育,对学生社会责任与担当的教育。对此,一个需要我们反思的问题就是:我们的质量文化是不是太"技术理性"化,我们的质量信念是不是缺少了一些"人文精神"。

3) 学术维度

学术维度的高职教育质量价值取向问题主要是关于课程的价值,课程的价值是我国高职教育长期以来最重要的讨论主题,也是高职教育教学改革的主要内容。高职教育课程价值的学术问题存在于两个层面:一是课程自身的价值,二是课程教学的价值。关于课程自身的价值,首先是关于课程的本质问题,即课程的价值是理论的还是实践的,理论取向的是基于"学科体系知识"的课程价值,实践取向的是基于"行动体系知识"的课程价值;其次是课程策略问题,即课程体系的构建是基于学科体系还是工作体系,这又可以引出关于课程体系构建、课程开发和课程教学模式的学术问题。由于上述问题在高职教育领域总是被二元对立地讨论,所以至今依然是一个被广泛讨论的问题。学术维度的另一个课程质量价值取向问题是关于课程的教学质量评价,这是一个在所有层次、类型的教育中广泛存在的质量评价价值取向问题,主要有基于教育目标达成的鉴定性评价,以及基于过程和问题诊断、以发展为目的的发展性评价。

二 高职院校质量管理文化特性——管理学的视角

质量管理文化是质量文化的重要组成部分,对于高职院校的质量管理,要真正理解和运用文化管理,首先就要认识质量管理的文化属性。就质量管理而言,ISO 9000 质量管理体系指出,一个关注质量的组织实质上是在倡导一种文化,即通过组织的行为、态度、活动和过程,为满足顾客和其他有关方的需求、期望而创造价值①。

1. 质量管理对象的文化特性

企业全面质量管理的对象是产品、服务、过程、人员、组织、体系、资源(物质或非物质)、项目等等,高职院校质量管理对象具有相似性,但是就对象的文化特性而言,学校与企业最大的差异就是人,即由教师、学生为主体形成的"文化人"群体,以及教学活动的产品——课程。教师、学生、课程的文化特殊性决定了高职院校质量管理的特殊性,也正是由于人和课程产品的差异,使得其质量管理对象的文化内涵相对于企业具有特殊性。

1)"文化人"构成了特殊的文化共同体

首先,教师既是质量管理的主体,又在质量管理过程中成为被管理的对象,主体是相对于学生而言,学生"学"的质量由教师的"教"所决定,对象是因为教师的"教"被学校的教学规范、学业标准(专业标准)、课程标准所规定和要求。高校教师是知识工作者,是文化的传播者和创造者,他们具有很强的自我文化意识和文化倾向,尤其是高校教师总是以文化人而自豪,相应地对来自外部的文化影响和介入更容易产生感性的审视,而不容易直接和迅速地给予理性的认识和理解。

其次,学生在学校质量管理体系中常常被视为对象,尽管学校声称以学生为中心、因材

---

① ISO 9000—2015 质量管理体系 基础和术语[EB/OL].[2015-11-18]. https://wenku.baidu.com/view/23f509e1a8956bec0975e3aa.html.

施教,但是在教学过程中,学生的学习行为和学习的绩效是被质量目标所规定和"控制"的,因为学生被学校视作"产品"——尽管我们极不赞同学生是"产品"这一观点。学生是高校文化育人的对象,他们进入学校首先感受到的是高校的文化,从中学时代文化意识相对浅淡,到完全新奇自由的高等学校文化环境中,以成年人的文化眼光和渴望,必定要被深深地烙上大学的文化印记,他们将作为有自我文化意识的职业人走向社会。

2) 课程文化决定了质量管理文化

从企业管理视角看,管理最主要的对象是"产品""服务",以及相应的过程要素;从学校课程论视角看,课程在学校是最主要的管理对象——包括课程的开发、课程的教与学。从上述双重意义上看,课程才是高职院校真正意义上的"产品"。课程是教师和学生、企业之间的真正桥梁,是反映企业和学生需要的最直接、最具体和最本质的"教学产品",或者称之为"文化产品",其"用户"是学生,学生因学校提供高质量的课程服务而受到企业的欢迎。因此课程必然成为高职院校教育教学质量目标的真正聚焦,成为质量管理的重点。

学校提供的课程(课程开发)从根本上来看是文化的选择,或者说是课程价值观选择和指引的。高职教育的工作体系课程(实践性课程),是来源于不同文化背景的社会经济活动和各类组织的职业与技术活动,课程案例、项目表达的文化现象(价值观、美学、责任等)必然对学习者产生重要的文化影响。

学校提供的教与学的服务过程是文化育人的过程,或者说是价值观抉择和指引的过程。高职课程教学过程中职业与技术情境的创设,都会反映其文化特征,学生无论是在学校课堂创设的情境中学习还是在企业真实的工作情境中学习,都是关于技术和文化的共生性学习,即必然产生关于文化(职业道德、技术素养)的"对话"性学习,也可以说是关于文化(职业、技术、企业)的素质养成、知识建构和能力形成。

2. 质量管理的组织文化特征

1) 利益共同体

高职院校是一个文化型组织,其组织文化既有一般意义的组织文化的内涵,更有其自身独特的文化特征。学校具有一般现代社会复杂组织特点的科层组织管理模式,这是建立在理性行为基础上的权力秩序管理,是典型的科学管理。高职院校管理正是建立在学校、二级院系、专业(团队)、教师这样一个金字塔型的组织结构之上,管理权力自上而下,各层级也正是通过这样的权力,实现人才培养过程(教学流程)的质量控制,这是一个科层式的权力管理系统。但是,任何一个教育组织又是一个"双重系统",即学校组织除了呈现行政型的科层组织系统特点,还具有自我学术管理"系统"——非正式的组织系统,表现为"教授治学"的教学学术自由。虽然高职院校学术群体的教学学术自由不会表现得像本科院校教师那样突出,但事实上形成了与行政相区别的独立群体,这一群体可以直接或间接地影响行政管理的过程、效率、决策。高职院校的教学学术群体(包括学科科研群体)还是一个"松散结合系统",

因为他们总是在为各自专业建设、科研高校争取更多的资源和政策支持,却又常常为他们共同的"利益"相互合作,特别是像在绩效管理那样的利益面前,合作与冲突成为常态。

2) 校企共同体

高职院校组织的另一个重要特征便是校企共同体的管理文化。当前,校企合作人才培养模式已为所有学校所努力实践,企业作为一个组织能够进入学校的组织管理框架,其典型形式就是学校内部建立的企业学院——校企共同体。企业在企业学院中的作用和影响因合作模式和合作深度而有所不同,因企业的趋利性又具有合作企业本位性。作为特殊的内部组织,学校对企业学院的管理与对其他二级院系的管理会有所不同。最重要的是,企业学院带来的是企业文化,有利于学生感受职业文化,但是高校与企业的价值取向的差异又形成了某种意义下的学校内部组织文化特区,相应的质量文化表现出学术性与非学术性的事实共存。

3) 契约性

组织的制度文化是组织文化的基石,也是组织中精神文化与物质文化的"中介"。它体现了组织的精神文化层面和物质层面对组织内个体和群体的行为要求,即体现为一种个人与个人、团队与团队、个人与组织、高职院校与社会之间的契约。并且,组织内部所有利益相关者之间事实上存在着一种契约关系,这样的契约关系是通过制度来予以确立的,同样地,任何组织与社会之间也具有某种形式的契约关系,但是这些契约关系对于企业和高职院校这样的社会组织有着各自的独特性。对于高职院校来说,这种独特性主要体现在高校全体成员精神层面的"心理契约",即学校精神和学校理念。从某种意义上看,正是由于高职院校全体成员的"心理契约",使得高职院校管理必然是"基于价值观的管理"(Managing by Values)和"基于价值观的领导"(Leading by Values)。因此,高职院校的管理也必然要体现文化管理,文化管理也必然在高职院校这样的组织中有着深厚的文化基础和文化渴求。

3. 教育管理文化传统特征

1) 高校学术价值取向传统

学术追求是所有高校教师所秉持的精神信念和强烈表达的身份意义,高校也以此作为学校的质量追求。高校的学术本身包含了博耶所称的探究的学术、整合的学术、应用的学术和教学的学术,但我国高校的现实情况是,大部分教师包括学校更关注的是非教学的学术,即一般意义下人们所说的科研,理由是科研能够促进教学,这在理论上是毫无疑义的。但是对于高职院校来说,"教学的学术"对教学质量提升更为重要,而相反的情况恰恰是非教学的学术成为教师淡漠甚至拒绝教学改革的理由,在这一问题上,学校甚至成为"帮凶",因为学校一方面要求教师积极参与教学改革,提高教学能力;另一方面又以"科研"作为薪资和奖金激励的主要业绩指标。

2) 高等教育文化传统

高职教育如今在我国取得了巨大的发展,却仍然没有被社会完全认可,包括用人单位、学生和家长,究其原因在于我国的教育文化传统,一是高等教育的"高"成为学生、家长的基本理解,即本科以上的教育才算是接受高等教育,职业教育无论是中等还是高等,都被视作学习"失败者"的无奈选择。当学生升本作为高职院校人才培养的重要目标时,那么高职教育本来的质量目标只能成为一种尴尬的追求;二是当高职院校自我定位于高等教育时,便本能地要"继承"传统本科高校的文化基因,于是学校在两种不同的人才培养质量价值观之间犹豫徘徊,特别是教师在高等教育大众化现实下的生源现实面前,所产生的纠结和失望情绪,更是严重影响了他们对学校教学质量管理的认识和态度。

4. 管理环境的文化特征

影响高职院校人才培养质量的各种条件、因素是多样而复杂的,有些存在于学校内部,有些存在于外部,这些影响可能是正面的,也可能是负面的,这些因素中有的作为学校的组织文化而影响持久,有的则作为非学校组织文化产生深刻影响,有时甚至是决定性的影响。影响高职院校质量管理环境的文化因素及其特征主要有:

1) 院校群体的文化影响

首先,任何学校的发展与人才培养都受到各级政府教育部门宏观要求的制约,而高职院校更是受其对教育教学改革具体政策引导的影响。政府的行政性意志对学校人才培养质量目标的实现将产生重要影响,例如各类专转本、专接本,非普惠、普适性的技能大赛(职业应试教育)等政策,对此,学校往往只能做出功利性抉择。其次,学校自我发展和特色发展的选择总是处在院校群体的整体性文化现状之中,无法独善其身,这也是我国院校群体中特有的关系文化。我国高职院校的群体性文化现象表现为政府导向的"利益群体"和"富人俱乐部",如高职的国家示范校、省示范校等,这些院校群体具有相同的价值追求,在院校中具有很大的话语权,事实上也成为所有高职院校的"榜样",尽管这种"榜样"不应成为所有学校的文化"样子",却影响着其他高职院校教师、学生的价值取向。

2) 技术文化的特征与发展影响

这是一个容易被忽视的高职院校文化建设领域,技术文化对于技术与职业教育的学校来说,其意义在于人才培养目标和学业质量必然要反映技术文化。技术文化作为文化的主要范畴,包括人类创造的一切技术物、技术知识,以及技术思想、技术规则规范、技术的价值观等,都是技术与职业教育的主要内容。一方面,科学技术发展及其在产业中的应用水平(还有区域差异),决定着某一(区域)行业和企业的技术岗位所需的技能型人才和技术应用性人才的能力要求。另一方面,技术劳动方式、技术劳动质量、技术活动的艺术和科学作为技术文化存在,对于人才培养的质量具有重要意义,正因如此,工匠精神才能够作为技术人才精神文化的标志,赋予了高职教育人才培养质量更具技术文化意义的阐释。技术文化对教师的影响主要体现在对教育技术的看法和运用上,教学质量在现代教育技术条件下如何评价和测量依然需要深入研究和实践。

3) 企业文化的影响

由于高职院校人才培养广泛开展与企业的合作,必然要受到企业文化的影响,许多高职院校希望将学院文化与企业文化相融合,作为学院文化建设的重要举措和文化特色。就质量管理而言,企业文化对学校最重要的意义在于企业的质量文化。现代企业质量文化是由现代工业文明所决定的,其特征包括:机器与机器系统及其自动化;分工精细、协作关系复杂、严密;生产过程注重高度的比例性、均衡性、适应性、连续性;生产社会化程度高,等等。为此,学校需要通过认识、理解现代企业质量文化,并将质量文化中精神、行为与制度层面的要素融于人才培养质量目标与学习绩效评价之中,例如:细致、精准、极致、完美、秩序、标准、服从、协作等。

5. 管理行为的文化特征

1) 科学管理模式下的行为

科学管理已经成为高校普遍的管理模式,学校所有成员在整个管理体系中具有"经济人""学术人"的双重身份,每一个成员被"经济人""学术人"这两个动力轮所驱动,其个人价值也通过学术地位和经济收入得以体现,获得学术地位与经济收入成为大部分教师的共同追求,甚至成为信念。教师作为"学术人",在学校科研政策的引导下,以论文、作品、专利、项目等等获得高级职称,至于科研成果对于高职人才培养的真实贡献,并没有多少人在意。由于教学的学术研究成果相比非教学的学术成果难以获得,也难以得到直接的显性效果,特别是对于教师职称晋升的权重不高,因而教师对于教学的学术显然兴趣不高。现今学校普遍实行绩效管理,即以工作绩效来确定教师收入,大部分教师通过发表论文(作品等)来获得工资外收入,缺少科研绩点的老师则通过多上课来获得工资外收入。所有希望通过科研或超课时量以增加收入的教师都难以有更多的意愿和时间,研究教学的学术,研究教学改革,在课时以外把更多的时间给予学生以学习上的帮助,因而教师、学生的学习共同体事实上并没有真正地建立,也许少数因技能大赛或"大师工作室"而组成的团队除外。正是由于目前大多数院校的绩效管理行为将教师视作"经济人""学术人",学校和教师似乎取得了"双赢",但是人才培养质量管理和目标实现显然没有取得相对应的成效,除了为获得政府教改工程项目和成果申报,让少数人得到荣誉和"实惠"以外,也并没有让大多数学生获益。

2) 质量评价的行政行为

学校质量管理的普遍行为之一是教学评价,教学评价包括学生评教、教师评教、(学术)领导评教,学校通过评教获得教师教学质量的判断,并作为教师晋升职称和获取奖励的重要依据。应该说作为学校质量管理的评教是必要的,但是在大多数院校中,普遍缺乏学生为本、教师为本的评教方式、方法。一些看似科学的评价问题却缺乏可测量性,看似正确的问题解决却缺乏人情味,看似为了学生却"居高临下"。我们的评教总是表现出一种非黑即白的思维,汉语语言的丰富性在评教测量话语中完全没有魅力。一些国外高校的教学评价,无论是学生评教还是教师评教,充满着以学生为本、以教师为本的情感。特别是通过教师的自我反思性实践,让教师与学生对话、与同事对话、与自己对话,这是一种发展性自我质量评价,真正有利于教师发展和学生发展。

6. 管理技术的文化特征

在信息技术越来越强大的今天,学校管理信息化程度也越来越高,相应地人们在质量管理中运用了更多的信息技术,从技术角度看确实是管理技术的进步,人们越来越依赖信息技术,希望通过数据信息来描述和判断教学质量。教育部要求高职院校内部质量保证体系构建的重要任务之一就是要建立现代化的质量管理数据平台,用于教学运行管控和质量监控诊改,毫无疑问,这是现代化高校管理所必需的技术保障。但是,我们也必须清醒地认识到,"由技术手段提供的过量信息仅仅只能使现代人更加认识到自己对于变更组织行为的无能为力"[1],对于高职院校质量管理来说,并不能像企业产品生产那样完全用数据来表达教学质量,有些数据也并不能真正反映教师的教学行为,何况我们的质量数据往往是被"做出来的",而不是干出来的,许多数据信息的真实性不能被保证。在学校,质量文化的意义远远大于某些质量数据的意义,即使是在我们"精心"填报的人才培养工作状态数据中,是不是所有数据对于教学质量的评价和判断都具有重要意义和质量关联性?那些对于人才培养极其重要的软质量如何用数据描述?信息技术不仅仅是被我们用来记录数据的,而且为我们更准确地表达质量文化提供可能,为学生提供更便捷、更丰富、能充分体现学生为本的教学服务,这可以通过中外高校官网的比较,看到各自信息技术背后的文化差异。

三 "问题导向"的高职院校质量科学管理认识

2015年,教育部出台了《高等职业院校内部质量保证体系诊断与改进指导方案(试行)》(简称《方案》),其中明确提出了高职院校质量自我诊改"需求导向、自我保证,多元诊断、重在改进"的工作方针,这一方针所表达的质量理念是明确的,即:满足人才培养利益相关者需求、人才培养质量持续改进,其方法体系充分体现了 ISO 全面质量管理的概念和术语,例如全员、全过程、全要素和持续改善等。从二十世纪八九十年代起,我国就有一些高职院校运用过 ISO 质量管理方法,也取得了一些成效,但是由于 ISO 体系自身的复杂性,以及高职院校组织管理体系的特殊性,而没有持续、充分地运用。从管理学的角度看,ISO 全面质量管理属于科学管理,在今天当我们希望再次运用全面质量管理的方法时,还是需要厘清当前高职院校质量管理的问题,即问题导向的高职院校质量科学管理再认识。将高职院校质量科学管理框架及其问题作为一种质量文化现象予以认识,是高职院校质量文化管理研究的一个重要视角和切入点。

1. 止于理念:质量目标不明确与质量管理思维单一

1)利益相关者质量诉求让学校质量追求止于理念

人才培养利益相关者的主导力差异和诉求多样性,使得学校人才培养质量目标和落地具有非稳定性,相应地在客观上院校质量管理的理念难以在执行层面得到体现。在理论上,

---

[1] 胡永嘉. 简析霍金森的管理哲学[J]. 天中学刊,2010(1):75.

高职教育人才培养的利益相关者是学生(家长)、社会(企业)、学校,但事实上还有另一个隐性的利益关联者,即政府教育管理部门,其中政府部门对院校人才培养的事实上的主导力量要远远强于社会(企业),尽管一些政府部门声称代表社会(企业)的人才培养诉求,但是政府的行政性意志依然对学校人才培养质量目标的实现产生影响,例如各类专转本、专接本,非普惠、普适性的技能大赛(职业应试教育)等。对此,学校做出的功利性抉择是无可非议的。另外,各类行业协会对高职人才培养要求是否能够代表更多企业的现实诉求,能否真正地从教育理解出发体现社会、技术发展的要求,现今还不能说令人满意,也就是说现今我国高职院校还依然无法真正满足所有利益相关方的多元化需求,这影响着学校人才培养质量的持续改进和提升。

2) 教育标准化建设缺失让质量目标缺乏框架和指引

相当长一段时期以来我国高等职业教育标准化建设滞后于高职院校课程改革,更游离于国际相关教育标准之外,使得质量持续改进理念缺乏教育标准的框架和指引。一方面,质量标准在本质上是教育标准,高职教育标准的文化内涵有助于形成高职院校内部的价值共同体,教育标准的管理内涵有助于规范高职院校内部质量管理,教育标准的术语内涵有助于厘清高职教育的话语体系。另一方面,我国高职教育标准的国际化融入,使得我们运用国际质量标准更具有系统性,更容易取得各类国际标准的关联性理解和认识,也有助于我们将质量管理理念落实到具体的专业(学业)标准、课程教学标准的制定和实现过程中。这些国际标准包括美国 ABET 技术教育认证标准、国际工程联盟 IEA 对工程技术教育的毕业素养和专业能力的一般性和通用性标准,以及《华盛顿协议》《悉尼协议》等。虽然近几年来,高职教育开始制定专业教学标准,但是这些标准仍存在专业、课程、教学概念的范畴性与逻辑性问题,还难以与国际教育标准相对应与对接。

3) 质量管理理念止于科学管理——文化管理理念的缺失

高职院校内部质量管理与其他社会组织(企业)内部质量管理的文化差异,使得我们现在所看到的高职院校质量管理理念本身表现出某种局限性,即院校教学质量管理的理念缺失。《方案》以及专家给出的高职院校内部质量体系构建与诊改要求,在本质上依然是一种制度性组织管理,虽然 ISO 相关文件中认为该组织提出的质量管理体系"适用于所有组织,无论其规模、复杂程度或经营模式",但是同时也明确指出,组织的质量方针、质量目标和质量的持续改进,取决于组织的"价值观、文化、知识和绩效等内部因素,还考虑诸如法律、技术、竞争、市场、文化、社会和经济环境等外部因素",即取决于组织环境特性[①]。

高职院校这一社会组织环境的特殊性,在于其文化特殊性,再加上我国教育体制的特殊性,使得其质量管理的落地和目标实现难以仅仅依靠制度管理来实现。最具有代表性的是学校质量管理中的冲突管理和质量评价,例如学术管理与行政管理的冲突、管理目标(教学

---

① ISO 9000—2015 质量管理体系 基础和术语[EB/OL]. [2015-11-18]. https://wenku.baidu.com/view/23f509e1a8956bec0975e3aa.html.

与科研)冲突、质量控制与反控制冲突、成员角色冲突。教师教学评价和学生评教等无法量化评价,但是往往非量化的质量内涵对人才培养质量效果滞后性具有重要影响。因此,高职院校质量管理需要科学管理(制度管理)与文化管理相结合,显然,目前高职院校质量管理缺失文化管理思维以及相应的理念与方法。

2. 浮于概念:质量保证体系逻辑目的指向需要聚焦

ISO质量管理体系所提出的概念和术语本身就是一个复杂系统,完整理解和认识是建立质量保证体系的前提。由于《方案》希望让高职院校建立完整的自我保证体系,因此无论是专家的指导还是院校的经验介绍,都力图将体系描述得全面、完整,因而不免显得结构繁复、梳理不尽。比较突出的问题有内部质量体系的逻辑不清晰,因为强调全员、全过程而缺乏质量保证目的指向的聚焦,质量保证与诊改的质量文化意义缺失,等等。

1) 质量内部保证体系的逻辑再分析

首先是关于质量保证体系的内涵。陈玉琨在论述高等教育质量保证的含义时,引用了艾莉斯关于质量保证基本特征的表述:"明确产品或服务的标准;识别达成目标所必须履行的关键职责与程序……对完成标准的实施程序进行严密的控制;全员参与和奉献的精神。"[1]因此学校内部质量保证体系应该包括质量保证的内容体系、质量保证的支持系统、质量保证的控制与改进(纠偏)系统等三个子系统。其中质量保证的内容体系是质量保证的系统方法,有系统输入质量(领导、质量文化、环境、生源、师资、资源等)、系统过程质量(专业、课程、教学、质量管理等)、系统输出质量[社会认同、学生(毕业生)满意度等]。

其次是关于质量保证的组织层面。就学校内部质量保证的主体而言,应该是学校(领导、职能部门)、二级院系、专业团队(教研室)、教师、学生,而不是目前文件和专家提出的"学校、专业、课程、教师、学生",因为从概念范畴看,后者的各项并不属于同一概念范畴。另外需要特别说明的是,在一定意义,他们同时也是质量保证的对象,因为从文化管理的认识看,他们不是质量保证(管理)的客体,而是管理的对象[2],强调这一点是有意义的。

再者是关于质量保证的目的——向"客户"提供的产品和服务。谁是学校的客户?什么是学校的产品?这一问题的争论比较大。我们的观点是,高职院校的客户是学生(教育的过程客户)和就业单位(教育的目标客户),学校的产品是课程、专业(课程体系),提供的服务是课程的教授与课程学习的所有资源。关于上述观点的讨论,可以参见我们的相关论文,这里不做重复性论述。因此,学校的专业、课程、教与学才是人才培养质量的目的维度(指向),即学校应该向学习者提供高质量的课程(课程体系—专业),以及最好的课程教学服务。

综上所述,高职院校内部质量保证应该是在"学校、二级院系、专业团队(教研室)、教师、学生"五个层次展开,以"专业、课程、教与学"三个质量保证目的维度为指向,通过由"质量保

---

[1] 陈玉琨,代蕊华,杨晓江,等.高等教育质量保障体系概论[M].北京:北京师范大学出版社,2004:7.
[2] 孙鹤娟.学校文化管理[M].北京:教育科学出版社,2004:25.

证的内容体系、质量保证的支持系统、质量保证的控制与改进系统"三个子系统模块组成的学校内部质量保证体系,实现学校质量总目标。总的说来,从质量科学管理的角度看,高职院校内部质量保证体系应该是五层次、三维度、三模块质量保证实践系统(见图 2-1)。特别地,上述五层次、三维度、三模块各自的概念范畴是一致的,相互的逻辑关系是清晰的:三个子系统的质量目标都必须在五个层次上能够展开,在质量目的指向上,就是要提供高质量的专业、课程以及教学。

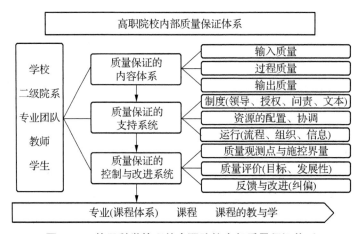

图 2-1 基于科学管理的高职院校内部质量保证体系

2) 专业、课程、教与学:质量保证目的指向的有效聚焦

《方案》借鉴全面质量管理的理念与方法,要求院校内部质量保证体系做到全要素体现、全员参与、全过程监控、全方位提升,体系要完整且相对独立。与此相对应,专家给出的诊断项目表,包括了 15 个诊断要素、37 个诊断点、90 个诊断影响因素,一些院校也提出了详尽的学校内部质量保证体系建设与运行方案编制的建议。毫无疑问,专家和院校的方案完整而系统化,但是各院校在具体实施的时候,也正因为全面质量管理的概念被完整体现,也会使得质量保证的目的指向不能有效聚焦。

院校内部质量体系构建在全要素、全方位、全过程、完整性概念的要求下,质量保证的目的指向是否需要聚焦?聚焦于什么?能不能聚焦?这是院校需要思考的问题。首先,ISO 全面质量管理原则的第一条就是"以顾客为关注焦点",其质量概念为"产品和服务的质量",因此任何组织的质量管理体系无论怎么复杂,组织必须将质量管理聚焦于"产品与服务"。其次,按照我们之前对职业院校产品和服务的定义,学校质量保证的对象应该是课程、专业(课程体系)、课程的教与学,即质量保证的目的指向必然是专业、课程、教与学,课程才是学校质量保证目的的根本性指向。最后,学校的组织结构本来就是以教学系部为主体,学校其他职能部门则是为教学系部提供管理服务,而系部则是由专业团队(教研室)为组织单元构成,专业团队(教研室)又以课程教学为工作形式。

因此,学校质量保证的达成最终必然要以专业、课程、教与学的质量来呈现,也就是说学校质量保证的目的指向必然要聚焦于专业、课程、教与学。更进一步说，要使院校内部质量保证体系构建有纲举目张的效果，不使质量保证体系的实践缠于概念、浮于概念，就必须将质量保证体系的构建真正聚焦于专业、课程、教与学这三个质量保证目的指向，真正提高质量保证和质量诊改的效率。

3）发展性（评价）是质量保证和持续提高的真正意义所在

全面质量管理的重要概念之一就是质量持续改进，高职院校内部质量保证的目标是"实现教学管理水平和人才培养质量的持续提升"，从概念内涵看，"持续"是发展性的基本要义之一，同时还应该有"过程"和"提高"。关于具体的发展性概念，在《方案》提供的"高职院校内部质量保证体系诊断项目参考表"第5.3项质量保证效果中，提到了"专业、课程、师资、学生发展质量标准"，在《江苏省高等职业院校内部质量保证体系诊断与改进工作方案（试行）》中提到了"发展能力诊断"，但特指"发展程度较好的院校可自愿开展"。从字面上看，前者所提到的"发展"应该是作为一种质量目标而提出，即"发展"本身是目标，并没有被视作过程；而后者应该是指发展的能力和发展性评价，但"发展"是一种更高层次的质量保证和诊改。

现在，我们需要从上面所给出的信息里给予"发展"更深入的认识：发展性是质量保证和持续提高的真正意义所在；实现质量目标和寻求改进是一个持续性过程；质量（绩效）评价不仅需要结果性评价，也需要发展性评价。高职院校内部质量保证体系构建的目的应该是保证学校的人才培养质量发展性，相应的质量评价（诊断）应该是发展性的。在这一认识基础上，学校人才培养质量目标需要聚焦于"专业、课程、教与学"的发展性；发展性评价应该与合格性评价一起成为质量诊断与改进的实质性可操作方法和手段。

当我们为致力于质量保证和持续改进的发展性要义赋予更为重要的意义和地位的时候，我们应该可以不再过于纠结持续性质量目标的可测量难题。通过更多地关注质量保证过程中的发展性，以及对诊改概念的发展性内涵予以真正的全面理解和深度把握，那么基于发展性（评价）的诊断与改进就成为高职院校质量保证的必然理念，并且成为必然的质量管理实践——聚焦于"专业、课程、教与学"的发展性评价。这样的发展性评价，在本质上是对学校"产品"——课程的过程性反思：通过对课程设计及课程方案的"反思"，实现对课程开发的预评价；通过对课程实施过程的"反思"，实现对课程开发的动态调控；通过对课程实施效果的"反思"，实现对课程开发的质量控制。

3. 失于机制：需要自下而上、聚焦课程的自我发展动力

《方案》对高职院校构建内部质量保证体系提出的任务是"建立起完整且相对独立的自我质量保证机制"，这一机制在具体实践中究竟应该被怎样描述？这是一个管理学上的复杂问题，但《方案》本身并没有给出答案。专家和院校介绍的机制则着重于诊改机制，而这一机制运行的逻辑起点（甚至是终点）似乎被确定为人才培养状态数据表，这是一个需要进一步讨论的重要问题。就质量保证体系而言，机制建设应该是一个系统化机制，诊改机制只是其中的一部分,而质量诊改机制包括运行机制、自我发展(动力)机制和自我约束机制。质量保证体系的整体机制设计非常复杂,不仅仅要以科学管理的思维(逻辑和方法)考虑,更要以文化管理的理念指引。我们认为没有文化管理意义下的质量机制是不完整的机制,也不会是"以人为本"的机制,而失于教师自我发展动力和自我约束的质量管理机制,难以实现学校和教师的共同发展,也难以实现教育教学质量的卓越目标。

1) 自下而上的诊改运行机制

诊改是一种质量管理组织行为。首先我们需要厘清诊改机制在组织实施层面的描述,由于诊改运行一定是在具体的组织架构中进行,所以诊改的组织运行机制是由组织中的诊改主体来实现,这样的话,在学校内部的诊改组织运行应该是在学校、二级院系、教师、学生不同层面进行,而不是"在学校、专业、课程、教师、学生不同层面"。其次,从组织运行机制的功能看,应该包含两层含义,一是组织功能,二是运行功能。显然组织功能的实现是自上而下的,但是运行功能的实现是否应该是自下而上呢?我们的观点是肯定的,那么怎样才是自下而上呢?于是就有了下面第二个问题。

2) 高度聚焦的质量自我诊改动力机制

我们已经提出了高职院校质量保证的目的指向,应该有效聚焦于专业、课程、教与学,那么质量诊改的机制的设计也应该有效聚焦于此,我们称之为基于专业,起于课程,诊于教学,由下而上,由里及外。

这是一个高度聚焦的诊改自我发展机制。因为学校人才培养的基本单元是专业,教学质量的落地是课程和课程的教与学,无论是学校质量管理的动力,还是学校基层组织与教师的自我发展,都从课程及教学开始,即教师以教学为主的专业化发展。聚焦于专业、课程、教与学的诊改动力机制的运用之一,就是在许多西方高校实行的 BOE 会议(课程考核自评会议)制度。BOE 会议主要对各课程考核情况进行自评、核准,包括试卷分析、成绩分析、学情分析等,这一课程质量诊改机制可以被我们借鉴。

3) 价值观导向的教师自我发展机制

高职院校的质量管理需要科学管理与文化管理并重的管理理念和管理策略,需要文化管理导向的质量自我诊改机制。质量的文化管理导向的核心是质量的价值观取向,这里我们可以通过我国高职院校比较熟悉的加拿大百年理工学院(Centennial College)专业全面质量评审(CPQR)指南,得到关于价值观导向的质量评价与诊改的一些启示。CPQR 指南关于课程内容和价值的表述有:专业学习成果是否是最新的,与行业/实践领域相关,还是需要添加?如果是,需要添加哪些技能?……什么证据表明课程内容是最新的和相关的?什么课程改变可以解决关注?……考虑到行业趋势和当前或紧急的职业要求,该专业如何确保教师团队实现和维护所需的专业知识和资质?……CPQR 的一个重要内容和基础是教师反思性实践活动,在这一活动中,教师需要对教学质量进行自我评价:通过"定期获得学生对其教学表现的相关方面的反馈,帮助他们自己的专业发展,提高百年理工学院的专业质量。反思性实践使教师有机会考虑和分析他们的专业活动,以改善实践的目标"。教师反思性实践的自我教学质量评价是一系列的活动,包括教师与学生的交流,充分使用学生评教表,并"和他们的系主任一起讨论由教师选择的反思性实践(材料),以满足他们的发展需要"[①]。

通过对百年理工学院的专业全面质量评审指南主要条款的理解,我们得出的最为重要的印象是:一是基于专业(包括课程、课程的教与学)的价值评价操作机制;二是基于自我发展要求的质量诊改具体工作机制;三是对教师和学生所持的价值观给予充分尊重。

4. 荒于控制:力求准确质量识别与系统性控制

在质量科学管理框架下,质量控制需要能够对质量机器问题予以识别,并实行系统性的管理,这正是质量科学管理的效率优势所在。质量管理的过程性和持续性表明质量诊改本身是一个动态管理,这个动态在时间向度上有绝对动态和相对静态的理解,在质量问题识别和控制域上也有绝对变化和相对稳定的理解。无论是绝对变化还是相对稳定,对于可能的质量问题需要给予具体识别,给予必要的控制,这是系统方法问题,特别是控制,无论是事先控制、过程控制还是事后控制,都是质量诊断与改进的前提。

1) 教学质量控制系统构成

实现课程质量的系统化控制,首先要对质量系统予以识别,观察系统和所有子系统的性状,以确定系统(含子系统)的系统状态和基本特性。这样的系统识别,应该是能够表征系统在某时刻及以后能影响系统未来全部性状的一组系统变量,即系统要素内涵(变量)的概括。图2-2简要描述了以教学质量为核心表达的人才培养质量系统,以及专业、课程、授课、质

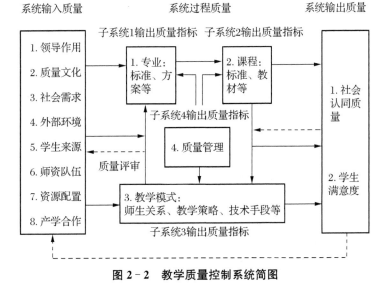

图2-2 教学质量控制系统简图

---

① Centennial College. Program Quality Review Process Guidelines[R]. 2016.

量管理等四个主要子系统,给出了聚焦于专业、课程、教与学的质量系统控制关系①。图中实线箭头指向表示了系统(包括各子系统)质量的输出和输入指向,虚线箭头指向表示相互关系指向。例如,质量管理子系统指向系统输入质量框的虚线箭头表示质量管理子系统对系统输入质量的监控与评价作用,系统输出质量框指向质量管理子系统的虚线箭头表示系统输出质量对质量管理子系统的质量监控与评价要求。

2) 质量识别与受控界量

在教学质量控制系统的质量控制是要对教学质量可能发生的问题做出提醒,在发生问题的初期做出判断,并且提出纠偏意见,在具体实现的方法上,要对质量识别系统中所有控制项给予相应的施控界量,也就是要对每一个控制项给予一个质量偏差的边界量。施控界量必须是量化的,这是可操作原则的基本要求,当然施控界量的值是否科学,则一定要在实践中不断根据学校实际情况做出合理、合情的规定。因为人才培养质量本身虽然容易被描述,但是教育教学质量的复杂性,使得其本身具有一定的不可测量性和滞后性。

施控界量要根据控制项的特征来确定,一般分为可量化施控界量和非量化施控界量,可量化施控界量中有直接量化和非直接量化的施控界量。如果控制项本身就是量化指标,则直接采用,如学生成绩等;如果指标本身不可量化,则采用定性测量,并用对定性描述做出肯定或否定选择的样本数与总样本数的比作为界量,如知识和技能等;如果完全不能做出量化测量的指标,则可以用"是"或"否"的判断作为施控界量。表2-1是课程教学质量识别与施控界量的示意表②。

表2-1 课程教学质量识别与施控界量

		指标	质量识别和施控界量	信息实证	控制部门	控制类型
课程输入	专业	专业标准(培养规格)	30%的学生反映就业后不能适应岗位技术要求,或有1/3的企业表示学生技术能力不能适应岗位要求	毕业生与企业反馈	学生处、教务处、专指委	预先
课程实施	课程设计	课程内容	课程内容不符合工作岗位实际;内容的应用性和实践性不强(评价人员样本数的40%以上)	大纲、教材、教案(讲稿)	学生处、教务处、专指委	预先及过程
课程输出	学习效果	知识和技能	超过25%的用人单位对毕业生的知识、技能评价较低;或30%以上的学生对自身的知识和技能不能做出准确描述和评价	学生调查表、企业调查表	教务处、院系教学委员会	过程及事后

---

① 程宜康,等. 高等职业教育教学质量理论与管理实务[M]. 徐州:中国矿业大学出版社,2006:62-64.
② 程宜康,等. 高等职业教育教学质量理论与管理实务[M]. 徐州:中国矿业大学出版社,2006:131-134.

5. 失于执行：运用文化管理改善质量管理环境

任何设计良好的质量保证体系都需要组织成员的良好执行，才能取得它应有的效果，在高校只有"教师认为质量保障活动是其分内之事，整个活动才有可能成功"[①]，只有把分内的事做好，才能真正地实现质量保证目标。但是，高等学校组织成员的特殊性，决定了教师和管理人员对质量管理的认识和执行与学校管理层的期望有着或多或少的距离。以科学管理的认识看，组织成员的执行力需要通过严格的管理流程来实现。但是如果我们设计的质量保证运行体系的流程表面"科学"，却过于烦琐而不简约，学校领导、教师和管理人员之间缺少人文关怀，学校、团队缺乏真正的质量契约，所有人只是被动执行，那么这样的执行力也不可能产生真正意义上的质量管理效果。在高职院校内如何产生真正的质量管理执行力？实现文化管理和科学管理相融合的质量管理是根本性出路。

1) 建立教师教学学术发展与学校教育质量价值相统一的学术环境

教师作为知识工作者，其专业化发展对教学质量的理解受其自身的学术背景影响很深。博耶认为不同的大学应该根据自身的教育使命来处理好不同学术之间的关系，并确定自己的主要学术任务。因此，高职院校教师最重要的学术发展应该是教学的学术发展，显然在高职院校目前没有普遍形成这样的共识，但如果没有这样的共识，教师就缺乏自我教学学术发展的内驱力，从而缺乏对教学质量的认识，以及对改善自身教学质量的愿望，从根本上说，也是教师对学术价值的追求缺乏教育价值上的理解和认识。只有当学校将自身的教育价值和教师的教学学术价值相统一，教师才能够将教学质量的价值作为自己的学术价值去追求。对此，学校需要做的事情很多，例如：教师形成对包括教学学术发展价值在内的全面发展导向的质量价值观共识确认，从而根本改变高职院校教师专业化发展的认识误区；建立教师（教学）发展中心，形成教学培训与自主学习相结合的常态化学习型组织；校园媒介和学校形象识别系统需要将教师教学发展作为重要内容，而不仅仅是将学生作为校园文化建设的受益者，等等。

2) 尊重、协商、合作和学习——营造文化管理的和谐环境

关系管理是质量管理的重要内容之一，没有好的关系管理便没有好的执行力，ISO 对此的要求是"使组织内所有质量相关方对组织质量绩效影响达到最佳"。学校质量体系是由各种关系构成的，有多少关系，就会有多少管理冲突，相应的冲突管理便成为解决执行力问题的必需，但是高职院校内部的冲突管理无法仅仅依靠科学管理予以解决，需要以文化管理的思维和方法，对质量管理过程中的关系（人际）冲突进行管理。高职院校内部的关系（人际）冲突主要的表现有：一是教学绩效评测引起的人际冲突。高校普遍实行的绩效考核难以对教学绩效做出完全合理有效的评测，有些教学绩效更多地被其他显性的、易量化的功利驱动

[①] 陈玉琨,代蕊华,杨晓江,等.高等教育质量保障体系概论[M].北京：北京师范大学出版社,2004：46.

的非教学绩效所替代，由此产生院系、教研室内部成员之间的冲突，以及院系之间因专业、课程差异造成的教学绩效评测冲突。对此，一线教师很容易对教学质量管理产生应付、敷衍的态度，对自身教学能力提升、参与课程改革的积极性不高。二是由教学评价引起的教与学的主客体冲突。学校实行教学评价的基本出发点是确保质量目标实现，但是由于目标在评价者（管理者或教师）和被评价者（教师或学生）之间往往存在着质量目标与价值认识的非一致性，这样的非一致性使得评价结论极容易产生教师或学生的应激和冲突。三是由质量控制所引起的管理者与被管理者之间的冲突。一般情况下主要是由于质量控制冲突双方对控制理由和控制目标的认识差异所造成的，有的是由于对控制的尺度把握认识不一致，有的是由于不能接受控制的处理结果所导致，也有的是由于被控制质量主体的心理、性格因素所导致。

解决高职院校质量管理过程中的关系（人际）冲突，应该重视以文化管理思想指引的冲突管理，确立以人为本的管理理念，实现以人为中心的管理，追求组织目标与个体目标的和谐，这是高职院校内部质量保证体系构建和诊改成功实施的有效保证。如何做好质量管理过程中的冲突管理，我们需要做好的是：一是尊重，建立个体与组织、个体与个体、部门与部门之间的尊重，以此增强个体之间和个体与组织之间的理解、信任，建立真正的和谐关系；二是协商，协商是一种互动，也是一个过程，在这一过程中，质量利益相关各方都应致力于消除认知障碍，共同缓解和消除有害应激；三是合作，在质量管理中要特别关注具有良好合作文化氛围的院系基层团队或非正式组织建设，如教研室、教学团队等。

我们面对的高职院校内部质量保证体系构建和诊改工作的任务无疑是艰巨的，顶层的设计虽然是理想的，但是院校在具体实践中遇到的问题必然是多样的和复杂的。能否真正实现院校内部质量的自我保证，主要在于学校能否具有问题意识，能否以问题为导向设计实施方案，而最关键的是如何在高职院校创建良好的质量文化及其环境，质量管理的实践能否实现文化管理和科学管理相结合，因为以往的高校质量管理实践告诉我们，质量的科学管理并不能解决所有的质量问题。

第三章　高职院校质量文化管理理论

> 由于高职院校质量文化内涵的丰富性、特殊性和价值的多元性，以及现有的质量科学管理体系自身的局限性，我们需要重新审视高职院校的质量管理理念，探索新的质量管理模式。在人们逐渐将目光投向文化管理的今天，文化管理的理念和理论正在被许多高校所重视，质量文化管理作为学校文化管理的重要实践领域，也逐渐被人们所关注和认识——尽管任何管理本身都隐含着文化管理。从管理学的角度看，要使质量文化管理能够成为一种理论范式或可以实践的模式，我们需要对质量文化有更深刻的认识——质量文化内核认识，在此基础上，从理论层面建立质量文化管理的基本原理，并制定出对质量文化管理具有指导意义的若干原则。

一　文化管理视域下的质量文化内核

任何一个组织的管理文化核心都应该是"使命、愿景与价值观统一的思想体"[①]，因为"所有的人类组织，不论它们是简单的还是复杂的，其存在都是为了实现一定的目标。这些目标根源于人类的愿望或价值"[②]。作为高职院校最重要的文化——质量文化，其核心又应该呈现怎样的"使命、愿景与价值观统一的思想体"，同时还与学校的使命、愿景与价值观相一致呢？文化管理的基本要义是基于价值观和以人为中心的管理，将组织与人的共同发展作为管理的基本追求，将提升组织文化力作为管理的重要任务。在此指引下，我们将高职院校质量文化的核心确定为：质量立校、走向卓越、共同发展。

1. 质量管理使命：质量立校

高职院校的办学使命就是培养高素质技术技能型人才，因此几乎所有的高职院校都会将"质量立校"作为其办学理念。"质量立校"作为学校的办学理念既体现了学院文化的精神追求，也是学校管理文化的根本追求，更是学校的质量管理使命。显然，"质量立校"的管理使命服从了学校的办学使命，"质量立校"也因此成为高职院校学院文化最重要的管理文化

[①] 王方华. 管理文化的内核与外缘[J]. 上海管理科学, 2018, 40(5): 2.
[②] 黄崴. 后现代主义教育管理思想解析[J]. 教育理论与实践, 2001, 21(7): 18-20.

内蕴,成为学校质量文化的核心,进而成为质量管理的使命。

"质量立校"的管理使命是学院的质量文化宣言。质量文化是所有不同类型、不同层次学校的最重要的文化,高职院校总是通过其学院文化将学校的质量理念、质量追求向社会展示,并使其成为学校所有成员的共同追求和精神契约。当然,每一所院校也会有不同的质量表述——质量宣言。例如:有力求"办好人民满意的高职教育"的——"政治使命";有培养"高级技师、大国工匠"的——"顾客"导向;有声称"国内一流、国际知名"的——办学目标高度;有秉持"立足行业、服务地方"的——"隐含排他性"和特殊教育服务等等。尽管大多数学校的办学使命没有使用质量话语来表达,但是没有人才培养质量和办学质量的保证,学校的办学使命也无从谈起,任何学校都需要通过其质量管理使命——质量立校的实现,真正实现其办学使命。

"质量立校"的管理使命需要通过质量的文化管理来实现。"质量立校"首先是"质量立人"。"质量立人"一个重要指向是高质量的师资队伍,这是高质量人才培养的前提和基础。从学院文化的角度看,高质量的师资队伍一定会呈现良好的教师文化,良好的教师文化也一定会产生高质量的教师群体;良好的教师文化总是体现出良好的质量文化,良好的质量文化一定需要良好的教师文化。"质量立人"的另一个重要指向就是高质量的人才培养,同样的理由,高质量的人才培养一定需要良好的质量文化,良好的质量文化有利于形成良好的学生文化。但是无论是良好的教师文化和学生文化,还是良好的质量文化,都需要适合高职院校学院文化——教师文化、学生文化、管理者文化特点的文化管理。文化管理的基本理念是"以人为本"和"实现人的全面发展",在此指引下,只有通过质量文化建设,才能真正实现"质量立人"——教师、学生,才能真正实现"质量立校"的质量管理使命。

2. 质量管理愿景:走向卓越

每一所高职院校都会用他们自己的语言表达学校愿景,例如"省内一流""国内一流""国际知名""国际先进"等等,用"一流"来体现学校办学的成功与卓越。但是真正的卓越都是通过学校教育教学质量水平来体现的,高职院校也无一例外。例如:我国本科教育"卓越工程师教育培养计划"制定的原则之一是"追求质量卓越",要求学校所培养的"工程师在知识、能力和素质方面具备竞争优势和发展潜力","要求培养出来的卓越后备工程师在工程学位资格上能适应国际互认"[①]。再例如《教育部 财政部关于实施中国特色高水平高职学校和专业建设计划的意见》(2019)所讲的"高水平"事实上就是一种卓越的表述。该计划提出的建设原则明确指出"质量为先",建设目标是要真正实现学校和专业的"高质量发展",并"引领新时代职业教育实现高质量发展"。该"双高计划"出台的背景正是"以提升质量为核心……

---

① 林健."卓越工程师教育培养计划"通用标准研制[J].高等工程教育研究,2010(4):21-29.

引领改革、支撑发展,从产教融合、师资建设、服务水平等多维度提升高职教育发展质量"①。

对于高职院校来说,关于如何具体理解和解读质量卓越的内涵,也许欧洲质量基金会提出的卓越质量模型(EFQM Excellence Model 2013版)可以为我们提供一个参考的视角(尽管这是关于企业质量的)。卓越质量模型的核心理念(Fundamental Concept of Excellence)是:"持续卓越的结果(保持优秀的结果,满足利益相关者的持续发展要求);为客户实现价值增值(当前和潜在);运用愿景、激励和诚信进行领导(通过价值观引导员工,领导自己符合道德与正直要求);敏捷的管理(有效识别和应对机遇和挑战);以人取胜(发挥每个人的才能,营造授权文化,实现组织和个人目标);创意与创新(通过利益相关者的创造力,持续改进和系统创新);组织发展能力(对内部和外部的有效管理);创建可持续发展的未来(既要自身可持续发展,又要对社会、公众和环境负责并产生积极影响)。"②从上述表述不难看出,卓越质量模型的核心理念正是充分体现了文化管理的理念和思想,也无不体现了质量文化管理的基本特征,更体现了质量文化管理的基本愿景:追求优秀的质量文化;追求质量目标的高标准;追求质量发展的可持续性。

1) 质量文化的优秀性

高职院校追求卓越的教育教学质量,必然需要优秀的质量文化,对于文化型组织的高职院校来说,优秀的学院文化是学校走向卓越的标志,而优秀的质量文化才是学校走向卓越的保证。也许优秀的质量文化并不能进行量化的测量,甚至也很难用定义表述,但是好的质量文化一定能够"运用愿景、激励和诚信进行领导",一定能够"为客户实现价值增值",一定能够"以人取胜"。特别地,对于学校质量文化来说,其价值观应该秉持"诚信",并让学校每一个成员都能够坚守,这是非常重要的。如果学校的质量文化缺失了"诚信",也就不存在任何意义的质量,更谈不上质量文化的优秀性。这里特别提出这一点,就是要提醒我们在理解、表达质量文化时,价值观应该是可以落地的而不是口号式的空洞表达,这也是我们各类教育现实的要求。

2) 质量目标的高标准

许多学校将"国内一流""国际知名""国际先进""国际一流"作为卓越的愿景表达,但是这些都不能作为质量目标的表达,因为质量卓越的国内或国际水平并不是学校自己能够宣称的,而是需要通过某个标准来衡量的。任何口号式的国际先进或国际一流都是没有意义的,只有将"先进"和"一流"纳入一定的标准,才能够将卓越具体化,例如欧洲卓越质量模型、英国"教学卓越框架"(Teaching Excellence Framework,TEF)。另一个需要特别指出的问题是,教育的标准化是需要质量管理者高度重视的问题,教育标准可以是质量的基本要求,也可以用以评价质量达成度。一段时期以来,我国本科高校提出的卓越工程师教育,就"要

---

① 刘斌."双高计划"多维度提升高职教育发展质量[J].现代教育管理,2019(6):96-100.
② 徐敏,余洪斌.欧洲质量奖评价标准演变及新诉求[J].中国质量技术监督,2014(10):48-50.

求培养出来的卓越后备工程师在工程学位资格上能适应国际互认",使得我国工程教育能够"满足国际化需要"①。近年来,我国高职教育也开始关注《悉尼协议》,许多院校及学者认为加入《悉尼协议》,则"意味着我国高职教育的办学质量得到国际权威标准的认可与肯定,从而利于提升我国高职教育质量与声誉"②。这是我国高职教育发展数十年来真正将教育质量评价的目光投向了国际标准,高职教育的质量卓越追求有了基于国际标准的超越标杆(国际标准通常是一种基本标准)。

3) 质量发展的可持续

卓越可以理解为达到的某个高度,但是更应该理解为一种长度,即长久保持优秀——"持续卓越的结果",同时也更是一种状态——"越来越好",并且能够"创建可持续发展的未来"(自身和社会责任意义的)。在可持续意义下,卓越质量不一定是长久保持某个标准(或名义)下的高名次,而是要将卓越建立在学校良好的发展能力之上。学校的发展能力最重要的是专业发展能力和教师发展能力,但最终都将体现在学生的职业发展能力上。由于人才培养和学生成才的特殊性,任何学校在某一个时期或阶段取得的成就,都不一定能长久地保持,况且时代总是在不断前进,只有学校具有很强的"持续改进和系统创新"能力,以及"有效识别和应对机遇和挑战"的能力,才能保证质量发展的可持续,以及质量卓越的可持续,也正是这两种能力能够真正体现学校质量文化的内在力量——文化力。

3. 质量文化核心价值:共同发展

文化管理的基本价值诉求是实现组织与所有成员的共同发展,文化管理的核心是基于价值观的管理,基于上述前提,高职院校质量文化管理自身的管理价值,理应是**促进和保证实现学校与所有成员的共同发展**,这既是"质量立校"的质量管理使命之必然,更是"走向卓越"的质量管理愿景使然。因为"质量立校"是"共同发展"的动力,"共同发展"又是"质量立校"的保证;实现"共同发展"需要"走向卓越"的信念,"走向卓越"也必然成为"共同发展"的标志;这样,在文化管理的理念和模式下,质量文化管理的"使命""愿景"和"价值观"就构成了一个"统一的思想体",并最终形成一个由价值观引领的质量行动体系。

卓越质量意义下的"共同发展"应该包括两个层面的发展意义——实现发展和促进发展,具体可从以下几方面认识:

1) 学校发展

文化力发展:文化管理理念和模式下的学校发展,最根本的是学校的文化力发展,包括提升自身的文化品位和文化品格,提高学校领导的文化领导力,提高教师的学术领导力;提高学院文化对全体成员的凝聚力,对外的文化影响力。

---

① 林健."卓越工程师教育培养计划"通用标准研制[J].高等工程教育研究,2010(4):21-29.
② 刘文华,徐国庆.《悉尼协议》框架下高等职业教育发展策略探析——论我国职业教育的国际化[J].上海教育评估研究,2016,5(1):16-19.

均衡性发展:共同发展的意义还表现为均衡发展,包括软硬件建设的均衡发展;二级院系之间的均衡发展;专业类(学科)之间的均衡发展;不同群体之间,特别是教师与管理人员之间的均衡发展。均衡发展不是平衡发展,而是以强带弱,以点带面的共同发展,避免和克服学校结构性的发展矛盾。

持续性发展:实现持续性发展,一是要有序发展,教育是一个长期的事业,要避免在所谓的跨越式发展口号下,导致发展战略的决策性失误,要避免以改革发展的名义,实则政绩驱动的政策折腾。二是要有效发展,要避免高投入低产出的改革工程,避免高投入低效能的管理工程,避免高"颜值"低普适的改革成果,更要拒绝虚假和"肥胖"的发展。

2) 学生发展

(1) 学业发展

与基础教育(高中教育)不同,高职教育有自己的特殊任务,就是要为社会培养高素质、高技能、能就业的劳动者、职业人。从专业教育的角度看,就是要培养具有较深专业知识、较强专业技术能力、良好职业和技术素养的专业人才。所以学生在学校学习期间,教与学的任务就是要达成专业(学业)标准所规定的知识、能力、素养学习目标。

(2) 促进全面发展

从人的教育意义看,任何教育都要促进人的全面发展。对于高职教育来说,学生刚进入成年,正处于世界观、人生观、价值观形成的重要时期,他们对事物开始有了自己的审视和判断。但是由于我国基础教育文化传统的"功利倾向",高职学生尤其在"德、美、体"方面仍处于需要文化培育的教育阶段,所以高职教育在做好学生的"学业发展"的同时,还必须为促进学生的"德、美、体"全面发展,做好"文化育人"的教育工作。

(3) 促进生涯发展

从社会学角度看,职业教育是人的生涯教育,高职教育不是关于职业的终点教育。从职业教育角度看,在目前我国的教育体系下,高职教育只是人的职业生涯中的职业教育起步,甚至是"就业导向"的教育。但是,高职教育阶段的专业学习必须要为学生生涯发展起到必要的促进作用,即"好起步""有后劲""能发展""能跨界"。另外,学校提供的教育(课程)还应该能适应学生的不同发展要求,例如多专业、多通道、多层次的发展需求,即高职教育为学习者实现当前和潜在的"价值增值"。

3) 教师发展

(1) 道德发展

从价值观出发的教师发展最重要的是道德发展,这是一个容易被教师专业发展所掩盖的教师发展意义,在一定意义下,没有教师的道德发展就没有真正的教育质量和教学质量的保证,也不可能有学校的卓越教育和教师的卓越教学。由于高校(包括高职)的学术发展意义比其他层次、类型的教育更加突出,因而更加地被强化和重视,所谓的师德要求更多地被政治化解读,但是高职院校教育工作者所面对的学生群体具有更多的特殊性,教育工作者自身的道德发展对教育教学质量的保证和提升极为重要。

对于教师道德发展,应该注意两个问题:一是道德发展的本质问题,二是道德发展的实践问题。教师道德发展的本质是一个教师的价值观确立,教师所持的价值观,作为一个个体的人,有对社会、对生活等的价值认识;作为一个教育工作者,有对教育、师生关系、生命等的价值认识;作为一个学术工作者,有对科学、技术、自然的价值认识。教师道德发展的实践是指通过什么途径和以什么方式实现,因为道德发展不能仅仅停留在概念层面的解读,提一些口号式的要求,而是应该能够在教师的教学行为层面给出具体的实现道德发展的途径和方式。

对于上述两个问题,朱小曼教授给出了具体的建议,这些建议虽然是针对基础教育教师道德发展的,但是其本质上对高职院校教师依然具有重要的指导意义。朱小曼教授用教师在教学过程中对学生产生的道德影响力来衡量教师的道德发展水平,而教学过程中的道德影响力又可以分为学科课程的教学和教学过程中的师生关系这两个向度,这两个向度上呈现的道德意义则是关于价值观的。例如:人文学科类的语文课所蕴含的道德价值是"伦理、正义、同情、人际敏感、人道主义",外语课所蕴含的道德价值包括"尊重、倾听、国际理解、宽容";自然科学类的数学课程的道德价值包括"严谨、理性、坚韧、审美",自然课程的道德价值包括"多样性、和谐、敬畏、感恩、审美",综合实践类课程的道德价值包括"严谨、独立、合作、超越",师生关系的道德价值包括"真诚、平等、尊重、公正、宽容、同情、关爱……"。对于上述道德价值,教师需要在其课程的教学过程中通过适当的教学策略和方法来体现,并作为教学目标之一。为此,"教师需要形成专业知识、教学能力与人格之间内在的平衡性、融合性和作用方向上的一致性,才能对学生的道德产生和谐的、丰满的、持久的影响"[①]。上述要求的核心是教师的知识、能力、人格的平衡性、融合性和一致性,也就意味着教师自身的道德发展是学生道德发展的基础,而教师的道德发展是应该体现于课程教学目标和教学活动的师生关系之中的。

(2) 学术发展

在这里为了更好地说明高校教师学术发展的内涵,我们依然采用欧内斯特·L.博耶的大学学术四维度内涵:探究的学术、整合的学术、应用的学术、教学的学术,其中探究的学术就是知识的探索与追求,综合的学术是要跨学科地认识和理解专门知识,应用的学术是通过理论与实践的结合,成为问题的解决者,教学的学术是传播知识的学问[②]。由于高职院校的教育功能是培养高素质掌握一定的技术技能的人才,教师的学术发展要求在上述四个维度

[①] 周南照,赵丽,任友群.教师教育改革与教师专业发展:国际视野与本土实践[M].上海:华东师范大学出版社,2007:42-45.
[②] 董玉琦.协调发展 共同成长:2011高校教师发展国际研讨会论文集[M].长春:东北师范大学出版社,2012:33.

上应该是有所不同的。首先,"教学的学术"应该成为最重要的发展要求。来自高校的教师需要技能训练和技术思维训练的教学技能,来自企业的教师需要专业理论的教学技能,而且都需要有教育心理学的基本知识,以及教育新技术的学习和应用,成为课程管理的"课程领导"者。其次是高职教师的"应用的学术"发展,这里的学术应用是将专业(学科)的知识应用于企业技术生产、管理一线的技术改造、技术开发、技术创新,这也是高职教育的"顾客服务价值增值"的最重要体现。但是无论是"教学的学术",还是"应用的学术",教师都需要通过一定的"探究的学术"和"综合的学术"发展,增长自己的知识、提高创新创造的能力,以此促进自身的"应用的学术"能力,提高"教学的学术"能力。

从文化管理的视角看,高职院校教师在上述四个学术维度上的发展问题,根本上是一个教师学术价值观的取向问题。由于我国高职教育的层次高等性和类型职业性,高职院校对教师的学术发展始终处于"犹豫的两难"状态:按照高等学校的价值标准,特别是对于教师学术水平评价——专业技术职称评审来说,显然"教学的学术"不是评价的重点(也很难评价),"应用的学术"在一些基础学科中不易实现。但是,对于高职院校来说,教师"教学的学术"和"应用的学术"又是最根本的要求。高职院校教师学术发展的两难,也使得学校对质量管理(广义的、非仅仅教学质量的)的价值取向、目标,以及教师发展的评价产生了一定的模糊性和不确定性。因此,如何让教师在学术的四个维度上有一个与学校发展目标相一致的定位,也是学校质量文化管理的价值追求和目标制定的任务。

(3)团队发展

由于高职院校教师的课程教学行为在一定意义上具有独立性和自主性,学校内以专业或学科为单位的教学团队发展就显得更加重要。与本科学科科研型团队不同的是,高职院校的教学团队是以专业为单位构成的,这意味着:专业的学习是由课程组成的,专业的发展也是其课程体系所有课程的发展;专业的人才培养是由专业团队所有教师共同完成,专业的发展也是所有教师的共同发展。在这里,共同发展的意义被确定在学校教学的基本单元(专业)内,被确定在人才培养的基本活动领域内,因此,共同发展意味着专业团队内所有教师的共同发展。与此相应地在学校层面,团队发展还意味着以专业为单位的学校所有专业的共同发展,以及学校内所有不同文化群体的团队的共同发展,只有这样才能够减少和避免学校发展过程中经常遇到的结构性的矛盾,最终实现学校内所有不同文化群体的团队获得均衡发展。

4)专业与课程的发展

专业与课程的发展是质量文化核心价值的物化。高职院校质量文化是对其"质量属性怎样满足各主体的需要以及满足的程度所作出的价值判断"[①]。这里的主体既是学生,也是

---

① 傅根生,唐娥.高校质量文化研究:问题与思考[J].国家教育行政学院学报,2009(11):15-18.

学校人才培养的所有利益相关者,他们的"需要以及满足的程度",主要体现于教育教学实施意义上的专业和课程。高职院校人的发展——教师、学生的发展,一定是通过专业与课程的发展得以保证的,反之如果没有人的发展,也不可能有专业和课程的发展。也就是说学校的"人"——教师与学生的发展,以及专业与课程的发展,是学校质量文化核心价值的一体两面,或者说专业与课程的发展是质量文化核心价值的物化表达。决定专业与课程发展的有以下三个主要要素。

(1) 职业与企业要素

高职院校由于其职业教育的属性,决定了专业与课程的发展与职业发展、企业发展紧密相关,这样的相关性主要表现在社会发展导致的职业变化性,以及企业文化的发展性。职业变化在今天变得尤为明显,职业自身的变化,传统职业的消失和新型职业的大量出现,导致职业岗位的工作内容和工作特征发生很大的变化。企业文化在企业发展的过程中总是发展的,在学校与企业合作人才培养越来越紧密的今天,企业的人才价值取向会影响着学校的人才培养质量观,企业的质量文化也会影响学校的质量文化。

(2) 技术发展要素

技术的发展与变化直接影响专业和课程的内涵。技术的更新和新技术的产生,使得技术的知识内涵、能力内涵、工作内涵、劳动方式等都发生了变化,相应的学校的专业、课程也必然与之相适应地变化和发展。特别是对于专业人才培养的定位来说,在高职教育近十几年的发展过程中就不断地发生变化,这种变化是发展的,从单一性到复合性,从纯技能型到技术技能型,等等,这些人才定位性表达直接决定了人才培养质量的能力内涵表述的调整与变化。

(3) 教育标准要素

专业教育标准是人才培养质量的主要依据,相应的质量标准的国际化发展已经成为当今重要任务。虽然教育部已经制定了高职教育的大部分专业教学标准,但是随着我国职业教育,特别是高职教育与世界各国的交流越来越深入,从合作办学引进国际先进经验,到逐步形成世界影响力,我国高职教育标准需要与已有的国际标准相比较,并进一步发展。专业标准的国际化意味着质量理念、质量内涵、质量标准等,能够得到更多国家的共识,这样的共识也体现了质量文化意义上的共识,近年来高职院校对《悉尼协议》的关注和研究,体现了教育标准国际化发展的要求。

5) 管理发展

(1) 理念与模式发展

管理是组织发展的保证,管理发展是组织发展的体现。任何组织的管理在组织发展的过程中是不会一成不变的,总是要随着社会的发展和组织使命的变化,不断地产生调整或变革,这样的调整或变革也总是以管理理念的发展为先导,以管理模式改革与创新为标志的。

管理理念是认识问题,但归根到底是管理文化问题;管理模式是方法与途径问题,是管理实践层面的科学方法论问题。对于质量管理而言,质量管理管什么？怎么管？这是两个问题,但每一个问题的背后都有理念和模式的考量,而理念在一定意义上又决定了模式,例如,高校的质量管理是基于教学管理概念的教学质量管理,还是基于课程管理概念的课程质量管理,再如,质量管理是基于科学管理的方法,还是基于文化管理的方法,或者是基于文化管理理念与科学管理方法相融合的管理,这也是本书希望呈现给读者的重要思考和认识。

（2）管理者发展

对于学校这样的组织,教师发展总是被重点谈论,也会在学校的管理决策中被放到重要的位置考虑,相对而言,学校其他的成员——管理人员（行政管理人员）则会被放到相对次要的位置。当然从共同发展的政策意义上说,在我国现行管理体制下,学校教师和管理人员具有各自职业（学术）发展——技术职称晋升的通道。但是从共同发展的关系认识上说,学校管理者,特别是业务管理部门的管理者,他们的学术发展（管理的学术——理念、思想、方法等）的重要性,与教师的专业学术发展同样重要。例如,从质量管理的现实来看,无论是教学质量管理还是课程的质量管理看,学校的教务处和质量管理部门（如督学办）的领导（成员）必然要面对基层院系教师关于课程（教学）改革、质量评价等的种种问题。因此,除了必须具备一定的管理智慧（情商）、管理方法以外,这些部门的管理者还必须成为高职教育理论的解读者和实践先行者、指导者、引领者,从这一意义来看,管理者的发展对学校有着重要的作用。

6）促进校企合作发展

卓越质量的理念是促进组织与客户的共同发展,对于高职院校来说就是要促进校企合作办学和人才培养过程中的共同发展。产教融合、校企合作对我国高职教育发展有着重要意义,但是由于我国教育管理体制和行业、企业劳动力培训政策、职业准入资格政策的特殊性,校企合作对双方的发展促进作用并不如教育管理部门和院校所期望的那样理想（尽管有合作效果很好的个案）,主要原因既是由教育传统和商业传统的差异所造成的,更是校企双方各自的质量价值观差异所造成的,有些功利性的、行政推动性的合作也总是不能真正地实现各自的合作初衷。在学校文化管理的理念下,高职院校如何为企业做好价值增值服务,如何让企业了解、理解学校的教育责任和学生生涯发展要求,是促进校企共同发展的重要任务。

7）促进社会发展

很多国家的高等学校都会将社区服务、社会服务、环境保护、生态保护等作为学校的办学责任,从某种意义上说,这样的责任不仅表达了高等院校的办学理念,也体现了学校的办学格局,更体现了教育的胸怀,用一句话总结就是体现了学校的文化高度、广度、深度。将促进社会发展作为学校的办学理念,就是要让学生成为社会人,而不仅仅是学校人,就是要让学校的所有成员具有公民意识和社会责任感,而不是某种体制内的自我人。在质量文化管理的理念下,学校人才培养的质量价值取向,必须以更大的社会责任感赋以促进社会发展的质量内涵,显然这是我们很多院校所缺乏的。事实上,在所有的国际高等教育(学术的、工程技术的、职业的)专业认证标准中,社会责任感都被明确列为学生毕业的基本素质要求,也只有这样,高等院校与社会的共同发展才是具有真正教育意义的共同发展。

二　质量文化管理的基本认识

作为前提,在高职院校的具体管理领域中运用文化管理,需要将文化管理的基本假设从抽象概念引向具体对象,从理念引领最终形成实践指导。为此,在高职院校文化管理定义以及两个基本假设——"文化人"和"以人为管理中心"的基础上,我们进一步提出高职院校质量文化管理的若干基本认识,以此作为质量文化管理实践的理论前提,这样的认识既是要表明质量文化管理实践的必然性,也是要表明质量文化管理的必要性。

1. 对质量文化管理的定义

前文我们给出了高职院校文化管理的一般性理解和认识,其中内含三个关键词:"以人为中心""文化建设""文化竞争力"。相应地,我们对质量文化管理的认识和理解是:**质量文化管理是以人的全面发展与价值实现为理念指引,以质量文化建设增强质量文化自觉为行动指引,运用文化软要素与管理硬规则相结合的质量管理模式,管理的最终目的是持续提升办学和人才培养质量。**

上述理解是学校文化管理在质量管理领域的具化和深化:

第一,这一理解表明了质量管理"以人为中心"的具体价值追求。"高校的质量文化是关于人的文化"[①],与高职院校文化管理"以人为中心"的理念一样,质量文化管理的理念也体现了"以人为本"的管理哲学内涵,但是将"以人为本"的具体价值取向指向了人的全面发展与价值实现。这正是学校质量管理所直接面对的任务——"人"的质量保证与提升,这里的"人"就是学生和学校的教师、管理者。在质量文化管理的视角下,高校质量文化是关于人的文化,只有人的全面发展和价值实现,才是真正的学校质量。

第二,这一理解体现了"质量文化建设"的文化力提升作用。文化管理的管理中心工作是文化建设,相应地质量文化管理的中心工作也依然是质量文化建设,但是,质量文化建设的作用在于促进学校所有成员的质量文化自觉,进而提升学校整体文化力。质量文化自觉对于高校来说是重要的,由于高职院校人才培养质量的价值取向具有多元化特征,使得人们对质量管理的认识具有多样化特征,甚至是质量本身具有一定意义上的描述不确定性和不可测量性。因此学校所有成员的质量认识、质量倾向、质量态度等往往决定了学校质量目标的实现,为此,我们需要通过质量文化建设,使得学校所有成员都具有学校核心价值观指引的质量文化自觉,并内生为质量文化管理的自觉诉求,共同维护和实现学校的卓越质量目

---

① 傅根生,唐娥. 高校质量文化研究:问题与思考[J]. 国家教育行政学院学报,2009(11):15-18.

标。另外,质量文化自觉是建立学校文化自信的重要基础,文化自信必须是因为学校文化的优秀才有意义,文化优秀只有通过学校所有成员身上表现出的文化气息、文化品位、文化品格等才能得以体现,这样的文化优秀只能通过文化建设和文化行动才能实现。

第三,这一理解描述了质量文化管理模式的途径、方法和策略特征,因而这样的描述是必要和有意义的:从管理学的角度来看,质量的文化管理不能像学校文化管理那样只有相对宏观和质性的认识。学校的质量首先是一个体系,质量文化管理作为一种管理模式,必须要有能够成为可实践(操作)的框架(机制、方法等),因为任何一个组织的管理文化必须呈现出它的"规范价值、工具价值、实用价值"。这并不意味着是将文化管理落入"科学"管理的窠臼,事实上,文化管理尽管可以被认为是对科学管理的超越,但其自身也必然地需要呈现管理的科学性意义——管理原理、管理原则、管理规则和管理"技术"等。事实上,"高校质量文化既是一种价值理性,也是一种工具理性","既是追求最佳方案、最佳手段、最佳效率的有效性思维,又是对主体价值需求的现实批判与取舍"①。

2. 文化管理是质量核心价值追求的必然要求——基于哲学的认识

人的发展是质量文化的核心价值所在。就质量文化的四个层面而言,其精神文化作为核心层,总是向人们表达着质量文化的核心价值。对于高职院校来说,质量文化所表达的核心价值观既内生于组织内部——与高等学校的传统有关,又外适于社会需要——与职业教育使命有关。高职院校质量文化的价值取向既有传统高等教育的特点,又有职业教育自身的特点,其质量评价由所有利益相关者所决定,即质量评价的多元性。正因为高职教育质量价值取向多元,我们就必须寻找多元质量取向中的共性部分(这样的寻找是一种质量价值意义的建构),我们称之为质量取向的核心价值。当这样的核心价值为所有成员所认可和坚信,那就能够成为学校质量文化的核心价值。

那么高职院校质量文化的核心价值是什么?傅根生认为"高校是特殊的社会组织,其最核心的使命是育人,其质量生成的主客体都是人,高校的教育工作其本质是建立在育人这一基础上的,促进人的全面发展是高校质量的根本要求",这一阐述将我们对于高职院校质量文化核心价值的追寻引向了"人"这一基本价值载体上,也可以说高校质量文化的核心价值总是指向"人"。教育是从哪里出发的,又将走向何处,这是基于哲学思维的问题。众所周知,教育本来就源于"人",任何教育的质量文化核心价值一定是"人本位"的,所有的价值表达也必定是人本位的,而教育价值人本位的重要内涵一定是人的发展,人的发展才是高职院校质量文化的核心价值所在,这里的人是指学校的学生、教师,以及学校所有的教育工作者,只有学校所有的人都得到发展,学校才能够适应社会的发展而发展。

---

① 傅根生,唐娥.高校质量文化研究:问题与思考[J].国家教育行政学院学报,2009(11):15-18.

3. 文化管理是质量文化建设的必然选择——基于文化的认识

面对高等院校科学管理的技术主义,霍金森(Hodgkinson)指出"由技术手段提供的过量信息仅仅只能使现代人更加认识到自己对于变更组织行为的无能为力"[①]。我国学者王建华教授则指出"高等教育质量主要不是物的客观存在,而是文化的结晶","高等教育质量管理必须"上升为一种文化,高等教育质量才能实现真正的卓越",但是"长期以来高等教育质量管理一直局限为一种工具程序或技术手段"。为此,高校"培育(建设)能够融入组织内部深入组织中所有人内心的质量文化是必然的选择"[②]。由于管理文化是学院文化的重要组成部分,而文化管理是把学校文化建设作为管理工作中心的管理模式,因此质量的文化管理也是高职院校质量文化建设的必然选择,质量文化也是质量文化管理的必然成果(结果)。

高职院校的学院文化具有大学文化的传统性,但在高职教育产教融合、校企合作、就业导向、政府评估等来自外部的质量文化以及学生入学水平、学习态度、习惯的特殊性的影响下,学校内部教师、管理者所持有的传统质量观受到了挑战,学校的质量文化形成了多元性。也正是因为学校外部质量文化的影响,高职院校质量文化具有发展性。高职教育质量如何在社会、学术和个人三个维度上都得到发展,是质量文化建设的任务,同时也需要通过质量文化管理来完成符合时代发展要求的文化建设。

4. 文化管理是人才培养质量目标实现的必要途径——基于教育学的认识

培养高素质技术技能型人才是高职院校的办学使命,而人才培养的高质量也是学校质量管理的最终目标,为此高职院校需要全面构建学校内部质量保证体系,这一体系应该是一个怎样的架构呢?目前给出的保证体系方案是基于全面质量管理的科学管理模式,但这显然是不够的,或者说科学管理的模式并不能根本性地解决"人"——教师、学生的非技术性和非理性问题,包括人才培养和学生全面发展的"文化育人"问题,人才培养过程中教师的"课程领导"问题,以及学生学习(学业)质量评价问题,而质量文化管理正是提供了解决这样的"人"的问题的必要途径。

首先,文化管理是学校"文化育人"不可或缺的重要组成部分。高职教育与其他类型的学校一样,其教育过程依然是一个有目的、有计划的文化育人过程:通过学校的教学、管理、服务、环境培育学生,通过学校的优秀传统、科学精神和优良校风影响、浸润学生,同时,以传统文化滋养人,以高尚的精神塑造人,以科学技术的知识武装人,以创新、创造、创业的实践锻炼人。从上述文化育人的概念和质量文化管理的特征看,显然学校的质量文化管理本身就是文化育人的重要形式,也是文化育人质量的管理保证。

---

① 张晓峰. 教育管理:后现代研究视角[J]. 外国教育研究,2002,29(11):51-55.
② 王建华. 高等教育质量管理:从技术到文化[J] 中国高等教育,2008(21):26-29.

其次,通过文化管理充分发挥"人"的课程领导作用。从教育学课程论看,课程管理由课程领导、课程内涵、课程机制三个要素组成,其中课程领导是人才培养质量保证的重要因素。课程领导作为一种理念,要求"所有课程利益相关者都享有成为课程领导者(引领者,非传统理解的领导者)的权利,包括课程教师、企业专家和学生";"要求课程团队成员共同成为课程改革与发展的行动者";"强调所有成员既是领导者,又是学习者和实践者";"通过共同的价值观和愿景促进有意义的工作"[1]。显然,上述理念与文化管理完全一致,其理念指引下的课程领导实践,也正可以通过文化管理得到促进和指引。

再者,通过质量的发展性评价促进"人"的全面发展和价值实现。发展性评价是为克服传统教育评价存在的"管理主义倾向""忽视价值多元化"和"过分依赖科学的范式"问题而提出的作为形成于20世纪60至80年代的一种教育评价模式,该评价使得教育评价的功能从教育目标达成的鉴别,转向了促进发展。发展性评价的核心理念是"以人为本"和促进质量持续改进,这依然与质量文化管理的理念完全一致,因此,在质量文化管理的模式架构中也必然包括质量的发展性评价,对此我们将在后面进行讨论。

5. 文化管理是质量管理效能的必要基础——基于管理学的认识

学校质量管理的效能取决于"人",而文化管理则是"以人为中心"的管理。尽管文化管理并不是"对其他管理对象(如资金、信息、实践、设备)的管理学说"[2],但是,对"人"之外的对象的管理,都是需要通过人去管的——依靠人的管理,能否管理好人之外的"物",则完全取决于人这一关键管理要素。从这一意义上说,文化管理在学校所有的管理领域里都能够发挥其独特的管理作用,而质量文化管理的重要作用在于通过"以人为中心"的管理,为提高质量管理效能提供"人和"基础。教育是一个特殊的事业,教师是一个特殊的职业,教育教学质量保证更是一个复杂的管理过程,在高校"使用以预测式和强制性为重要特征的制度管理……难以从内心上去真正调动学术人员的学术积极性"[3]。教育学学者周川教授更是指出高校的"教学质量只能靠教师内心来维护",而当今对高校教师的量化业绩指标管理使得学校的(质量)管理者"从教师的服务者摇身一变成为教师命运的主宰者"[4]。这显然不是高校应有的(质量)管理文化。高校的(教学)质量如何能让"教师内心来维护",能让教师自觉地接受和能动地参与学校质量管理是解决当前存在问题的关键。质量文化管理理念所倡导的对高校"文化人"的工作方式和多元价值理解,以及人格尊重和情感关心,正是为教师能够发自内心维护、提升质量创造了最有利的外部管理和自我管理环境与氛围,并且有利于解决质

---

[1] 程宜康.高等职业技术教育课程新论[M].北京:清华大学出版社,2010:148,149.
[2] 张德,吴剑平.文化管理——对科学管理的超越[M].北京:清华大学出版社,2008:185.
[3] 盛正发.从制度到文化:现代大学管理的新向度[J].黑龙江高教研究,2012,30(1):35-37.
[4] 周川.教学质量只能靠教师内心来维护[J].大学教育科学,2012,3(4):48-50.

量管理过程中的冲突。

三 质量文化管理的基本关系(原理)

1. 质量主体间关系

文化管理是"以人为中心"的管理,是以促进人的全面发展为目标的管理,同样在质量管理活动中,质量的文化管理依然是"以人为中心"的管理。由于学校质量管理活动是需要全体成员因质量立校使命而共同参与的管理活动,所以质量文化管理的"管人",首先是从管理"人的关系"开始的。为此我们需要了解在学校质量管理活动中,人与人之间是怎样的关系,又具有怎样的特征。

从管理学角度看,组织内的管理总是表现为人与人之间的一种活动关系,在科学管理和科层制的管理体系下,人与人之间有着明确的管理者和被管理者的角色区分,管理者被称为管理主体,被管理者被称为管理客体。这种建立在主客体关系上的管理也被称作"主体性管理范式",它体现了"现代工业文明的主流文化精神","现代社会林林总总的管理学流派尽管在具体内容、形式上差异显著,但就统约的高度而言,他们在本质上都可以归属于主体性管理范式,他们之间的区别无非在于主客二分的程度以及决定论倾向的强弱"。以后现代哲学的观点看,管理范式的后现代转型已成为一种社会发展的诉求,这样的转型被称为从"主体性管理范式"到"主体间性管理范式"的转变[①]。

这里我们并不是想要使用"主体性管理范式"和"主体间性管理范式"的提法,不仅是因为这一范式说法并未见诸更多的文献,并且"主体间性"本身尚是一个没有形成共识的哲学概念。但是当我们将"主体性范式"放在管理活动的"主客体"关系现实看,现代组织管理确实是由主体的"人"施与客体的"人"的管理,在这一意义下,这里的"主体性"并不等同于哲学意义的"主体性",如果再对照"主体间性"的英文"Inter-Subjectivity"的词性,确实是在表达一种关于主体(人)之间关系的哲学认识。

对于高校这样的质量管理来说,厘清主体、主体性、主体间性(准确地说是主体间关系)的概念是有必要的。首先在哲学范畴,马克思说"主体是人,客体是自然",在认识论范畴内,主体是指有目的地认识和实践的人。主体在管理学中表达为管理主客体关系中的主体,主体一定是人,处于管理的主动和支配地位,客体可以是人,也可以是事(或者是物)。主体性是指人在与客体互相作用中表现出的自觉性、自主性、能动性和创造性,本质上表达了人的"自我"和"自我意识"。主体间性是"'主体——主体'关系中内在的性质",与主体性的关系应该是"主体性必须以交互主体性(主体间性)为必要的补充,或者内在地包含着交互主体性

---

① 贾利军,李金生,李晏墅. 从主体性管理到主体间性管理——管理范式的后现代转型[J]. 江苏社会科学,2010(1):73-78.

(主体间性)"。"当然,不论是主体性还是交互主体性(主体间性),都是以客体的存在为前提,或者说以主体与客体的关系为背景。"①总之,主体间性作为一个重要的哲学概念,既是"对主体性的一种超越",又"一刻也离不开主体和主体性"②。由于主体性、主体间性是一个复杂的哲学理论问题,国内学者有着许多不同的观点,但是"主体"的主体性和主体之间的关系(主体间性)是一个无法在学校质量管理中回避的重要问题。

与企业和其他社会组织不同,高等院校是一类特殊的组织,是一个"多主体(类主体)"组织,主要由教师、学生、行政管理人员三类主体组成。在教学活动和质量管理活动中,行政人员的角色是管理者(主体),教师既是管理者(主体),又是被管理者(客体),学生是被管理者(客体),但又是学习的主体,所以他们都是管理学意义和教育学意义上的主体。作为人的主体性概念,学校的教师、学生、行政管理者都具有主体性的"文化人"共性,又都具有各自主体性的管理角色个性。正是由于高校组织成员主体的复杂性,以及他们各自角色主体性的复杂性,使得学校内部的主体间性(关系)更为复杂,也因此使得主体间性的哲学问题在高校教育管理领域内被广泛地讨论。

正是由于高校内部主体之间(各类主体之间)关系的复杂性,仅仅从管理学的意义去认识行政管理人员、教师、学生的主体及客体角色,必然会产生很大的困惑,或者说按照这样的主客体关系来实行质量管理——主体管理,必然会遇到很大的困难。一方面,因为在这种主客体管理关系中,被管理者作为"文化人"的"主体性"得不到体现和尊重,因而对学校的"管理"消极应付,甚至对抗。而管理者也会依靠管理主体的权威,任意支配、发号施令,主观臆断地处理事务。另一方面,由于被管理者的"主体性"强调,又容易陷入每一个主体"以自我为中心"的管理尴尬局面,这是在高职院校这样的组织中经常遇到的。例如有的教师以"教授治学"的名义拒绝课程改革和教学模式(方法)的改变,不愿意接受职业技术教育特点下的教学质量评价要求,等等。

因此,在高职院校质量管理中,如何理解和对待不同主体的"主体性"和各主体间关系(主体间性),就成为质量管理的关键问题。显然,质量文化管理给了我们认识和理解这一问题的一个新的视角,也提供了解决这一问题的一把钥匙:质量文化管理首先是"以人为中心"的,"以人为本的"的理念追求所有成员和学校的共同发展,这体现了所有成员最根本的"主体性"诉求;而"运用文化软要素与硬规则相结合"的管理,则是在尊重所有主体的"主体性"前提下,通过确立质量文化自觉,以及"文化软要素与硬规则相结合"的管理机制,建立起各主体(各类主体)之间的关系——精神契约性和制度性的。当然,这里的规则依然需要有"主体间性"意义的认识③。

---

① 郭湛.论主体间性或交互主体性[J].中国人民大学学报,2001,15(3):32-38.
② 王树人.关于主体、主体性与主体间性的思考[J].江苏行政学院学报,2002(2):5-8.
③ 童世骏.没有"主体间性"就没有"规则"——论哈贝马斯的规则观[J].复旦学报(社会科学版),2002,44(5):23-32.

正是基于上述认识,我们认为之前提到的所谓"主体性管理范式"应该是"从程序性管理向文化型管理转型"的"主体间性管理范式",从管理的实质看恰恰就应该是指文化管理范式①。为此,我们可以在质量文化管理视阈下进一步认识高职院校内所有质量主体(类)间的关系:

1) 质量共同体关系

高职院校的所有文化人构成了一个特点鲜明的文化共同体,他们具有相近的文化性格、文化品格、文化品位和文化历史传统,这使得学校文化人的主体性除了一般意义上的自主性、能动性和创造性以外,还具有自己的文化取向和文化坚持,特别是关于质量文化价值的认识。在质量管理活动中,学校质量管理者必须认识到学校文化人的主体性的作用,避免出现不同主体(类)的主体性缺失②,同时更要坚持所有质量主体在学校共同的质量核心价值观的基础上,使所有质量利益相关者(主要是学校所有成员)构成质量共同体关系——共同的质量使命、质量愿景和有质量的共同发展。这既是由学校质量立校办学使命所决定的,也是学校所有文化人应有的教育担当。

在质量文化管理的框架下,质量共同体关系意味着所有学校成员必须建立共同的质量价值观,意味着他们作为质量主体,既要充分发挥其质量保证的主体性作用,更要意识到学校的质量(办学和人才培养)是建立在他们的主体间关系之上的,而不仅仅是建立在他们各自的主体性之上的,或者说不仅仅是由他们各自的主体性所决定的。以管理哲学的认识看,也就是要在学校质量管理活动中实现主体性与主体间性的统一,这样的统一性便是质量共同体形成的哲学前提。

2) 圆桌关系

文化管理范式"首先完成的是管理过程中的人际关系重塑"。在传统管理的科层制模式下,高校质量管理的人际关系是主客体关系,学校行政管理者与教师是主客体关系,教师与学生又是主客体关系。因此任何事实上的主客体管理关系,无论怎样地强调要以人为本,教师或学生在质量管理中都依然处于被支配地位。也正因如此,在学校里确实存在这样的现象:"优秀的教师常常脱离教学去谋求管理职务,以成为事业上的'成功者'。……(但)遗憾的是一个好教师的技能与一个好管理者的技能是完全不同的。"这一现象被马克·汉森称为资本主义社会的"一个可悲的局面"③。在这里我们需要再一次回顾关于文化人的认识:学校文化人是这样的一些人,他们被文化所塑造,同时又"重建、创造新的文化";他们以自身"价值的实现为追求",需要获得超出物质的"精神的满足和身心的愉悦";他们需要"自由",但也

---

① 贾利军,李金生,李晏墅.从主体性管理到主体间性管理——管理范式的后现代转型[J]江苏社会科学,2010(1):73-78.
② 孙鹤娟.论文化管理中人的主体性重建[J],社会科学战线,2005(2):277-281.
③ 汉森.教育管理与组织行为[M].冯大鸣,译.上海:上海教育出版社,2005:40.

不是"没有任何约束的主观任意"①。由于文化人的这些特征,使得教师在接受管理的时候,他们最需要的是得到人格的尊重和价值的承认,否则在质量管理中教师就容易表现出不配合或抵制的言行。

此外,在学校质量管理活动中常常还出现管理者与教师之间的"双向的行为管理","不是教师努力去管理处于管理者势力范围的活动,就是管理者力图去管理教师势力范围的活动"②。(**注**:当然在我国教育传统之下,学生在接受教师管理的时候,还很难出现学生与教师之间的"双向的行为管理",但是这种状况正在有所改变。)这样的"双向的行为管理"在表面似乎让管理者和被管理者都感到一种尴尬,但是我们更倾向于将这样的现象看作是对传统科层制管理的一种人际关系修正。因为作为文化人的学校的所有成员,特别是对于教师而言,在质量管理中应该"没有权威者和追随者之分,只有共同的、分工不同的参与者"③。

如果我们将管理者和被管理者(教师)看作是管理活动中分工不同的共同参与者,并各自都有着不同的工作技能的话,那么管理者和被管理者之间只能是一种平等的关系。在平等的管理关系中,管理者和被管理者的主体性都能够得到保证和发挥。在质量管理活动中更多地需要通过对问题进行对话式的讨论,才能使双方既不因为对方对自己"势力范围"的"管理"而极力地"护卫",也不会因为对方"势力范围的护卫"而不去尽自己的管理义务。我们将这种关系称为圆桌关系,这一关系的前提和基础是学校所有成员的质量共同体关系。质量文化管理的圆桌关系的基本特征是:彼此尊重、平等沟通、理性对话、充分协商、相互分享。在这里,尊重是一种态度,在质量管理活动中每一个个体的人格是平等的,每一个个体的尊严必须得到维护;平等是一种心态,并不代表管理者或者学术人身份地位的"平等";理性是一种智慧,能够拉近由于对话者角色的文化差异所造成的心理距离;协商是一种策略,但必须是基于学校共同价值观和共同发展愿景为前提;分享对于个体也是一种成长所需,因为分享能够为所有学校成员走向卓越提供更多思考、借鉴和可能性。

3) 自我管理关系

自我管理看起来似乎很难被表示为一种主体间关系,但这恰恰因为突出了每一个质量主体在质量管理活动中的地位和重要作用,当每一个个体都能够实现质量的自我管理,实际上也就形成了个体之间的质量管理关系:所有个体在学校共同价值观前提下实现质量的自我管理和保证,也就实现了学校整体的质量自我保证。

高校与其他组织最大的不同在于学校文化人的劳动特征是知识劳动,每一个个体的知识背景会有差异,新知识的获取也会因个体的动机、动力差异而有所不同,特别是教师的教

---

① 于学友.文化人:教师发展的应然追求[J].华北电力大学学报(社会科学版),2009(3):128-132.
② 汉森.教育管理与组织行为[M].冯大鸣,译.上海:上海教育出版社,2005:130-132.
③ 贾利军,李金生,李晏墅.从主体性管理到主体间性管理——管理范式的后现代转型[J].江苏社会科学,2010(1):73-78.

学工作具有独立性、自主性,其教育理念、教学习惯、教学经验、教学方法与手段都有着自己的个性。正是因为有上述个体差异,无论是教师的教学质量还是管理者的管理质量,其质量目标达成和提升,都依赖于每一个人自身的行动,其质量保证的真正动力源自每一个人的内心。

质量自我管理需要树立正面的质量信念。作为高校质量保证的最重要的主体,教师尤其需要树立积极和正面的质量信念。"教师信念是教师自己确认并信奉的有关人、自然、社会和教育教学等方面的思想、观点和假设"[1],包括对学校组织的质量管理、学生的人才培养质量、自我专业发展等的信念。这些信念总是表现为教师在质量管理活动中的态度,并影响和决定着自己的质量保证实践。教师的质量信念总是与学校的质量文化、教师文化和自身的知识背景有关,因此教师正面的质量信念需要从学校的文化建设着手,不断地使学校核心价值观影响教师,并成为教师文化的核心价值观,同时还要从制度上形成教师专业发展与人才培养质量发展共同实现的机制,以帮助教师真正树立与学校质量立校使命相一致的教师质量信念。

质量自我管理也是自我价值观管理。文化管理在本质上是一种价值观管理,教师的质量信念首先也是关于质量价值的信念。价值观管理总被认为是一种认识和思维,很难成为具体的管理行为,这也是我们很多所谓的素质教育总是难以落地的原因,或者只是为了素质教育而做着形式上的素质教育而已,但无论对于教师还是学生而言都难以真正成为走心的教育。教师的质量自我价值观管理一定要与自身课程教学相结合,才能真正地落地、走心,而与课程教学的结合才是课程质量保证所需要的,更是学校师资质量保证所需要的。

在这里我们需要特别地指出:质量文化管理强调自我管理,并不意味着个体可以脱离或拒绝学校的管理,个体依然需要自觉接受他人(组织制度性授权)的管理。尽管自我管理是主体性的表现,具有个体行为性,但是"自我管理按其实质来说(依然)是社会性的,因为它的目的在于使个人按照社会的要求来规范自己和释放自己"[2],所以"管理主体在进行自我管理,自己把自己当作主体的同时,还必须自觉地把自己置于群众的监督、管理之下,成为群众管理的客体"[3]。

质量自我管理如何具体操作,我们将会在后面的《课程反思性实践》一章中进一步阐述。

2. 质量文化建设与质量保证的关系

1)质量文化建设是质量保证的基础

质量文化建设促进质量文化自觉,实现人们对质量的来自"内心的维护"。我们对质量文化管理有一个非常重要的认识,那就是质量文化管理需要通过质量文化建设增强质量文

---

[1] 李霞.信念、态度、行为:教师文化建构的三个维度[J].教师教育研究,2012,24(3):17-21.
[2] 郭海龙.管理哲学应重视对自我管理的研究[J].学术论坛,2006,29(7):26-29.
[3] 齐振海.管理哲学[M].北京:中国社会科学出版社,1988:99.

化自觉,这样的自觉对保证学校的教育教学质量极为重要。对每一个学校成员来说,质量文化自觉就是需要在人才培养活动中,始终抱有坚定的质量信念——教育工作者的自我使命要求,总是具备清晰的质量意识——教育工作者的自我行为提示。只有这样,学校的教育教学质量保证才能真正得到来自全体教育工作者"内心的维护",人的质量保证的主体性作用才能真正得到充分发挥。

质量文化建设为质量保证提供文化环境,促进人们质量意识和信念的内化。质量文化环境包括硬环境和软环境。质量硬环境主要是指质量制度,包括质量评价制度、质量激励制度等。软环境包括学校形象系统中与质量相关的标识、标语、口号等,学校有关质量的宣传展示,如信念愿景、诚信要求、取得成绩等,学校定期或不定期的质量活动,如质量评比、质量宣讲、质量学术研讨会等。质量文化软环境对学校成员的作用要比硬环境更大,因为软环境总是"于无声处"地对人们产生心理影响作用,并且这样的作用是"润物细无声"的,能够潜移默化地增进人们对质量的文化认知,改善人们对学校质量管理的态度,并最终形成一种被学校全体成员自觉遵循和执行的、根植于人们内心的质量"潜规则"。

2) 质量保证实践也是质量文化建设的过程

高职院校质量保证的实践本身就是一个质量管理过程,而质量管理的关键在于"理"。在质量管理的现实中,人们更多关注和实施的是质量的监控、保障,因此质量管理的主要内容和重点放在了"管"上,但是缺少"理"的机制和方法,例如缺少管理过程中的讲理、说理,缺乏对质量问题、质量关系的梳理、理顺。对于管理来说,"管"是基于规范的干预式的和强制性的,而"理"则是基于人本位影响性和浸润性的。人们也说管理重在"理",但什么是"理"?"理"的内涵是丰富的,是对人的讲理、说理,对质量问题、质量关系的梳理、理顺,就是要改变管事的做法,改变办事的流程,改变待人的不"人情",改变规则的不合理,所有这些改变在本质上就是质量文化建设,也就是说质量管理的"理"的过程,就是质量文化建设的过程。因此,质量文化管理除了"以人为中心"的"管",更重要的是对质量文化的"理"——质量文化建设,这也是质量文化管理与其他质量管理模式的最大区别。

3. 质量的文化管理与科学管理的关系

尽管文化管理被称为对科学管理的超越,尽管文化管理对于高等学校那样的文化型组织有着特殊的意义和现实需要,但是否文化管理因此就可以替代科学管理,这依然是需要从理论到实践予以讨论的。

首先从理论上看,文化管理范式是一种管理研究的范式转换。科学管理范式和人本管理范式各自都存在一定的缺陷,而文化管理范式的出现,似乎让现代管理理论所追求的"让管理更加科学,让管理更富于人性"有了希望。因为文化管理范式确实为人们"提供了一个了解人类管理行为的新视野,为管理学研究提供了一种新的方法论思想"。但是"文化管理范式的确立对管理学方法论的最大启发就是研究方法的多元化,它并不是要消灭其他研究范式,而是在新的时代条件下对各种研究范式的进一步综合"①,或者说在管理理论研究范畴内,对于科学管理范式或其他管理范式而言,文化管理只是一种范式的转换,当然这样的范式转换对管理学的发展是具有重大意义的:管理学本身是一种文化,因此需要用理解文化的方式研究,也更因为管理是文化,所以任何管理"都理应有'文化管理'参与其中"。

其次从管理实践看,任何管理模式都不可能解决管理的所有问题,任何管理模式都有存在的理由和意义。即使是经验管理,在一个企业建立的初期也是必要的。特别是以制度为管理手段的科学管理在任何组织中都不会失去意义,因为"在所有制度管理适用的领域,制度管理是高效且成本最低的"②。事实上,从已有的文化管理成功实践中可以看到,他们几乎都无一例外地经历了较长时期的科学管理,并且科学管理依然还在发挥着重要作用。

从 20 世纪 80 年代中期开始,作为科学管理的典型模式,源自企业的"全面质量管理"在世界各国的高校中成为热点,尤其是西方国家的许多高校在全面质量管理理论的影响下,形成了影响世界高等教育的高等教育质量保障运动。教育部发布的《高等职业院校内部质量保证体系诊断与改进指导方案(试行)》,也充分体现了 ISO 科学管理基本特征:采用系统方法,强调管理的有效性与效率;采用过程方法,强调控制与纠偏;基于事实的方法,强调数据与信息的运用;基于标准的方法,强调质量需要某种标准作为管理目标。应当说,ISO 虽然被认为是一种科学管理模式,但 ISO 已经将人的因素对质量特性的重大影响给予了核心关注,包括人的"物理的、认识的或社会的"因素,以及人的素质(礼貌、诚实、正直)和能力(应用知识和技能)等③。从这一点上看,ISO 已经不再仅仅是能够用科学管理的古典理论来说明的,但是从文化管理的观点来看,高等学校仅仅依靠 ISO 模式的质量科学管理是远远不够的。

正因如此,我们认为在管理理论和实践层面,质量的文化管理与对于科学管理来说并不存在绝对的替代,更不存在否定的问题,它们之间是一种互补关系、双驱关系。

1) 互补关系:文化管理重在理,科学管理重在管

尽管科学管理有其管理优势和作用,但是科学管理的某些假设在今天已经不再适用于高等学校那样的组织(事实上从一开就不适用)。例如管理"不受个人情感的影响,不以考虑个人的问题和性格特征为基础";"激励员工主要靠满足他们的经济需要";"权利的源头是组织的最高层,由上级向下授权"等等④。与之相反,文化管理作为"以人为中心的管理",充分地考虑人的因素——主体性、主体间关系,更加尊重人,强调发挥人的主体性作用;更加关注

---

① 魏文斌.文化管理范式的确立及其方法论意义[J].科学学研究,2006,24(S1):32-35.
② 代兴军.关于企业文化管理若干问题的思考[J].经济纵横,2013(4):53-56.
③ ISO 9001:2015 标准重要术语详细解析[EB/OL]. http://www.360doc.com/content/19/1012/13/3066843_866329322.shtml. 2019-11-29.
④ 汉森.教育管理与组织行为[M].冯大鸣,译.上海:上海教育出版社,2005:28,29.

人的非经济性诉求,以实现学校内所有人的全面发展为管理的最大目标。文化管理又以质量文化建设作为主要管理任务,通过说理、析理、明理促进人们的质量文化自觉,通过清理、梳理、循理不断优化质量管理制度、机制、流程。

文化管理本身是需要一定的机制和方法来实现的,特别是对于质量管理来说更是这样。例如价值观的管理,如果没有一定的机制就很容易让价值观管理停留于口号,流于表面化的说教,尤其是文化管理的效率和效果的测量与评价,又不如科学管理那样直接和显性。文化管理作为一种管理范式具有其时代性和超越性,但是要成为可实践的管理模式,依然需要其本身具有科学性。所以对于高职院校来讲,质量管理就是要在文化管理的基本框架之下,同时运用科学管理的制度,以及具有科学性的软性机制和方法。

2) 双驱关系:文化管理重在自下而上,科学管理重在自上而下

质量文化管理的重要特点就是自我管理,没有发自内心的质量自觉、没有来自内心的质量维护,对于教育这样的职业,尤其是高职教育来说,就不可能有真正的质量保证。我们知道初中等教育的质量还有升学率作为质量指标(尽管有其缺陷和不足),但是高职教育的质量虽说有就业率作为指标,可学生的就业质量、生涯发展等都不是完全能用数字来表达的。高职教育教学质量的判断具有学校或教师的学术自主性认识,甚至存在政策趋利性选择,此外还有来自社会(企业)的质量价值取向差异性的影响。因此,对学校质量的判断,无论是政府(行业)质量标准的达成判断,还是质量目标实现的管理驱动,都需要依靠来自教学一线教师和管理者对质量的主观认识和自觉行动。正因如此,我们将质量文化管理的第一关系描述为质量共同体和自我管理关系。确立这样的关系,就是要从一线教师和管理者中建立一种发自内心的质量自我保证信念,就是要建立一种自下而上的质量保证动力机制,其动力则源自他们自身发展的愿望实现。

质量文化管理的自我管理也绝对不是放任的管理。在这里,我们认为科学管理的一些信条依然是现实的、必要的。例如:"权力的源头是组织的最高层,由上级向下级授权";"除非有来自上级的计划和指挥,否则,协作不会成功。"[1]这意味着质量文化管理依然需要一种自上而下的规范、约束和协调,事实上在组织内部,任何制度和规范都是自上而下予以要求和检视的。所以质量文化管理并不是不要科学管理的规范、约束和协调作用,而恰恰是要将对人的管理,确定在建立关于质量的心理契约和制度规范的共同基础之上——一种"有意识的规范管理模式"。其实文化管理的目的本来也在于"建立对高校组织行为和与高校相关的教师、学生和职员等社会公众行为具有规范、约束、协调和激励作用的'心理契约'"[2],而学校内部如果能真正地具备了来自人们内心质量"心理契约"所保证的质量自我管理,以及来自学校管理上层的质量制度规范和质量保证活动的组织实施,那么就能够形成一种在质量文

---

[1] 汉森.教育管理与组织行为[M].冯大鸣,译.上海:上海教育出版社,2005:29.
[2] 潘成云.基于心理契约理论的高校文化管理若干问题研究[J].生产力研究,2007(21):68-69.

化管理理念指引的总体架构内,采用科学管理的相对刚性机制和文化管理"人性化"的柔性机制相结合的双轮驱动质量管理模式。

四　质量文化管理的基本原则

1. 价值观和合原则

1) 什么是价值观的和合

在众多关于文化的观点中,我们对吴福平博士界定的管理视阈的"文化"给予了更多的关注,这是由于他提出的文化概念界定是从文化学、社会学、管理学的不同角度,以历史的、动态的观点来认识文化,从而使得文化管理能够避免成为缺乏"文化"的管理——无论是在研究层面还是实践层面。吴福平管理视阈下的文化是"外在制度(显规则)与内在制度(潜规则)互动的和",其中外在制度指知识、语言、法律、礼仪、符号等外化的规则系统(显规则);内在制度则包括价值、信仰、习俗、习惯等内在的规则(潜规则)。这样的管理文化具有动态性、流变性,文化管理也因此是在两种组织制度的"互动"过程中实施管理,也会特别地关注"它们所'互动'出来的那种'和'的状态"。在上述文化概念界定的基础上,吴福平进一步提出了管理视阈下的文化在不同的文化时空,具有四种不同的外在规则与内在规则"互动的和"的状态:不相容的"超"文化状态,基本相容的"合"文化状态,相容状态的"和"文化状态,完全相容的"纯"文化状态①。这四种文化状态被认为是反映了组织生命周期中的文化流变过程,对此我们还不能简单地肯定或否定这样的文化状态流变过程,但是其中的"合"文化状态与"和"文化状态,对于理解学校质量文化状态和质量文化建设是有意义的。在这里我们使用"合"与"和"这一文化状态描述,至少对学校内组织与各群体的价值观现实来说是有意义的。我们希望在价值观领域能够实现"合",并达到"和"的状态,这样的"和合"既不是价值观的简单方法意义上的"整合"或"融合",也不是策略意义上的"群化"。价值观管理的"和合"既是质量文化管理的重要内容,更是文化管理的最重要原则。

(1) "和"是尊重与和谐

"和"就是要承认质量价值多元,对学校所有群体所持的价值观持尊重和包容的态度。在价值观领域,质量文化的显规则表达了学校的价值观和相对应的制度规范,质量文化的潜规则表现为不同文化群体(包括个体)的价值观。学校在一定意义上说是一个文化多元的组织,这也就决定了学校内不同文化群体的价值观差异,这样的差异并不能够使用外部控制或干预来消除。事实上每一个文化群体的价值观都具有自身存在的文化理由,特别是对教师来说,他们自身具有的学术信念、工作习惯都与自身的学术背景、教育经历等有关系。因此,在学校质量文化建设的过程中就需要对所有文化群体价值观予以尊重和包容的"基本相

---

① 吴福平. 文化管理的视阈:效用与价值[M]. 杭州:浙江大学出版社,2012:95.

容","和"就意味着寻找和创造学校文化和谐的基础,这也是文化管理的基本任务。

(2) "合"是转化与提升

"合"的根本目的是要在学校内部所有文化群体的质量价值观的基础上形成学校的质量核心价值观。美国著名管理学家德鲁克在《管理——任务、责任、实践》一书中指出:"管理的任务就在于使个人的价值观和志向转化为组织的力量和成就。"质量价值观的"合"不是所有文化群体质量价值观简单相加或合二为一,而是要在"和"的基础上,通过质量文化建设将人们的质量价值观凝练、转化,提升为全校所有成员都能认同的学校质量核心价值观,并形成共同的心理契约,这样才能说学校的质量文化达到了学校质量核心价值观和各文化群体的质量价值观的"相容"。当然学校质量核心价值观形成之后,其他文化群体的质量价值观就是"容"与"引领"的关系,而各文化群体的质量价值观除了体现其主体性地位和获得自身成就之外,更重要的是要能够转化为学校的"力量和成就"。因此我们说,"合"才是质量文化管理的根本任务。

2) 高职教育质量价值取向的二元问题

在高等教育的社会、学术和学生三个价值维度上,对高职教育的质量价值取向作用最大的是社会,学术的质量价值取向受到来自社会和教师的影响,学生所持有的质量价值取向具有一定的不确定性。但是无论是社会、学术还是学生维度的质量价值取向,最终都反映到具体人才培养层面,高职教育质量的价值取向有以下多维度二元性问题:

(1) 教育的价值——就业取向还是生涯取向

职业教育的就业取向还是生涯取向的争论由来已久,至今仍是高职教育价值讨论的重要主题。

职业教育就业导向对于政府来说是毋庸置疑的,因为政府站在社会经济发展和社会稳定的高度,必然要对高职教育提出就业要求。而学校作为国家的人才培养主体,就是要向社会提供合格的职业劳动者,其办学的社会声誉必然与学生的有效就业、质量就业密切相关。但是质疑的观点是,职业教育不仅要向学生提供与就业直接相关的课程,还应该提供能满足个性化需要的课程。其次,如果由于企业用人质量要求因自身技术、产品或员工结构现状,做出偏离高职教育基本教育标准,以及整个就业市场体系与机制的不成熟所导致的就业波动,那么就业导向就会变成就业误导。

坚持生涯导向者质疑职业教育的就业导向,强调职业生涯的发展潜力和后劲,认为在具体课程设置上应该加强普通文化课程和专业基础课程,以稳定扎实的基础知识和文化素质面对生涯的挑战。但是与此持对立的观点则认为:影响个体"职业能力形成的因素是十分复杂的,和文化基础课与专业基础课程的学习不存在必然联系",而希望将生涯发展预期建立在某一特定阶段的教育上,以获得具有基础性的"稳定结构来适应这个多变的时代",这样的愿望仅仅是一种"机械论的基础观"①。

（2）课程的价值——理论取向还是实践取向

长期以来，坚持理论学习重要性的观点之一是理论学习能够为学习者构筑更为坚实的终身学习基础，能使人具有较好的发展后劲；观点之二是理论是实践的基础，只有充分掌握了理论，才能更好地实践，但是高职教育的"实践话语"对此提出了强烈的批评：其一是认为传统职业技术教育课程主要来自学科体系的理论课程，而大部分的理论知识在实践中是没有用的；其二是认为系统的理论知识在工作体系中是离散的，而且是不需要完整的，即理论应"够用为度"；其三是认为理论知识必须在实践中自我建构，只有在实践中建构的理论知识才是有用的，因此职业技术教育课程应该彻底解构学科体系并重构于"行动体系"（工作过程）。

上述关于理论和实践的课程价值之争在 20 世纪 80 年代初我国高职教育兴起之时就一刻也没有停止过。最近的十几年来，虽然在高职教育课程学术研究领域"实践话语占据了主流"，但是在学校的改革实践中仍然是"学科话语占据主流"②，原因之一是高职教育是我国特有的教育定义，在国家各个时期颁发的教育文件中，对高职教育人才培养的定义就一直在做出调整，其背后反映了关于高等职业教育的理论争论，也反映了高职院校内部高等教育的学术传统影响，以及来自教学实践一线的疑虑。

（3）教育标准的价值——工具理性取向还是价值理性取向

对于职业教育来说，前面所述的教育价值、课程价值问题在本质上都是关于职业教育工具理性和价值理性的哲学问题。对此有学者认为职业教育"双重属性的矛盾给职业教育发展带来了二元困境，主要体现在工具理性与价值理性的对立"，其中工具理性表现为职业教育的职业型、实用型和适岗性，价值理性表现为职业教育的教育性、基础性和迁移性。鉴于职业教育发展过程中的"工具理性越位与价值理性式微""价值理性回归与工具理性错位"问题，职业教育必须达成一定意义上的"工具理性与价值理性的统一"③。

职业教育的工具理性或价值理性最直接的反映是其教育标准，既表现在标准的制定（在学校层面表现为课程的教学标准），也表现在质量管理中对教育标准的使用上。教育标准对于人才培养来说具有目的性和目标性，标准自身所呈现的技术理性或价值理性将直接影响教师对教学价值取向的认识和态度，这对于质量管理来说是一个难题。我国现有的职业教育标准（例如专业教学标准）总的来说是依据职业标准（技术标准）制定的，因此也被看作是技术理性的产物（工具理性技术话语），但职业教育标准仅仅体现技术理性是不够的，"应具有发展性，既能纵向贯通、横向融通，促进技术技能人才系统培养，也要从促进人的发展角度

---

① 徐国庆. 职业教育课程论[M]. 上海：华东师范大学出版社，2008：71.
② 徐国庆. 职业教育原理[M]. 上海：上海教育出版社，2007：217.
③ 李伟. 工具理性与价值理性的统一：职业教育二元困境分析及破解[J]. 教育与职业，2019(18)：5-10.

出发,妥善解决人与社会的关系、与自然的关系"①。正是在这样的背景下,我们在高职教育专业标准研究和制定实践中,提出了"技术素养导向的技术应用型人才培养",这一概念使高职教育专业标准(学业标准)制定的技术理性背后,融入了更多的关于素养(素质)的价值理性考量和具体要求——实现人的全面发展②。

(4) 质量评价的价值——发展取向还是管理取向

如果说前两种质量价值取向问题主要存在于教师群体,那么关于质量评价的价值认识则主要存在于质量管理者中。质量评价按照评价目的分通常有三种类型:以质量保证和实现为目的的评价,以质量评优为目的的鉴定性评价,以面向过程诊断与改进为目的的发展性评价。从学校质量管理的实践来看,对于质量管理者来说,质量评价的出发点和作用显然更倾向于前两种,我们将这样的出发点称为质量评价为质量管理者的管理目的服务,或者说质量评价只是作为质量管理的手段或工具,对于管理者来说这是工具理性的。按照工具理性出发的质量评价是一种"管理取向"的质量评价,特别是对于第二种取向的质量评价来说,更是将评价作为一种对教师的管理手段来使用。但是从质量评价的客观效果看,除了质量保证的促进作用能够体现以外(由于质量保证的复杂性,质量评价的促进管理者的管理作用相对较小),评优鉴定性评价则遭到了更多的质疑,因为这样的质量评价可以用于教师的职称评定、职务晋升、绩效奖励等的依据,所以学校管理者总是将这样的评价使用于教师的人事管理。但是这样的"(质量)评价的对象是教师而不是教学活动,"其管理出发点"实际是管理者思维认识的直接体现"③。由于评优鉴定性的质量评价容易使被评者(学校文化人)产生"被审心理"和"防卫心理",从而"挫伤被评者的自尊心","导致他们与评价人员的对立",因此人们主张"重视发展性教育评价理念和被评者的参与",不再将质量评价的功能"定位在鉴别和选拔上,更加强调在教育过程中及时发现问题",要"更加重视其内在的教育和发展性功能"④,应该"使当前的鉴定性的教学评价转变为发展性的教学评价"⑤。

3) 高职院校质量核心价值观的确立

以上关于高职教育质量价值取向的多维度二元性问题,既是具有质量管理理论意义的问题,更是具有质量管理实践意义的问题,事实上在高职院校质量管理现实中,质量价值取向的二元性问题有更多的多样性表达。对于质量价值取向的二元问题,我们既不能以二元对立的思维去认识和处理问题,也不能无视这样的二元问题所带来的质量管理困惑和无奈。

---

① 马静,闫志利. 技术理性及其批判对构建职业教育标准的启示[J]. 河北科技师范学院学报(社会科学版),2019,18(2):98-102.
② 程宜康,吴倩. 技术·教育·课程——高等技术(职业)教育研究[M]. 北京:清华大学出版社,2017.
③ 杨金观,聂建峰. 课堂教学质量评价——一个在高校实际工作中被误解的概念[J]. 高教发展与评估,2010,26(1):15-20.
④ 辛涛,李雪燕. 教育评价理论与实践的新进展[J]. 清华大学教育研究,2005,26(6):38-43.
⑤ 魏红. 我国高校教师教学评价发展的回顾与展望[J]. 高等师范教育研究,2001,13(3):68-72.

因为"某种二元对立的设立可能是一个精彩的发现,一种新的联系被建立起来了;但是,与此同时,这种二元对立的犀利、尖锐也可能转化为一种狭隘和遮蔽"(文化学者南帆语)。也正是由于高职教育质量价值的多维度二元性,我们才更需要坚持价值观的"和合原则",更加需要形成学校所有文化群体共同的质量核心价值观。

(1) 质量核心价值观的确立

什么是高职院校质量核心价值观?在质量文化管理的理念下,首先是要体现学校的质量文化核心,即学校质量核心价值建立的基本指引依然是"质量立校""走向卓越"和"共同发展"。其次在具体表述和阐述学校质量核心价值观时,需要遵循以下原则:一是要符合国家倡导的社会主义核心价值观,特别是对于作为国家公民的学校成员来说,学校质量核心价值的实现更需要人们的"敬业""诚信";二是要符合社会对高等职业教育的基本要求,这是高职教育存在和发展的前提,更是检验学校人才培养质量最重要的价值体现;三是要符合学校总的核心价值观,这是由学院文化价值观体系"和合原则"所决定的;四是要符合学校发展总目标,学校价值观与发展总目标作为学院文化观念层次的核心内容,它们之间必须相互印证和相符;五是要体现学校所有成员特别是学生和教师的价值实现,这是质量文化管理的基本理念,也是学校的整体性价值所在;六是要体现学校自身文化特点,彰显学校文化软实力。

(2) 学校质量核心价值观的实现

首先,学校质量核心价值观需要通过质量保证体系予以明确。学校质量保证体系作为学校质量文化的主要载体,是学校实行质量管理的基本框架和依据,质量核心价值观作为学校质量精神文化,应该成为学校质量保证体系的基本理念和信念坚持。因此,质量核心价值观也就必然成为学校质量保证体系最重要的部分,其具体表达可以通过学校质量方针(与学校的使命和愿景相符合)的形式给予确认。

其次,学校质量核心价值观需要通过各种宣传渠道和展现形式,让学校所有成员在学校生活中被"耳濡目染",让学校质量核心价值追求成为人们的自觉意识和行动。例如:在学校网站、部门、院系网页、学生社团网络、学校景观(一墙一角)、公告广告牌等放入表达学校质量核心价值观,以及质量成就与进步的标语、图画、视频等,表现形式要尽可能符合人的心理和年轻人的审美特点,不生硬、不说教、不俗套。

再者,最重要的是需要通过管理制度向学校所有成员表明学校维护质量的决心和行动,而不至于让质量核心价值观仅仅成为口号、摆设。例如:在质量控制和纠偏上,对涉及诚信行为的人和事进行坚决的抵制和处理;在人力资源管理上要以学校质量核心价值观作为教师(管理人员)专技职务晋升、奖励、聘任的衡量标准;在处理教学事故、诊断质量问题时,要以学校质量核心价值观为最好的说服力,用情、用理让教师真心自觉地认识问题,并进行改正或改进。

2. 文化力增强原则

在一定意义上说,高职院校的文化力相对于传统的大学文化力,其显示度和影响度要低,这与高职院校的高等性不同于传统大学,以及办学时间普遍较短有关,同时也与其教育性质有关。职业教育的社会功利性使高职院校的学院文化建设相对落后于专业与课程的职业工作过程化建设,至多也是停留在校园文化建设。从高职院校文化管理理念和思想来说,许多高职院校发展的文化思考和学院文化研究较弱,特别是对高职院校作为高等学校的学院文化彰显不够。对于高职院校的人才培养,其质量需要通过管理予以保证,但更是通过学院文化培育出来的,或者说高职院校人才培养"质量是文化的产物",所以高职院校文化管理的首要任务就是要通过文化建设,增强学校文化力,以学校的文化力量促进和提升人才培养质量和学校社会服务质量。

学校文化力一方面表现为"学校文化所产生的'能量',表现为学校文化对学校所有成员所产生的认知力、导向力、凝聚力、整合力、推动力、约束力"①,另一方面,学校文化力也是文化传承、传播、创造、创新能力,文化则包括国家、民族、地方、学校的优秀文化——历史的、科学的、技术的、艺术的、风俗的等。在学校质量领域,我们将上述前者所表述的文化力称为学校质量管理文化力,将后者所表述的文化力称为学校质量发展文化力。

质量管理文化力的核心是学校和所有成员共同持有的质量理念、信念、价值观,是学校质量管理实施和执行的前提。从文化多元性看,高职院校内部的文化多元也必然形成文化力的多样,我们所讲的高职院校文化力应该是学校内部在核心价值观基础上的文化合力,因此,在质量领域能否形成质量文化的合力就至关重要,这正是需要通过学校质量文化管理予以解决的,例如价值观的"和合",学校领导的文化力提升等。学校质量管理文化力的载体是质量管理制度,如果质量制度能够被学校所有成员认可,并且产生真正的质量行动力和质量保证力,那么我们说这样的质量制度才是具有正能量的质量管理文化力。

质量发展文化力对于高职院校来说更为重要,高职教育的人才培养质量不能仅以职业技术能力的标准来衡量,只有学生的道德、素质、知识、能力全面发展,才是真正的人才培养高质量。为此学校需要通过提升其质量的发展文化力,为人才培养耕耘好学生健康成长的文化育人"土壤",提供更多、更好的文化育人"营养",创造更高、更好的适合学生学习和展现他们时代风貌的文化育人平台。在我们致力于文化育人的文化传承、文化建设、文化创造、文化创新的同时,也正是学校形成和增强自身文化力的过程。这样的高职院校文化力同时也能为学校提高社会文化服务水平提供更好的基础和力量,对社会产生更有意义和有效的学校文化"识别力、辐射力、感染力甚至征服力"。

对于高职院校的文化建设和文化力提升,这里需要特别提出的问题是,在我们自身缺乏

---

① 俞国良.学校精神与学校文化力[J].教书育人,2011(26):59-62.

能够让企业欣赏和分享的学院文化,又没有真正了解和认识现代企业文化的情况下,不宜轻易地提出高职院校要将学院文化与企业文化实行对接和融通,原因在于首先是因为高职院校的办学"市场"不能等同于企业的运行"市场",无论高职教育是怎么离不开社会需求,都不能违背学校的教育使命。其次,所谓的"对接和融通"不能违背高等院校自身的办学规律和教育规律,否则高职院校不仅会失去自身作为高等院校的高校文化意义和高校文化地位,并且也失去了高职院校应该具备的社会文化服务和文化创新功能,更谈不上高职院校应该拥有的教育文化自豪和相应的教育文化力。

3. 管理效能提升原则

从现有的关于高校文化管理研究的文献看,更多的是在理论层面对文化管理的管理理念、管理思想的论述和讨论,但是探讨如何在文化管理范式的理论基础上,形成实践层面上具体的管理模式(机制、方法等)的,则相对较少,也许这正是文化管理的特征,或本来就是文化管理的价值。从管理学角度看,任何管理模式都必然是可实践的,而作为一个可实践的管理模式更应该是有效率和有效能的。在这一意义下,文化管理实践可能的"效能缺失"与"文化缺失"都将是文化管理的本质意义丧失,从而导致文化管理的叫好不叫座。

1) 效能——文化管理迷墙的突破

文化管理实践的困难首先在于"传统管理模式对大学文化管理转型的阻碍"。在文化管理视阈下,高校组织应该是一个"权力结构模糊,类似于网状、扁平和分权的组织结构"①。就高校而言,这是一个理论化、理想化的构想,因为学校管理"权利的转移虽然提供了良机,但是它不可能保证给学校决策的质量和学校行动带来益处",反而会"带来不可靠的效度"。这里给我们提醒的关键信息是"保证"和"效度"。因为学校内的"执行者(总)是以零敲碎打的方式处理问题的,他们倾向于一次抓一件事情,并倾向于以已建立起来的得心应手的程序处理即时的问题,他们不考虑解决问题的所有可能性"。所以对于准备实践文化管理的人们来说,"学校组织的决策必须是为了解决问题而不是重建迷津的隔墙"②。

这样的"迷墙"就在于人们对文化的认识既简单又复杂,既清晰又模糊,而管理必须能够清晰地呈现其方法、机制,以及相应的可行性、效率性。另外,这样的"迷墙"还在于质量文化管理的价值观管理效能,在质量管理的实践中并不像科学管理那样易于测量和实现,这往往是被学校质量管理者所担忧的,也就是说我们对文化管理的追求,并不仅仅是因为对文化"内容"的"喜好",而是因为相对于科学管理的和谐"功能"优势,也能不失科学管理的"高效"和相对意义的低"成本"。因此,高职院校确保质量文化管理的效率,确保学校质量保证和提升的效能,既是质量文化管理的管理科学性要求,也是学校质量管理效能现实的客观要求。

---

① 钟凯雄.困局与破局:大学管理模式向文化管理转型的动因与策略[J].现代教育论丛,2019(2):45-51.
② 汉森.教育管理与组织行为[M].冯大鸣,译.上海:上海教育出版社,2005:36,38.

2) 质量文化管理效能保证

(1) 价值观管理的行动导向

质量文化管理的最主要特征是价值观管理,由于学校各个不同文化群体有着各自的教育质量价值取向,特别是教师群体对教学质量价值取向更是有着自己的坚持,而对于高职教育质量的价值取向认识则相对不足。这样的不足既表现在对传统高等教育质量的认识,又表现为对高职学生学习基础与学习现状的不满,还有就是普遍缺乏专业领域的职业实践和岗位工作体验。对此,国家教育部门也是通过各种教改工程、质量工程和质量评估,以及推动校企(行业)合作,从外部引导和促进高职院校质量文化的职业教育化。学校则需要从学校的教育使命出发,要求所有教师、管理者既要秉持高等教育的基本价值(道德、责任、素质、能力、知识),又要理解并践行符合职业教育的质量价值观(工作的、技能的)。上述要求如果体现为学校管理意义上的质量价值观管理,并使之成为真正具有效能的质量管理,那么必须让学校的质量价值观管理成为行动导向的管理,特别是应该让质量价值观管理成为教师自我管理的重要内容和行动,而不是让质量价值观管理陷于口号式、标语式、标签式和说教式的形式主义。因为"质量靠教师内心维护"的真正意义在于,一是要形成学校所有成员在学校质量核心价值观上的心理契约;二是学校所有成员都能够真正形成质量"维护"的行动。

(2) 质量文化建设的功能多元

这一问题的提出是基于许多院校在学院文化建设(包括校园文化建设)中存在的建设内容分离现象,即学校的各个管理部门往往只是从管理职责和文化内涵特点出发开展"文化活动",例如学生处——学生文化、人事处——教师文化、教务处——专业文化、质量处——质量文化、科研处——学科学术文化等,而关于质量文化的建设往往局限于学校教务处和质量处。虽然质量文化建设可以被认为是高职院校文化建设中以质量为主题的文化建设,但是从学校教育质量价值取向和具体质量内涵,以及文化的定义来说,学生的发展是全面的,学校教育质量是全面的,因此学校所有的文化建设都能直接或间接地为质量保证与提升服务。因此在质量文化管理的视角下,学校文化建设的功能应该是多元的,这里的多元是指文化建设对学校质量多要素、多内涵、多方位、多层次的贡献。在这一意义下,我们对质量文化建设的功能多元化的理解,首先是高职院校的所有文化建设(也包括通常意义下的校园文化建设)都应该有利于人才培养和师资队伍的质量保证和提升,其次是质量内涵的理解不应是分离的,即对于学生而言应该是基于专业教育的质量多元发展,对于教师而言应该是基于教师职业的多维学术发展。

(3) 质量提升目标的课程聚焦

质量提升目标的课程聚焦就是质量文化管理效能保证的课程聚焦,其内涵包括:一是要将质量文化管理的质量目标指向课程,将质量保证和提升的行动载体置于课程,也就是说质量文化管理对于课程质量保证和提升而言,管理的理念、机制和方法是文化管理的,管理的主要对象是课程——课程的开发、课程的教与学。二是从文化育人的要求出发,需要将学校各种文化育人平台、活动等作为课程的形态、形式予以具化,也就是说要将学校的文化建设与第二课堂课程质量保证与提升相结合。

学校质量文化管理尽管内涵丰富,但是从质量的可测量、可评价的角度来看,人才培养质量和教师教学质量最终要通过课程质量得以反映,相应的学校质量文化管理效能最终也要通过课程质量得以反映,即质量文化管理下的质量目标提升必须是聚焦于课程的,只有聚焦于课程的质量提升,才能够真正让质量文化管理避免落入管理虚无和目标虚无,才能让质量文化管理真正成为有效能的质量管理。

(4)软要素与硬规则相结合

从管理效率和管理效能要求看,人们似乎总是质疑质量文化管理不如科学管理那样能够被明确和直接地描述,但是我们定义的质量文化管理是文化软要素与管理硬规则相结合的质量管理,如果能实现这样的管理,那么学校的质量文化管理就一定是有效率和有效能的。

质量文化管理的软要素与硬规则相结合,就是要将学校质量核心价值观、质量管理理念,通过质量管理的制度文件予以确定;就是要将质量核心价值观、质量管理理念指引和落实于质量管理的具体活动,通过管理活动机制、方式、方法体现于质量管理活动的细节;就是要将质量核心价值观、质量管理理念既作为质量评价的要求,也作为质量评价的内容。

第四章　基于文化力提升的质量文化建设

> 按照质量文化管理的文化力增强原则,高职院校质量文化管理的首要任务是构建符合时代要求的质量文化。质量文化建设是高职院校质量保证体系构建的重要基础,通过质量文化建设树立以发展为主旨的质量观,树立科学发展、绿色发展意识,加强保证质量发展的制度和机制建设,以此提升学校人才培养水平和学校可持续发展的能力,实现学校所有成员全面发展和学校办学水平不断提高。学校的质量文化建设主要体现在精神文化、制度文化、物质文化这三个层面,其中精神文化建设作为价值指引,是全体成员质量观念、信念形成的根本保证,制度文化建设是质量活动的制度保证,物质文化建设则对人们增强质量意识、保持良好的质量行为具有促进作用。通过质量文化建设,在学校内部从精神、制度、物质三个维度形成足够的文化力,这样的文化力通常体现为"人化的物质实体和知识、信仰、艺术、道德、法律、风俗、素质以及习惯等"[①]。为此,我们将基于文化力提升的质量文化建设确定为以下几个方面:质量文化建设的价值观确立、质量文化环境建设、质量文化管理软性机制建设、学校文化平台建设、学校文化课程建设,以及作为学校质量文化体系的基于质量文化管理的专业质量保证体系框架构建。

一　质量文化建设的价值观引领

1. 教育价值与质量文化

教育质量的价值是由教育的价值所决定的,高职院校质量文化建设的价值观也是由教育价值所决定的,因此高职院校质量文化建设首先要通过对高职教育价值的认识开始,并以此形成学校自己的质量文化。

教育价值是对受教育者个体和社会的满足,这是由人的自然属性和社会属性所决定的。高等教育的中心任务就是要"将符合历史进步要求的社会价值内化为个体自身的价值,又把个体自身发展的要求和成果转化为社会价值"[②]。与此相应,在学校人才培养的现实中,也就

---

① 高田钦,平和光. 大学文化力:从语义阐释到内涵界说[J]. 中国高等教育,2017(12):46-48.
② 陶红. 教育价值观的研究——关于教育的哲学思考[D]. 长春:吉林大学. 2005:41.

形成了以满足社会需要的"工具取向"和以满足个体需要的"价值取向"的两种教育价值理念。由于高职教育更多地受到来自社会需要的要求,常常被认为是"工具理性"的教育。但是,高职教育作为高等教育的一个特殊类型,在社会、学术、个人三个维度上,其教育质量价值取向与基础教育和高等学术型教育虽然有所差异,但是在受教育者个人维度上,所有层次、所有类型的学校教育又有着同样的教育质量要求,这就是教育的本体价值——人的全面发展。

高职教育在几十年的发展过程中,持续开展了人才培养模式和教学改革,取得了很大的成就,在教育教学质量观方面形成了有意义的共识,包括:关于知识观——学科的还是工作的;关于能力观——技术的还是技能的;关于教育本质——就业的还是生涯的,等等。但是,当我们从教育的本体价值出发,以教育的"价值理性"思维,重新认识高职教育的基本价值,或者说高职教育质量的基本价值取向,就能够发现我们对教育质量的认识是有所不足的,而最重要的不足是对学生作为社会人的公民教育质量关注不足,以及对学生作为自然人的生命教育质量关注不足,等等。也正是这些教育质量价值观、质量信念的缺失,使得社会对我们的教育有了疑虑和担心。为此,我们还是要通过质量文化建设,使我们目前充满"工具理性"和"技术理性"的质量文化更具"人文精神";使高职教育价值取向从单一的"职业人",转变到既是"职业人",更是"社会人"和"文化人"的现代教育价值追求上来,也让质量管理的实践更具有"价值理性"的指导。这是由高职院校质量文化管理的价值观管理本质所要求的。

2. 践行社会主义核心价值观的合格公民

高职院校的教育不能没有公民教育,正如纽曼所说,大学真正的功能在于"培养良好的社会公民"[①]。公民在法律意义上是具有一个国家的国籍,并依据宪法或法律规定,享有权利和承担义务的人(《辞海》)。在任何一个国家,要使公民成为一个合格或良好的社会公民都离不开公民教育,由于高校学习阶段是学生公民意识、价值观、公共行为方式形成和发展的重要时期,学校需要"通过不同形式的教育让每个学生得到公民知识、技能和价值观方面的训练,从而使学生能够了解、判断、作决策和参与公共事务,并且进一步关心他人的福利以及其他社会的福利"[②],其中价值观是公民教育的核心。

我国社会主义核心价值观是"富强、民主、文明、和谐、自由、平等、公正、法治、爱国、敬业、诚信、友善",这不仅指明了我国公民所应持有的价值观取向,更提出了高校如何通过公民教育促进大学生践行社会主义核心价值观的要求。我国高等教育的根本任务是立德树人,"培养德智体美劳全面发展的社会主义建设者和接班人","教育学生明大德、守公德、严私德"[《教育部关于加快建设高水平本科教育全面提高人才培养能力的意见》(教高〔2018〕2

---

① 纽曼.大学的理想[M].徐辉,顾建新,何曙荣,译.杭州:浙江教育出版社,2001:18.
② Gross R E,Dynneson T L. Social Science Perspectives on Citizenship Education[M]. New York:Teachers College Press,1991:6.

号）〕，以上表述中的关键词是"德"和"接班人"。

首先，在中国文化话语语境中，"德"是指个体在与其他人共同生活中能够遵循一定的行为准则和规定，表现出良好的行为和品行；既能够善待和帮助社会与他人（包括自然界的生命），又能够感恩社会与他人（包括大自然）给予的帮助、泽惠。显然，有德的人一定会是一个"好的社会公民"，在这一意义下，德育和公民教育是没有本质冲突的，但是在中国由农业社会进入工业社会之后，公民教育与传统文化意义上的德育相比，更强调个体在社会中与其他个体、组织、国家的关系中应该具有的品德、公德。这里必须说明的是，我们强调公民教育的德育内涵，并不是将公民教育等同于德育，也不是要用德育替代公民教育。我们之所以强调公民教育，一是因为我们习惯理解的德育并不能涵盖公民教育的全部内涵；二是在我国进入工业化、现代化，甚至是后现代化后，人们必然地既需要传统意义下的"家文化"，更需要现代意义下的"公民文化"；三是因为"公民教育过程实质上是一个文化的过程"①，是文化育人的一部分，因此公民教育是无论如何都不能回避的。

其次，高等教育"建设者"和"接班人"培养目标，在世界上任何国家都会有自己相似的要求，何况我国在构建世界命运共同体的全球担当中培养的国家的建设者和接班人，也是未来和平、繁荣、美好世界的建设者。要使我们的学生成为这样的"建设者"和"接班人"，首先就要让学生在法律和社会公德前提下，对自己的选择和行动负责，并勇于承担对社会或他人的责任，这正是公民教育的基本内涵。

再者，相比普通社会公民，大学生具有相对较强的独立人格意识，他们不愿从属和依附，不人云亦云，愿意表达自己的观点、见解和思想，对社会上不好的现象和人敢于批评，但也可能由于缺少社会经历和阅历，使得他们对自我和对社会的认识、理解缺乏全面性和辩证性。有的大学生公共意识、共同体意识淡漠，权利意识与义务意识失衡，自以为是在追求独立人格、追求个性化，而一味追求自我，以至于在处理自我与他人、自我与社会的关系上，缺乏公共精神、社会责任和公民担当，甚至走向偏执和极端②。

正是从上述认识出发，我们提出的公民教育更着重于如何通过公民教育，使学生在走向社会后成为一个有德行、有责任、有担当的良好社会公民，这是高职教育人才培养应有的质量追求和教育责任。学校的公民教育不是靠开设几门课就能完成，更多的是需要通过行动（也可被称作行动导向的第二课堂）来提升学生的公民意识、公民责任。为此，我们一是要建立学生公民教育的行动指南，包括礼貌、非暴力、宽容心、同情心、志愿精神、相互尊重、共同体意识等③；二是要建立更多机制，创造更多条件让学生积极参与公共事务，包括社会和学校

---

① 吕延.论高校公民教育中大学生价值的实现——基于文化价值哲学的视野[J].安徽理工大学学报(社会科学版)，2019,21(3):89-93.
② 李新月.我国大学公民教育研究[D].武汉:华中科技大学,2011:54.
③ 高丙中.中国的公民社会发展状态——基于"公民性"的评价[J].探索与争鸣,2008(2):8-14.

的志愿者活动、社团活动,但是一定要防止功利性的"志愿者行动";三是要促进学生自我管理,包括学术诚信、安全与健康;四是要在现代自媒体活跃和丰富的现状下探索新形式的公民教育;五是要做好学生"德行"的事和人的宣传与非功利性褒奖(非物质、非学分取向的)。

3. 人文精神指引下的生命关怀

联合国教科文组织在其《反思教育:向"全球共同利益"的理念转变?》报告中,提出教育要秉持人文主义的价值观,要"尊重生命和人格尊严,权利平等和社会正义,文化和社会多样性,以及为建设我们共同的未来而实现团结和共担责任的意识"①。在我国高等教育领域,人们对生命教育的讨论和关注是普遍的,尽管在高职教育界对职业教育价值的生命话语讨论显得弱一些,但随着人们对职业教育的"工具理性"的反思,高职教育界对人的全面发展这一教育根本使命也有了更多的呼唤。但是,在高职教育质量话语中依然没有对生命教育质量给予更多的重视,从而使得高职院校的质量文化的"人文精神"不足——对学生生命关怀的教育质量信念缺乏。

很长时期以来,高校学生的生命安全、心理健康、不良生活方式等问题突出,自杀自残、虐待动物、暴力犯罪等极端事件也时有发生,给学生自身和家庭带来极大损失,也对学校的教育教学和管理活动产生很大负面影响。从教育质量的角度看,即使学校有再高的就业率,再多的竞赛获奖,恐怕也很难掩盖我们的教育质量追求中对学生生命质量关怀的缺失。当我们将教育质量完全放在顾客(用人单位)满意度的天平之上的时候,我们是否也应当给学生的生命质量以更多的关注,给学生生命教育的质量以更多的关注。

当前,教育质量评价的"技术理性"和科学范式已经成为我国高职院校内部质量保证体系构建的基本特征,就质量的科学管理而言具有科学性和"先进性"。但是,从质量文化管理的视角看,由于"教育是基于人的生命体存在并'通过生命'而促进生命质量提高的社会性活动",因此"高等教育质量并不能完全交由技术合理性进行评判,必须赋予其必要的价值判断,这里的价值判断主要是指生命之维的伦理判断"②。将我们的教育质量放入"生命之维"进行"价值判断",体现了教育质量评价的"价值理性",体现了教育质量的生命关怀信念,只有这样才能说我们的教育质量管理是真正"以人为本"的。事实上,即使学校领导在各种典礼上的讲话文学水平再高,学校有再多再豪情的"创一流"口号,恐怕也没有我们说一声对生命的问候更有意义,如果一个学校没有对学生、教师的生命关怀,即使学校获得再多的"竞赛奖",我们的教育恐怕还是"冷冰冰"的。

为了提升高职院校学生的生命质量,实现以人的全面发展为基本宗旨的教育质量保证,

---

① 联合国教科文组织.反思教育:向"全球共同利益"的理念转变?[M].联合国教科文组织中文科,译.北京:教育科学出版社,2017:30.
② 金家新.高等教育质量的人本立场、生命缺位与教育救赎——马克思主义人学的视角[J].理论导刊,2015(11):32-36.

学校需要生命教育。冯建军教授认为"生命教育的内涵主要是教人认识生命、保护生命、珍爱生命、欣赏生命,探索生命的意义,实现生命价值的活动"。这样的教育活动在具体实践中可以是"身心健康取向的""生死取向的""伦理取向的""社会取向的"[①]。一方面,生命教育的形式应该是多样化的,从第一课堂到第二课堂,从学校到社区,从教室(实验室、实训工场)到企业车间。另一方面,学生既是生命教育的客体,也是主体,学生的自我生命教育对于提高生命教育效应有着特殊的作用。

学校的生命关怀行动是至关重要的,行动才是最好的教育,也只有生命关怀行动才是最好的生命自律保证,才能直接促进学生生命质量的提升。首先,大学生生命关怀行动就是要创建学生生命关怀的软环境,包括充分利用学校的场地,利用多种媒体宣传安全健康知识;在实验、实训室等操作场所提供必要的安全提示;在卫生设施场所给出特别提示和要求;通过学生社团开展安全健康讨论、宣传等等。其次,要建立生命爱护、生命保护、健康生活的服务体系,包括为学生提供避险、逃生指引,安全求援方式,心理疏导,残疾特殊照顾,等等。再者,要建立公共卫生应急响应机制,提供基本的、必要的医疗设施。

4. 案例一:生命关怀——不可缺失的教育质量信念

今天,我们最熟悉的校园似乎不再引起我们的惊讶,我们最习惯的教育一切似乎都变得理所当然。我们仔细观察校园环境所得到的印象,更多的好像是关于教学质量、就业质量、思政与德育质量的宣传口号、活动布告、获奖喜讯、禁令公告等,似乎缺少了一些更让人感到温暖的东西,或者说虽有但仍然不足,而且还有些生硬,那就是我们对生命的关怀。生命的关怀本来就应该成为学校教育质量的一种信念,学生在学校本来就应该得到生命的关怀;生命的关怀本来就应该成为学校文化的一种色彩,这样的色彩对学校的每一个人来说都意味着温暖。当我们以极大的"技术理性"致力于人才培养质量的保证、诊改的时候,是否还需要以更多的"人文精神",让学校的"生命的关怀"成为我们教育质量的追求。事实上,当一个学校真正地将"生命的关怀"作为其教育质量的一种信念的时候,我们就一定能够从学校的校园环境里真切地感受到学校对学生的"生命关怀"。这样的校园环境,我们从加拿大的合作伙伴——百年理工学院那里看到了。

加拿大百年理工学院是一所与我国许多高职院校有教育合作的学校,也是我国高职院校教师去加拿大考察和培训的主要学校之一,文中我们重点介绍该校充满生命关怀的校园环境。该校的校园环境是一种人本位的质量文化管理软环境,体现了学校的教育质量信念。我们从该校校园的一厅、一室、一墙、一栏、一柱、一角所看到的宣传贴画、布告,其内容并没有类似"创一流"的口号,也没有高高在上的"训导",而更多的是大学生健康生活常识、医疗和急救科普、避险与逃生指引、公共卫生要求、心理健康疏导、残疾与女生关爱,等等。这样

[①] 冯建军. 生命教育的内涵与实施[J]. 思想·理论·教育,2006(21):25-29.

的教育是源于对生命的尊重,也表达了对学生的尊重;这样的教育是对教育质量的另一种诠释,也是对教育质量的另一种特殊保证。该学院所精心营造的对学生生命关怀的软环境具有以下特点:

一是文化符号系统的语言情感真实。内容的呈现形式都具有图文并茂、语言平实、语气平和亲切的特点,凸显了文化符号系统的语言情感作用,使学生易于理解和接受,起到了对学生润物细无声的教育作用。

二是用真诚的服务体现对学生的生命关怀。学校的安全与卫生教育并不仅仅停留在宣传性的文字上或口头上,而是要给出更多的信息,告诉学生在遇到健康与安全的问题时如何应对,比如如何规避危险,通过什么途径得到学校的有效服务。

三是学生自治。学校充分发挥学院学生协会的作用,自主开展校园安全与健康生活宣传和学生互助活动。

四是多方协同。该校的生命关怀教育和安全健康服务由学校、政府卫生部门、卫生医疗机构、学生社团共同参与。

1) 健康生活常识

无处不在的提醒

如何制作完美的一餐

数百种简单、美味、健康的晚餐,来自精准营养的天才厨师。

混合和配置含有这些成分的最美风味,结果呢?

成百上千份完美搭配的饭菜,味道很好,有助于实现你的健康目标。

2）医疗和急救科普

医疗需求联系信息

急救轻伤和疾病（例如：小伤口、碰伤、擦伤、轻微烧伤等）。如果安全官员不在本站,请致电 5240 分机或 2020 分机呼叫保安,并派一名保安人员前往。如果没有安全官员,你也可以联系现场急救人员（见下面的急救人员联系信息）。

……

关于处方止疼药

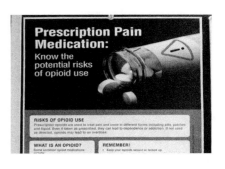

了解阿片类药物的使用的潜在风险。

阿片类药物使用的风险。

处方类阿片用于治疗疼痛,有不同的形式,包括药片、贴片还有液体。即使按照规定服用也会导致依赖或止疼上瘾。如果不按照指示使用,阿片类药物可能导致过量服用。

3）安全与求助指引

百年理工学院学生协会健康与安全委员会公告栏

预防犯罪

如果你目击了犯罪,或者在校园里看到了可疑物,请使用"安全观察"应用程序或亲自访问校园安全部门报告。

一个更安全的校园从你开始

求助

免费的校园安全护送服务,任何人都可以随时使用。如果要访问 Walksafe,请打电话给我们。

非紧急电话:

紧急求助电话:

校园紧急电话:

4) 公共卫生宣传

保持学校的健康

除指定的吸烟区外,校园内任何地方都不允许吸烟。若你要在校园内吸烟,请到指定吸烟区,请访问学校的网站。

保持无味的环境

本楼的人对香味很敏感,请不要使用能致使哮喘、呼吸道问题的有味用品。

卫生间礼仪

请你考虑他人的使用需要,并以你的校园设施为荣!

请帮助我们保持洗手间干净整洁!

请你在离开之前做好以下事:

……

5) 心理健康支持

维护学生精神卫生,促进学生成功

接受高等教育可能是令人兴奋和充满挑战的。这是一个重要的时刻,你需要知道如何保持最佳的心理状态和处理发生的心理问题。

残疾学生中心(CSD)

自闭症谱系障碍——并不是所有残疾都是可见的

有1/5的加拿大人都会受到精神疾病的影响和困惑。

二 质量文化环境建设

1. 建立有利于教师教学学术发展的学术环境

欧内斯特·L.博耶认为不同的大学应该根据自身的教育使命来处理"探究的学术、整合的学术、应用的学术、教学的学术"之间的关系,并确定自己的主要学术任务。显然,高职院校教师最重要的学术发展应该是教学的学术发展,当然其他的学术发展也应该受到鼓励,但是更需要重视"教学的学术"对教学质量的作用和意义。所有教师需要将"教学的学术"作为自我教学能力提升的内驱力,提高自身改善教学质量的愿望。从根本上说,只有当学校将自身的教育质量价值和教师的教学学术价值相统一,那么教师才能够将教学质量的价值作为自己的学术价值去追求,只有教师教学成长,才能够有真正的教学质量保证。为此,学校需要建立教师教学学术发展与学校教育质量价值相统一的文化管理环境。

一是要建好、办好具有高职教育特征的教师教学发展中心,促进高职教师的专业化发展。按照教育部的要求,各地方教育部门要"引导高等学校建立适合本校特色的教师教学发展中心,积极开展教师培训、教学改革、研究交流、质量评估、咨询服务等各项工作,提高本校中青年教师教学能力,满足教师个性化专业化发展和人才培养特色的需要"[《教育部 财政部关于"十二五"期间实施"高等学校本科教学质量与教学改革工程"的意见》(教高〔2011〕6号)]。目前我国本科院校已经普遍建立教师教学发展中心,但是在高职院校强化"双师型"教师要求的语境下,教师发展的教学学术缺失,成为高职教师发展的理论与实践不足。为此,高职院校建立教师教学发展中心并重视其建设是必要而迫切的,教师教学发展中心应成为教师教学学术发展的重要平台——教学理论与教学能力提升服务、教师教学经验分享、教师教学反思等。通过这一平台,要促进教师形成共同的教学质量信念,促进高职院校之间经验交流、教育教学研究,实现教师共同发展和院校共同发展。教师教学发展中心还应该是学生可以参与其中的,能促进师生相互了解、互相理解,教学相长的互动平台。总之学校教学发展中心应该成为教师的精神家园、师生共同成长的学习共同体,能够成为学校质量文化的最重要载体,只有教师的教学成长和专业发展,学校才能够有真正的质量保证。

二是要建立质量导向的教学绩效与学术绩效综合评价考核体系。质量导向是核心,质量描述和测量是难点,全体教师、学生共同发展是根本。我们曾在高职教师专业化发展研究课题的问卷中提出以下问题:"学校关注荣誉获取高于关注教师发展、教师工作绩效考核的学科学术价值取向和课时工作量取向、学校教师能进不能出的体制性缺陷、国家高职教师职业资格标准的唯学历和唯学科学术取向等问题",有超过70%的教师同时选择了前两个。科研成为绩效杠杆的背后是学校升格驱动,各类教学大赛是学校荣誉驱动,虽然教学大赛的出发点是为了教学改革,但是学校教师发展如果仅仅是被一时的局部功利所驱动,而不能成为每一个教师的自我诉求和自觉行动,那么教学质量也不可能真正成为每一位教师的信念。事实上很多院校大部分的教学(改革、建设)成果在获奖后就束之高阁,而大部分教师依然盘算着下一年度怎么让自己的绩效计算最有利。因此我们需要真正的质量导向的教学绩效与学术绩效综合评价考核体系,这意味着需要解决的问题是:教师的教学和科研的质量如何合理描述,特别是教学的隐性质量;如何设计教学和科研绩效的权重;如何将教师的非刚性教学学术工作计入教学绩效;如何测量教师在自我教学发展过程中所做出的努力和成效;如何将学生教学评价科学合理地纳入绩效评价等等。

2. 创建人本位的质量文化管理软环境

苏联教育学家瓦·阿·苏霍姆林斯基说过,"用环境、用学生自己创造的周围情景、用丰富集体精神生活的一切东西进行教育,这是教育过程中最微妙的领域之一"[①]。环境作为一种外部力量,既能暗示或提示个体的潜在意识,激发个体采取某种行为,也能够使个体规避一些行为。

学校环境文化是相对于刚性制度而言的管理软环境,与个体的关系是一种浸润,是一种默会,人们身处校园,每天都在与周围的环境"对话",通过这种"对话"体会和理解学校的核心价值观、制度、行为规范等。学校环境文化对人们的影响和作用是持续和全方位的,但是文化的濡化和内化作用具有一定的滞后性、内隐性,但它极具主动性,一旦作用于人,则会对人的思维、情感、意志等产生极大的影响,最终形成一种价值观、一种精神气质,并能持续终身。因此,从文化的主动建构意义和作用看,学校的质量价值观、愿景、要求等最终能否融进学校全体成员的学习意识,能否被全体成员所践行,在很大程度上与人们在所处的质量软环境的影响和作用有关。

我国高职院校不缺质量的"科学"管理,但是缺少人文精神指引的质量文化管理思维与理念,缺少具有人文关怀的质量管理软环境。文化管理思维下的质量管理理念在于发挥质量文化对于学生、教师的内化作用,这样的内化不是靠我国教育文化传统方式"说教"出来的,更不是能够仅仅靠刚性的权力制度"管"出来的,恰恰是需要通过质量文化,以润物细无

---

① 苏霍姆林斯基.帕夫雷什中学[M].王义高,蔡兴文,等译.北京:教育科学出版社,1983:122.

声的方式给予持久、深刻的影响,最终形成一种质量文化自觉。

1) 增强学校信息媒介和校园视觉系统的质量文化力

任何信息技术都是为学校宣传和教学服务提供支持,技术本身可以体现信息量、传输速度、媒体丰富性、传输效率等,但是信息媒介系统真正需要体现的是信息全面完整性、人机界面友好性、信息获取的方便和快速。目前,以人才培养(教学)服务导向的信息系统设计,以方便获取服务的对话型信息结构逻辑设计,注重信息传递舒适性的媒介设计等等,都还是许多院校网络信息系统(内外网)设计和建设所缺乏的,其根本问题在于系统设计缺乏服务意识。另外,校园视觉系统是一个最能够体现学校管理文化的系统,如何运用文化管理的理念创建校园文化,是高职院校需要高度重视的,一定不能仅仅局限于校园的办学理念、校训、名言名句、社团活动广告、培训广告,等等。提升文化环境育人的效果,校园视觉系统的设计需要以文化服务的思维进行设计:校园物质系统的点、面设计的系统性和合理性;服务内容(规定、提醒、告知等)的丰富性和针对性;服务对象(学生、教师)多元需求的价值导向性和结构合理性;物质与信息相一致的情境适切性。另外,校园视觉系统的内容选择原则一定要凸显学校的主体价值观(包括质量价值观),体现对多样群体价值观的尊重,体现学生本位的服务观。

2) 凸显校园文化符号系统的语言情感价值引导

校园语言文字需要贴近学生、教师情感,我们很多院校的校园文化符号系统给人的印象是语言文字的"高大上"。一是说话口气大,目标口号亮眼,往往显得浮躁而缺乏说服力和可信度;二是语言居高临下,凸显学校意志、管理意志,教师、学生心理接受度差;三是文字浮于表面,不接地气,特别是对于质量评价的抽象化、概念化的专家式文字表述让学生似懂非懂,使得具体评价难测量、难表达。总之,校园话语系统的语言文字,不仅要会"政治正确"、定义"科学",更要"生活"化、"情境"化,要贴近人心,要让教师、学生通过友好的语言文字环境感受到学校的人文关怀,这是文化育人的润物细无声,文化管理的于无声处。

三 质量文化管理的柔性机制建设

现代质量文化建设是高职院校内部质量保证体系构建的核心,如何准确理解和把握高职院校质量文化的内涵,如何理解和把握质量文化管理理念和要义,是高职院校质量文化管理实践的前提。高职院校实施质量文化管理,不仅需要树立质量的文化管理理念,更需要将文化管理从理念走向实践,由于文化管理具有柔性管理的实践特征,因此需要建立相应的行之有效的质量文化管理柔性机制,这样的柔性机制是提升学校质量管理文化力的需要,是真正实现"以人为中心"的人本位质量管理的需要。

1. 基于教师发展的自我管理机制

高职院校作为职业教育的高校,其质量文化同样具有高等学校的特征,学校教师(包括学术人员,下同)的劳动性质和劳动方式,以及对质量管理的角色体认,对质量保证和提升所发挥的作用与企业员工是不一样的。在现实中,高职院校与本科高校一样,学校对教师的激励和约束主要依靠行政性的外部驱动、控制和干预,这对于具有"个人主义文化"特点的高校教师群体来说也许是需要的,但是如果缺乏学术民主管理和教师自我管理,却是对教师作为学校质量主体作用的忽视和损失,也是对高校教师文化的价值忽视和损失。高校的教师(学术人员)作为教育工作者和知识工作者,他们教学学术发展(包括专业与学科的学术发展)的动力从根本上说来自自我激励,发展的方向与目标源自其自身的学术敏感;他们的教学质量(包括专业与学科的学术质量)需要由他们的内心来维护和提升,同时也需要对于学术道德的自我约束[①]。显然,学校的教师管理既要避免教师"个人主义"文化的弊端,又要克服学校行政干预和人为控制带来的负面作用;既要让教师保持自身的学术文化自信,又要保持自身的质量文化自觉,所以学校不仅需要符合学校核心价值观的行政干预式教师管理,更需要实行人性化的教师(包括其他学术人员)柔性自我管理机制。建立教师柔性自我管理机制的目的是发挥教师作为质量主体的质量保证和提升作用,实现教师质量的自我评价、自我激励、自我约束和自我发展。这样的机制包括聚焦课程的教师课程教学反思性实践(在本书中稍后给出),依托学校教师教学发展中心的文化与学术的分享和研究。

2. 基于专业的教师团队合作机制

学校的专业质量(人才培养质量和发展能力)是由专业教学团队所有成员的工作质量所决定的,即取决于所有成员在专业(教学)标准制定、专业课程体系的课程开发、专业教学条件建设、每一门课程教学等各项工作的质量。由于高校教师的知识劳动具有很强的个体性,他们总是在教学和科研活动中表达着自己的信念、态度和行为,这既体现了高校教师的学术性特点,也体现了学校教师个人主义文化特点。因此对于高职院校二级院系的专业教学团队(课程教学团队)这样的学校非正式组织来说,基于专业的教师团队文化建设对于专业质量保证和提升是非常重要的。这既是学校质量文化建设的基本任务,也是学校教师文化建设的重要任务。

为了避免教师"个人主义文化"给学校人才培养质量带来不利影响,同时也是为了减少学校科层制下管理者与被管理者之间的角色文化冲突,高职院校更需要建构合作性的教师文化。当然这样的合作性文化不是行政主导和驱动的接受性"人为合作文化",而应该是旨在有利于学校所有成员和所有专业发展的"自然合作文化",或者是具有"流动的马赛克"式的合作文化[②]。这样的教师合作文化具有个体自愿性、自觉性、发展取向性、成员多样性与流动性、合作时空多样性与弹性等,我们将这样的教师合作文化称为"基于专业的教师合作文化"。

---

① 宋永刚.自我发展:高校学术人员管理的新视野[D].上海:华东师范大学,2003:63,64.
② 邓涛,鲍传友.教师文化的重新理解与建构——哈格里夫斯的教师文化观述评[J].外国教育研究,2005,32(8):6-10.

在高职院校基于专业构建教师合作文化，相对于本科高校或者基础教育学校基于学科的教师合作文化来说，具有自身的特殊性。高职院校的专业质量比学科的质量更重要，专业课程体系内所有课程教师的非学科取向的合作，还有包括来自行业、企业专业人士的合作，是专业质量的根本保证。由于学校内的专业团队成员本身具有跨学科、跨院系（教研室）的特点，所以基于专业的教师合作文化构建在机制建设上，既需要有行政规定性的教师合作机制，更需要相应的合作柔性管理机制。也只有通过建立基于专业的教师合作柔性管理机制，才能使教师之间真正建立有形的、有实质意义的"质量共同体关系"，才能使学校在所有质量关联者之间建立"圆桌关系"成为可能和可行，在这里，专业就是真实的"共同体"和"圆桌"。基于专业的教师合作柔性管理机制的管理任务，首先是要让专业团队成为学习型团队，其次是要能够为专业质量保证和提升提供机制性保证。本书稍后述及的专业质量评价体现了基于上述出发点的专业的教师团队合作机制。

3. 教学质量评价的柔性激励机制

作为质量管理的一种形式，几乎每一所高职院校都会将教师教学质量评价作为激励教师的手段，将学生评教和同行评教的结果作为质量奖惩的依据，甚至有的学校以此作为末位淘汰的依据，但是几乎所有学校的教师对此都有所反感、质疑，甚至是抵制。现行普遍适用的教学质量评价的主要问题在于：一是这种质量评价作为科学管理方法，其本身还存在缺乏科学性的问题，如指标缺少职业教育特殊性和专业差异性，评价方法与手段简单、评价数据可靠性不够；二是这样的奖惩性质量评价由于其"经济人"的人性假设前提和奖惩性的评价目的，使得教师作为"文化人"的尊严感受损害；三是教师在质量评价过程中的质量主体作用没有得到应有的体现和发挥，教师自身的专业发展并没有通过质量评价得到真正的受益。

从质量文化管理的原理看，质量管理的激励作用既需要体现规范性和绩效的刚性，更需要体现相应的人文关怀的、正向的柔性激励，激发教师内心深处的质量文化自觉，因此，学校应该为教师教学质量评价建立相应的柔性激励和刚性激励的双重机制。但是，在现实中我们缺乏的恰恰是柔性激励机制，而过分地使用刚性的、负向的激励机制。从根本上说，教学质量评价柔性激励的目的是要促进建立教师与学校管理者之间关于教学质量的心理（精神）契约。这对于学校管理者与教师双方都具有同样重要的意义，因为没有发自教师内心对教学质量维护的意愿和自觉，没有学校管理者为教师提供必要的教学质量保证条件和良好的环境，就不可能有真正的学校教学质量的保证和提升。从心理契约的角度看，教学质量评价的柔性激励要有利于教师对教学质量内涵和本质的理解、认知，进而获得自我激励和促进责任担当。质量评价的柔性激励机制可以包括：

1）质量评价过程的交流与互动

教师与教师、教师与学生、教师与学术领导（专业主任、系主任）之间的交流对话有助于双方对质量问题的理解和认识，有助于教师之间对教学质量保证和提升经验的分享，有助于改善教师对学校教学质量评价行政行为的态度。其中特别重要的是,教师和学生之间需要建立相互信任的质量评价关系,既要有学生对教师"背对背"的评价,更需要面对面的、坦诚的相互评价。

2) 质量评价结论的反馈与对话

对教师而言,任何教学质量评价都需要得到真实的反馈,这既是对教师的尊重,也是对评价者的尊重。对于无论是好的或者不理想的评价结论,都需要系部(教研室)学术领导与教师共同讨论分析,对量化的数据保持科学和人文的态度。教学质量评价不是为了仅仅得出质量"结论",而是要让所有质量利益相关者都能够了解质量问题的主要原因和次要原因,并提出质量改善、提升和教师教学发展的建议。

3) 质量评价与研讨的话语平台

学校所有教师和教学管理者作为学校"文化人"对学校质量具有同等的话语权,这样的话语权也体现了学校所有成员的质量主体作用。提供对质量进行讨论的平台,有助于增强学校质量核心价值观的客观影响力,有助于教师和管理者对质量价值、质量问题形成共识。这样的平台也能够发挥人们对质量保证和提升提出建议的作用,以及协调人们在学校质量管理活动中的自觉性行动。

4. 学术诚信保证机制

尽管所有学校都会强调和要求学术诚信,但是学术诚信作为学校质量管理的要求和目标并没有得到更多重视,诚信文化也是容易被忽视的学院质量文化。一所学校是否有好的质量文化,首先就要看其学术诚信文化,没有学术诚信文化的质量文化是没有价值的文化,一个缺乏学术诚信的文化自觉和保证机制的学校,其教育教学质量是无论如何都得不到真正的保证和社会信任的。不可否认的是,当今高职院校内或多或少地存在学术诚信问题,其原因主要在于:一是不正确的"政绩GDP"质量发展观和所谓"科学管理名义"的绩效管理,使得教师终日为学校制定的教学、科研、管理绩效指标奔忙,最后又让人们成为"精致的利己主义者";二是高职院校的教师在受到来自社会的(特别是家长、学生)压力,或者是源于自身对高职教育质量的认识,放松或忽视了对学生的学术诚信要求。

面对学术诚信问题,所有学校都有针对包括教科研人员、学生在内的学术诚信的规范要求,以及违反学术诚信问题的惩戒规定。但是,要使学术诚信成为学校"以人为本"的质量文化,还是要让学校领导和教师具有学术诚信的文化自觉,而这样的文化自觉又需要有相应的软性机制去促进和维护:

诚信文化环境引导机制:要让诚信文化体现于学校校训,视、闻于校园的一墙一角,包括学术诚信要求的警示语、提示语等,通过诚信文化传播促进学生对学术诚信的情感认同和价值观内化。

诚信宣传教育机制:将学术诚信作为入学教育课的重要内容,上好大学生诚信教育第一课;开好通识教育的诚信课,结合专业课程讲什么是学术诚信和学术失信的危害。

诚信自我教育机制:发挥教师和学生的主体性作用,定期举行诚信活动日;在课程反思性实践活动中,师生之间开展关于诚信价值观的讨论与分享;运用线上、线下技术开设"诚信论坛";通过学生社团开展诚信宣倡行动。

诚信自律机制:在学术成果申报、评奖申请、考试动员中加入诚信说明与承诺环节,形成学校所有成员的学术诚信契约;制定《学生学术诚信手册》,帮助学生了解学校的诚信要求和失信惩戒规定。

诚信荣誉引导机制:宣传正面的、典型的诚信人、诚信事;学校每年在各二级院系中表彰年度诚信(无失信)班级荣誉集体等。

学生权利维护机制:给予学生就诚信问题做自我报告和申诉的权利;对触及学术诚信的学生给予必要的人文关怀。

5. 基于学生发展的学业服务机制

学生的学业质量(课程学习质量)是学校人才培养质量的主要体现,由于高职教育的特殊性和高职院校学生的特殊性,在教学与质量管理部门、系部教师、学生、家长之间经常出现对于学业质量的认识、价值冲突,学校对于学生学业质量的管理常常显得为难,甚至是无力。国家教育部2019年发布文件,针对本科生学业质量现状提出要"严把考试和毕业出口关",针对高职扩招也提出必须要"坚持宽进严出,严把毕业关口",这无疑是为高校确保教育教学质量,严格质量管理提供了政策保证。从坚持人才培养学业质量标准看,学生的学业质量必须得到保证,但是从促进学生发展看,在坚持学业质量标准的同时,建立更多、更具人文关怀的学生学业服务机制,也应该是学校质量文化管理机制建设的重要任务。

1)学业引导(课程、专业)

高职教育不同于以升学为目标的基础教育,也不同于学术型大学教育,主要体现在学习内容的专业性和学习目标的职业性,而高职院校的学生对于高职阶段的学习又存在多方面的困惑。例如:对选择的专业不了解;对运用专业知识、技能的职业不了解;对高职课程的教学特点、学习方式不清楚;对高校的学籍管理特点不了解,如学分制、弹性学制、课程选修、毕业条件等。正是由于上述多种原因的影响,许多学生的学习遇到很多困难,甚至不能完成学业。因此,学校不仅需要制定符合高职教育要求的学籍管理规定和学业标准,更重要的是要有针对高职学生认知特点和学习基础的学业引导机制。

从教学管理的角度看,学业引导主要是关于课程和专业的,学校顶层应该制定相应的学生学业引导工作条例,各二级院系要设立专门的学生学业引导岗位,配备专门或兼职的,对专业和职业领域熟悉的老师作为学生的学业指导老师(课程专员/课程导师)。学业指导老师在给学生进行咨询、指导前,需要对学生的学习背景、学习现状、爱好与特长、职业工作取向等有所了解,有的放矢地给予引导,提出建议,并在以后的学习过程中继续予以跟踪。

学生的学业引导包括主要包括：

(1) 课程指导

使学生了解课程的专业地位，了解课程的学习特点；对学校提供的选修课程和学生自己有兴趣的课程给予适当的选课建议。

(2) 专业指导

使学生了解专业学习与职业工作的关系，增进学生对学习专业的兴趣和信心；针对学生的学习能力、兴趣、特长等，为学生给出跨专业学习或转专业学习的合适建议。

(3) 就业指导

根据就业形势变化，为学生给出专业拓展学习建议；为学生提供专业对口就业的指导，提供适应就业的专门技能培训信息与建议。

(4) 升学指导

根据学生的学习状况给出包括专接本、专转本、专升本、自学考试等的升学学习与应考建议与指导。

(5) 出国留学指导

针对国外留学学习的特点和学生自身的学习能力、外语水平、生活自理能力、心理健康状况等，为有出国留学意向的学生提供留学学习建议，包括专业选择、学分互认政策等。

2) 学业预警

学业预警是指学校依据学生完成学业的有关规定和各专业培养方案的相关要求，通过对学生各阶段的学习状况，帮助学生了解自身学业完成情况和存在的问题。对可能无法顺利完成学业的学生给出提醒和告知，敦促其顺利完成学业，并提出有针对性的预防和补救措施，帮助他们完成学业。学业预警的主要形式是，通过学校、学生、家长之间的沟通与协作，对学生的学习情况进行适时、恰当的监控、告知、引导和督促。

学业预警体现了质量文化管理以人为本的学生发展理念，也是能够体现学校管理育人、服务育人水平的一种管理机制。学业预警工作应由学校教学管理部门统一组织，并将学业预警工作状况和工作成效作为教学管理和学生管理工作考核的内容之一。系部等二级教学单位应了解和掌握学生学习的总体情况，加强学生思想教育和心理疏导工作，通过与学业困难的学生交流沟通，帮助其树立信心、增强其学习主动性。根据学业预警管理办法，建立学生学业预警档案，采取有针对性的措施，对学生进行课程指导、协助选课，帮助预警学生制订选课和重修计划。

3) 身心关怀

相对于本科院校而言，许多高职院校学生入学的知识基础、学习习惯、学习态度等都是不够好的，造成的原因是多方面的，既有之前教育过程中积累下来的，也有受到时代性社会因素影响而形成的。这些学生在进入学校学习后，由于不适应高校的学习环境和学习形式，以及对高校学业管理的质量要求不理解、不适应,因此表现出很大的心理压力,常常出现严重的学习困难,无法正常完成学业,个别学生甚至出现极端行为。面对具有心理问题的学业困难学生,学校的学业管理既要坚持质量标准,又要防止由于学生心理原因出现的消极或极端行为造成身心损害,这是学校质量管理的难点。对此,学校的教学管理部门和学生管理部门需要协同行动,一方面要尽早给予这些学生心理干预,经常关注其心理情绪状态;另一方面教师要给他们更多的学习关注和辅导,不歧视、不冷漠。还有就是教学管理部门要会同系部,在学期考试前夕和毕业阶段,对这些学生提前给予关心帮助,给予必要的心理疏导,切忌以质量标准的刚性冷对待和简单化处理。在一定意义上说,对有身心问题的学生给予更多的关怀,使他们在一定程度上在学校学有所获和学有所进,也是学校人才培养质量的体现。

四 文化平台建设

1. 高校文化平台

高校的文化功能和文化地位总是表现为以学科为中心的文化集聚,以著作为载体的文化传播,以课程为形式的文化教学,学校的文化力也以此作为标志。从高校文化育人的使命看,高校承担着文化育人的重要职责,文化育人也是人才培养质量保证的重要组成部分,文化育人的质量保证与提升也是学校文化管理的重要任务。在许多高校文化育人模式的探索实践中,常以开设以"修养""欣赏"为名的课堂课程教学,以及开展各类文化、文艺活动居多,但是无论是从形式还是内涵都无法满足文化育人的需要,不足以发挥作为高校文化传播、创造的功能作用。但是也有很多高校通过文化平台的形式,不仅对学校文化育人起到了重要作用,作为学校文化建设的重要组成部分,同时也对文化传承、传播、创造和创新起到了很大作用,提升了学校的整体性文化力水平,提升了学校质量发展文化力。例如由教育部统一组织实施建设,由157所高校参与的93个"国家大学生文化素质教育基地",就是典型的文化素质教育的文化育人平台。从文化的视角看,广义的高校文化平台可以包括承载着学院文化的所有教学、科研和生活场地、校史馆、图书馆等,还有艺术团体、学生团体、学术团体,以及文化艺术活动、信息媒体等。我们这里提出的文化平台是指文化育人主旨明确,文化主题鲜明,文化资源与内涵丰富,具有硬件、软件、人员、经费、机制保证的,实体性、常态性运行的文化平台。

2. 文化平台建设的价值取向与功能定位

高职院校文化平台建设的价值取向是由学校的质量价值取向所决定的,即以实现学生和教师的全面发展为目的,特别是要在人才培养上,努力践行"培养德智体美劳全面发展的社会主义建设者和接班人"的教育使命和责任。与此相应,学校文化平台的功能定位必须与上述使命与责任相适应,这也是由学校作为高等院校应有的文化功能和文化地位所决定的。

1) 文化素质教育平台

文化总是多元的、多层次的、多样式的,高职院校的学生需要以更宽广的视野了解文化,更近距离地感受和认知文化,因此学校文化平台首先是一个文化的展示平台。在这里,大学生能够通过更深刻的优秀文化体验,获得不同于以往学习经历中所得到的文化感悟和文化认知,文化平台将会成为他们人生中的一个重要文化驿站和精神家园。

高校文化平台作为大学生文化素质教育的重要载体,不仅为学生提供了文化了解和认知的场所,创造了学校文化素质教育的课程环境,更提供了将文化认知转化为文化态度,将文化知识转化为社会文化能力的学习过程。这意味着文化平台的素质教育作用不能仅仅停留于文化知识的传播,更重要的是要为学生提供文化实践的条件,即文化素质教育也是"知行合一"的教育,这是我们提出基于文化平台的文化素质教育和其他以知识传播为主的文化育人形式的最大不同之处。文化平台的文化素质教育内容包括优秀传统文化、红色文化与技术文化等,教育形式包括新生入学教育、学生文化体验活动、创新创造活动、研究性学习等多种形式。

2) 文化课程教学平台

文化平台也是文化通识教育和专业文化课程的教学平台。文化教育教学活动中一个很容易被忽视的问题就是"文化理解",在一定意义下,文化理解重于文化记忆,任何缺乏文化理解,或无助于文化理解的文化课程教学是难以实现文化育人的初衷和教学目标的。要解决文化课程教学的文化理解问题,按照生态学习观理论,创设学习环境至关重要,因为学习是"产生于对源于环境的给养的互动性感知以及作用与环境的行动"[①],教学设计者应该促使学生与信息丰富的环境产生互动。学校文化平台就是要为学生提供这样的文化学习互动环境,在这样的环境中学生可以获得文化知识的深刻理解和主动建构。

3) 文化研究平台

高校最重要的文化功能之一是文化研究,学校的文化平台同样应该成为文化研究的平台,一个没有文化研究的高校也不可能成为真正的文化高地,因此,通过基于文化平台的文化研究,可以促进学校的文化创造、创新能力,提升学校的文化力。对于高职院校而言,确定文化平台的文化研究功能,对外成为可以提升学校社会影响力的重要途径,对内不仅可以为教师提供更好的研究条件,丰富学校的学术文化,也为学生提供了更多的研究性学习机会,更是促进文化素质教育教学水平的重要保证。在这一意义下,高职院校的文化平台应该成为一个教学、科研一体化的平台。

4) 文化传播、创造与服务平台

高职院校的办学特征之一就是地方性、行业性,学校与社区、企业、中小学的联系更直接

---

① 乔纳森. 学习环境的理论基础[M]. 郑太年,任友群,译. 上海:华东师范大学出版社,2002:3.

和紧密,其实现社会责任的内容和形式可以更接地气,因此容易得到地方政府部门、文化单位的支持和合作,也更容易产生直接的社会效益。高职院校的文化平台正是学校与社会建立良好和密切关系,以及能够直接为社会做出文化服务的一种渠道、形式和机制。高职院校文化平台在文化传播、创造与服务方面可以包括:地方、民族优秀文化传播;非物质文化遗产保护、传承与发扬;中外文化交流;艺术与文艺,美学与科学进社区;传统艺术和文化创意作品设计与产品开发,等等。

3. 高职院校文化平台的建设特点

1) 文化特色性

由于高职院校的发展历史、所处地域、城市和行业背景不同,以及自身举办主体和支柱专业(群)的不同,其文化平台呈现的文化类型也应该彰显出学校自身的文化特色。学校文化平台所呈现的文化类型可以是:地域、地方性文化;红色、历史性文化;行业、职业性文化;技术、艺术性文化;国际、民族性文化;传统、现代性文化,等等。当然学校文化平台所呈现的文化并不一定局限于某一类文化,也可以突出某一类文化,同时也体现文化自身的多样化。

2) 形式多样性

一是文化平台实体的多样性,如文化园、文化长廊、学校博物馆、文化创意产业园等。二是文化呈现方式的多样性。文化平台所展示的文化本身由于其形式、内涵的不同,需要能够提供多元、多态性的展示;学生文化认知的界面要真实、友好,既要保持文化形态的真实,又要适合学生现代审美特点;要充分运用现代科技手段呈现文化的丰富、多彩,体现历史与现代的结合、虚拟与现实的结合、局部与整体的结合。总之,文化平台的多样性要有助于学生对文化的了解与体验、认识与认知,了解不是目的,体验是必要的内化过程,认识不是目标,认知才是教育的成功。

3) 职业与专业性

不同于传统意义上的大学,高职院校的文化平台必然地要体现其职业与专业教育特征。文化平台的职业教育特征是指其文化内容更具行业与企业特点,平台的运作与行业、企业有更多的合作可能。企业文化、企业技术、企业产品等都可以成为重要的文化内容,甚至可以成为文化平台整体或一部分的文化主题。此外,学校文化平台还可以与企业合作进行文化创意作品设计与制作,与文化企业共同推动文化产业发展与创新。文化平台的专业性,一是指文化平台呈现的文化具有专业领域性或专业性,即专业文化的教育平台;二是指将文化素质教育贯穿于专业教育之中,利用文化平台在专业课程教学中对学生进行人文精神和科学精神的教育。

4) 运行开放性

学校文化平台不是一个孤立的校内空间,其运行必须是一个开放性的实体,通过好的平台管理,获得更好的教育效果,同时产生一定的社会与经济效益。首先,作为学校对社会的文化服务窗口,文化平台必须对社区、企业、各类学校开放;其次,作为学校文化育人的基地,文化平台需要得到社会文化艺术单位、政府相关部门的支持,以获得更多社会文化资源;再者,学校不能将文化平台当成花瓶式的文化摆设,文化平台必须对校内的学生、教师开放,充分发挥其文化课程学习、文化能力培养、文化研究创新、文化产品设计与创造的功能。

5)建设管理系统性

高职院校文化平台建设管理的系统性是重要的文化建设原则,具体要求是高层决策、顶层设计、多部门合作、院系共建。学校文化平台作为文化育人的重要平台,应该成为学校的文化名片、文化高地,需要学校根据其发展战略、发展愿景、发展环境、发展优势、发展条件等因素,予以综合考量后决策,予以顶层设计。学校文化平台需要教学、学生、科研、宣传、后勤等多部门的协调,其中某一部门主要实施建设与常态性的运行管理。另外,学校文化平台的建设与日常运行一定要实行院(校)系共同参与,特别是多功能式的文化平台,更需要二级院系的专业教学、科研的各种资源,平台本身的文化课程教学、文化研究也要依托二级院系具体实施开展。

4. 案例二:基于优秀地方传统文化的文化园[①]

苏州职业大学"吴文化园"是学校文化育人最重要的文化平台,学校也是教育部"大学生文化素质教育基地"建设院校之一,"吴文化园"作为基地的重要平台,其成果曾获得江苏省教学成果特等奖。

(1)"吴文化园"的文化根基

任何文化都具有显著的历史性和地域性特征,人们以自身的精神与劳动创造了一方文化,因此地方优秀文化是地方高校文化育人的沃土。纵观各国高校发展史,其大学文化也都深深地扎根于自身国家与民族的文化根基之上。在高职院校的发展要素中,地方(地域)文化资源容易被忽略却又是非常重要的。高职院校办学历史普遍较短,难以迅速形成有特色的大学文化,如何弥补这一先天不足?学校从有着悠久历史的地方文化传统中去寻求文化育人的资源和途径。灿烂、深厚的吴地文化正可以为学校文化平台建设提供厚重、坚固的文化根基。

文化的魅力来自它的历史,文化的张力又取决于它今天的精神内涵。在中国众多的区域文化中,吴文化是最早、也是最成功地完成从古代农耕文明向现代工商文明转型的区域文化。吴文化有着崇文重教、尚德爱智、坚韧典雅、包容融和、宁静致远、精益求精、厚积薄发、敏锐灵活的特点,是优秀而深厚的文化资源。吴地源远流长的历史、深厚的文化积淀、独树

---

① 程宜康,时新.文化育人:大学的文化使命——兼论苏州职业大学"吴文化园"的定位和作用[J].苏州市职业大学学报,2008,19(4):71-77.

一帜的文化风范在华夏文明史上占有重要的位置。它体现了刚柔兼容的人文精神、尚文重教的文化传统;体现了尊重知识、尊重科学、尊重劳动、尊重人才、尊重创造的良好社会氛围;体现了善于学习、勤于学习的良好"读书"传统。从古至今,吴地人才辈出,不仅仅是这一地域的荣耀,更是今天年轻一代理想的坐标。今天,古老的吴地改革开放几十年来的巨大变化,使它借鉴吸收一切先进文化所创造的有益成果,展示了开放与包容并存的理念,以及继承和创造的追求。吴文化在创造发展奇迹的同时,始终追求人与社会、人与自然、人与人和谐发展的社会状态,体现了强大的凝聚力、精神动力和持续发展的生命力。吴文化对学校履行文化育人使命具有重大的启发意义,其人文价值对学校人才培养的素质要求和素质教育的价值取向有着重要借鉴意义,吴文化也因此成为学校文化育人的基石和源泉。

(2)"吴文化园"建设定位

一个有文化使命感的大学需要营养丰富的文化源泉,一个有文化品位的大学需要有特色的文化平台,一个有文化追求的学生需要丰盈的文化空间,一个成功的文化课程教学模式需要真切的文化情境。建设"吴文化园"便是在这样思索的背景下提出的文化素质教育改革举措。"吴文化园"不仅是文化素质教育形式和内涵的提升,更重要的是文化素质教育理念的更新。"吴文化园"的建成不单在教育教学中发挥了重要的作用,同时,对学校的文化建设也产生了全面的影响,它已成为学校文化育人的标志性载体。

"吴文化园"是优秀的文化育人平台。具有浓郁吴地文化特色的"吴文化园",通过五大板块展现了吴地文化的历史内涵和现代意义,其中教育板块介绍了始于宋,盛于明清的吴地书院。历代吴地书院以研习经史、传承学统、培育人才为主旨,提倡个人修养与学术争鸣,是中国传统教育的重要组成部分。戏曲板块介绍了被列入世界非物质文化遗产的"百戏之祖"——昆曲;尽显吴侬软语魅力,有"中国最美的声音"之誉的苏州评弹等等。园林板块介绍了被列入世界文化遗产的苏州园林精品,尽展苏州园林的小巧温婉、含蓄雅致和内敛秀美。技术与工艺板块介绍了名闻天下的吴钩吴剑冶金技术,集人体工学、构造技术与美学欣赏于一身的明清家具制作技术和古典园林建筑技术,还有吴地工艺精致、色泽艳丽的宋锦、苏绣等。城市建设板块以全国现存刻成时间最早、保留最完整的宋代"平江图"为核心,介绍了苏州城的历史变迁和沧桑旧貌。

"吴文化园"是文化课程教学平台。文化课程的教学需要良好的文化情境,"吴文化园"为相关课程的教学提供了一个物化的文化"场景",学习者在这一"场景"中学习,情感和思维在历史和现实的情境中穿越,促进知识学习的迁移和重新建构。由于"吴文化园"的各个模块的相对独立性,学生可以以若干学习小组在不同模块之间分段学习,学习形式以合作性学习为主,既提高了教学效率,又促进了学生之间的沟通和互助。在学习硬件方面,"吴文化园"具备一个良好的学习系统,包括交互式教学软件、视屏系统、虚拟现实系统等。

"吴文化园"是文化研究平台。"吴文化园"在最初构思的时候就将文化研究的功能与之结合起来,学校吴文化研究所成员也是"吴文化园"的学术团队和建设团队。他们已先后承担省、市级科研课题数十项,发表学术论文数十篇,出版著作十余部。他们还是学校面向学生开设的研究性课程的重要课题来源和课题指导者。吴文化园的石湖书院则是学校高等教育研究所学术沙龙——石湖论坛的场所。

"吴文化园"集课程教学、科研交流及学生文化活动于一身,为高校大学生文化素质教育开辟了一条新路。正如吴文化学者吴恩培教授为"吴文化园"作的园记所述:"园为聚徒授业之教学场所,尊先贤塾舍书院之精义,讲道于其间;园又为坐而论道之场所,或论策,或争辩……学风正气,并艳千秋;园又为莘莘学子之学习场所,或涂抹挥毫,指斥方道,或切磋静思,修身养性,博以我文,约我以礼,心灵手敏,智圆形方。"

5. 案例三:基于技术文化的实训中心软建设

高职院校实训基地是学校最重要的内涵建设之一,通常我们将建设的重点放在先进的设施设备、职业与工作情景的真实性、技能训练项目化等方面,尤其是工科类实训基地更是如此,但是较少地从技术文化出发,思考实训基地的软性建设(尽管大多院校强调了融合企业文化)。基于技术文化的基地的软建设包括环境——技术文化的影响、默化,以及训练内涵——技术素养的养成性训练等。苏州职业大学的"智能制造工程中心训练中心"(以下简称"中心")在其建设理念上提出了以技术文化为软实力、技术先进为硬实力的建设思路,这一建设思路得到了西门子(中国)、大唐移动、中科院计算机所等合作伙伴的充分肯定。

1) 基于技术文化的人才培养考量

技术文化结构:一是以"符号、意义"表达的技术知识文化,技术知识包括技术理论知识和技术实践;二是以"价值观"为主体的技术观念文化——技术创新、技术伦理、工匠精神等;三是以规定生产(技术)活动的"规范规则"为主体的技术制度文化,包括工艺规程、质量控制规范等;四是物质形态——人造物(工具、机器、设备等);五是技术行为文化,反映人们使用技术进行劳动的行为,其中技术观念文化和技术行为文化是基地软建设的重要依据。

技术与劳动方式——今天我国劳动者的劳动方式既具有工业化技术特征,又具有信息化技术特征,具体表现在:劳动者在素养要求上应该是具有更多"专门知识和创造性思考能力的熟练劳动者",而不仅仅是简单的手工劳动者,在行为方面被要求"更大尺度"的"规范"(包括协作),同时又被赋予"更充分、更自由地发挥",等等。

技术与劳动质量——技术变革改变了劳动者的劳动质量特征,其中劳动者的工作质量决定产品质量。劳动者的工作质量由企业的质量文化所决定,而质量文化又取决于劳动者的劳动方式,从企业质量文化的角度可以帮助我们更好地认识技术劳动者的劳动质量内涵。

技术与艺术——当今艺术已经成为技术价值判断的重要依据,即当代技术及技术物(产品)的美学因素越来越受到技术设计者和产品制造者的重视。因为今天的人们不仅需要通过技术及技术物得到身体的解放与能力的扩展,还更需要技术和技术物的艺术化,以获得精神的愉悦和享受。

技术与创新——对于技术教育而言,技术创新应该成为重要的教育价值追求,特别是需要通过技术学习形成技术精神,并使之成为学习者技术素养养成的重要目标。

2) 技术文化环境创设出发点

(1) 提升技术文化影响力

"中心"的环境创设着重体现技术文化,通过技术发展的历史和现状,让学生感受技术世界的魅力,提高对技术产品和技术工具、手段、过程的兴趣,提升对技术实践与创新(创造)的动力。例如西门子技术展示和体验中心,特别强调了技术的体验,而不是仅仅了解先进技术。

(2) 突出学校人才培养软能力

"中心"的文化墙创设是其技术文化环境建设的重要途径和方式,通过这样的环境创设,我们希望告诉人们"中心""是什么"——软能力,而不仅仅是告诉人们"中心""有什么"——硬条件。以技术文化的深度解读和展示,向教师和学生传递学校对高技术、高技能、高素质人才的培养理念、教学模式创新和质量追求。例如,我们通过图文展示技术实践和技术创新,突出了基于技术素养养成和技能训练的教育教学理念,显示了学校人才培养的软能力——质量文化力:

技术实践:

技术行为训练:熟练(工具、机器)、熟知(技术规则)、熟悉(技术环境);

技术思维训练:观察(技术现象),理解(技术目标),判断(技术过程),敏感(技术情境再现与迁移),重构(技术知识);

技术态度养成:主动(参与)、热情(合作)、关注(细节);

技术文化认知:人文与环境——当技术作为生活方式、工作方式。

创新永恒:

永远保持一颗好奇的心——创新激情源于好奇;

永远保持思考的习惯——灵感源于思考;

永远不断积累你的经验——直觉源于经验。

创新思维:

联想——相近、相似、相反、因果;

形象——概括(表象)、超越(幻想)、重塑(新表象);

逆向——转换、互换、逆转;

侧向——移入(他山之石)、移出(跨域运用)、转换(效益);

多向——多端(寻找多样可能)、灵活(适应变化)、精细、新颖;

收敛——目标、求同、聚焦。

(3) 学院文化与企业文化的融合

实训基地软环境是学校学院文化和企业文化融合的主要途径和载体,"中心"的软环境创设不仅要介绍优秀企业文化,更重要的要将学校的学院文化同样突出地呈现,因为学校和企业在对待其组织内部成员的价值取向上是有差异的,他们的组织目标是有差异的,所以"中心"的文化环境是学院文化和企业文化的整体性呈现。

五 文化素质教育课程建设

从对职业教育或者专业教育的理解看,社会与学校总是最关注学生的就业,教学管理部门最关心学生的学业质量(毕业率),教师最在意学生的专业课程学习成绩,但是我们高职教育人才培养质量的理解应该是全面而完整的,人才培养的质量不仅体现在职业能力和专业课程成绩上,学生的文化素质与社会文化能力同样是教育质量保证的基本出发点之一。因此相应的文化素质教育课程(或称通识教育课程)的质量,包括课程开发和课程教学质量依然是高职院校质量文化管理所必须高度重视的质量领域,这也是高职院校质量文化建设的重要任务。

1. 文化素质教育课程(通识课程)的价值取向

随着我国社会主义核心价值观的确认,对整个国家、民族和社会的文化建设和文明建构提出了更高的要求,这个时代赋予了高职教育神圣而艰巨的历史任务,就是高职院校的人才培养必须体现我国社会主义核心价值观,培养的人才应该能够真正担当我国全民族崛起的重任,实现伟大的中国梦。坚守我国社会主义价值体系建设,坚守社会主义核心价值观,文化的作用至关重要。社会主义核心价值观在高职院校的学生中能够得到体认,并内化于他们的内心,这是一个真正的文化育人的过程,也是所有教育工作者义不容辞的义务和责任。

由于高等职业教育特定的教育目标和责任,我们对职业岗位技术内涵和岗位技术能力培养给予了更多关注,但是我们同样注意到"社会本身除了需要每个人担负特定的工作职责外,还要求个人做出其他方面的贡献","哪怕他在这一活动范围之内有多高的技能和水平,他永远只能算是未受过良好教育的人"[①]。所以当我们今天重新认识纽曼关于培养良好的社会公民的教育理想时,也就不难理解为什么任何国家、民族的教育都会紧紧地依赖于他们的文化,同时也取决于他们的文化。文化育人绝不是文化知识的灌输,而是一个从文化体认到文化自觉,再到文化自信的过程。因此学校需要有更多更好的文化素质教育课程来实现这一过程,并且将这些课程作为学生成长的精神养料。

文化素质教育课程作为文化育人的重要载体,应该充分体现我国数千年来的优秀文化,以及世界各国人民创造的优秀文化。通过文化素质教育课程的学习,达成对我国优秀文化

---

① 纽曼.大学的理想[M].徐辉,顾建新,何曙荣,译.杭州:浙江教育出版社,2001:91.

的理解和体认,充实我们的底蕴和底气,并以此为基点,将跨时代、跨民族、跨国家的各种文化现象与成果,也纳入学生的视野和思考,以此形成良好的精神结构,为将来的人生历练和职业生涯发展做好充分的准备。

2. 文化素质教育(通识教育)核心课程的教学目标

文化素质(通识)教育课程的学习目标不仅仅是了解,或仅仅停留在欣赏的层面,还需要通过文化课程的学习,加深对文化的理解、认知,并形成一种责任意识和责任担当,进而愿意在未来的人生道路上努力践行。富强、民主、文明、和谐、自由、平等、公正、法治、爱国、敬业、诚信、友善的这一社会主义核心价值观,已经为高职院校文化素质教育核心课程提出了全部的本质内涵和规定。因此我们将文化素质(通识)教育核心课程的教学目标确定为:

能够了解中国和世界历史的基本知识,能以辩证唯物主义历史发展观的基本观点去认识,并理解当今中国社会发展的历史、脉络及其现实性,在我国倡导的人类命运共同体构建中,能够对中华民族的伟大复兴有所担当。

能够历史地认识并理解我国在社会、道德以及语言等多方面的文化存在及其在世界的地位,愿意承担我国优秀文化传承和发扬的责任。

能够清楚地了解并认识当今中国社会主义基本制度,认清中国特色社会主义建设的形式与未来发展趋势,愿意对国家和社会承担作为一个国家公民的责任和义务。

能够理解我国依法治国的法治社会精神,了解我国法律的基本知识,具备良好的法律意识和法制观念,承担一个知法、懂法、守法公民的责任。

能够了解生态环境对人类生存与发展的意义,具备良好的环境保护意识和基本知识,能以自身的环保行为改善和维护身边的家庭、公共和自然环境。

能够了解并理解我国和世界优秀文化的价值内涵,在自身职业生涯发展和社会发展过程中能够确认自我价值的定位与实现。

能够理解艺术之美,在个人生活及社会活动中,能以自己的方式艺术地表达美,同时尊重他人的审美取向,美化个人和社区的生活。

能够理性地理解人与人关系的本质是社会存在的根本,自觉维护自己的人格尊严,并尊重他人的人格尊严,处理好个人与他人的社会关系。

3. 案例四:理解与责任——苏州职业大学通识教育核心课程

苏州职业大学以理解与责任为基本出发点,开发了系列化的文化素质教育核心课程(该系列课程教材已由浙江大学出版社等陆续出版)。学校对开发这一系列课程的要求是,不局限于教师自身的学术研究成果,不以学术著作的形式作为课程教材,但是可以将研究性学习作为课程教学形式。

1) 文化与传承

课程一　吴文化

教育而非学术的要点:要理解吴地文化在我国历史中的特点及贡献,要在历史凝望中做出现代阐释。学习目的不仅是继承历史,更重要的是要能够站在时代的高度去认知和发扬。

课程二　中华文化与文明

教育而非学术的要点:要理解文化是一种客观实在,文明则是文化发展的历史状态或进步状态。学习的目的是要能够理解中华文化强大生命力所在,建立对中华优秀传统文化的自信,并以历史唯物主义的文化自觉,担当起中华文化传承与创新的责任。

课程三　西方文化与文明

教育而非学术的要点:要理解世界各地域的文化是一种客观存在,文明则是其文化发展的历史状态或进步状态。学习的目的是要理解什么是人类的共同财富,要能够自觉抵制反人类、歧视性的文化观。

2) 艺术与审美

课程四　中国文学欣赏

教育而非学术的要点:要在中国文学作品的文化形式中汲取文化养分,在作品的语言艺术中理解审美。学习的目的是要能够在社会之镜中寻找作品的文化价值,通过文学作品的历史之窗,明白自己应负的当代责任。

课程五　艺术之美(艺术与生活)(艺术——生命之舟)

教育而非学术的要点:要理解美之真切在于生活的真实,美之自我在其是生命之舟,美之给予在于其能传递爱。通过艺术与美的学习,要让自己将美作为一种生存方式、生活态度,自觉地将美充盈于生活的所有内涵。

课程六　中国诗词艺术的人文追寻

教育而非学术的要点:要通过诗词语言的艺术之美获得人文追寻,从诗词中理解诗人的生命体验和人格魅力。愿意将诗词中表达出的人文关怀与人文精神传递给他人,通过诗词中的价值追求构建自己的精神坐标。

课程七　文学——生命之旅

教育而非学术的要点:从中国著名文学作品中了解不同阶层、不同性别作家的生命之旅,以及他们的心路历程,进而理解人的文化内涵和生命意义。课程的目的在于让年轻的学习者从作者的生命之旅中获得启示,并愿意在自己从成长到成熟,从情感到情怀的过程中,获得真正的生命意义。

课程八　外国文学欣赏

教育而非学术的要点:通过外国文学作品这一世界之窗了解世界,理解多元文化对世界进步和人类发展的意义。学习的目的是能够将作品作为历史之镜,认识并意识到全人类的责任与自我的关系。

3) 哲学与价值观

课程九　中国哲学思想之智慧

教育而非学术的要点：了解中国传统文化的主要哲学思想，体会其中传递出的人生智慧，理解中华文明的哲学价值。学习的目的在于学会对国人的思维方式、生活方式做出哲学解读，并在文化强国道路上具有一定的哲学思考。

课程十　改变世界的哲学

教育而非学术的要点：西方哲学——通过了解西方文明进程中的哲学历程，理解那些曾经影响甚至改变了世界的哲学，特别是马克思主义在中国的成功实践，以及那些解释自然世界的哲学。

4) 科学技术与人类发展

课程十一　生态与行为

教育而非学术的要点：以生态眼光了解人类的过去、今天、未来，理解当今人类行为与生态变化的关系。学习的目的是要从自身与身边他人的行为中感到生态的忧虑，并能够时常地提醒自己的责任，并通过哪怕是细小的行动去改善身边的生态环境。

课程十二　科学技术发展简史

教育而非学术的要点：了解作为知识体系的科学，作为思维与认知的科学，改变世界的科学。学习的目的是要在自己学习的职业技术课程中，理解作为文化的技术，作为生活方式的技术，作为科学发现的技术。

5) 心理与健康

课程十三　幸福人生

教育而非学术的要点：课程会告诉我们，学会爱和被爱——可以让我们成为更好的自己；拥有事业和朋友——这样的人生不会有缺憾。课程会让我们理解，学会发现和珍惜——那么幸福并不遥远；能够追求和知足——幸福并不难获得。

课程十四　情感与理智——学会生活

教育而非学术的要点：让课程告诉我们，青年需要学会情感与理智的对话，才能让自己真正走向心理成熟；青年要能够处理情感与理智的冲突，才能让自己真正获得人的价值。

6) 公民教育与社会

课程十五　法律之眼——公平与正义

教育而非学术的要点：通过课程帮助学习者基于法律的现实，理解公平与正义；帮助学习者基于法律的进步，坚定公平与正义的理想；帮助学习者基于法律的框架，提升维护公平与正义的责任意识。

课程十六　公民与社会

教育而非学术的要点：通过课程让学习者能够以个体的角色体验国与家的意义，能够理解并解释公民意识作为文化进步的标志,以及公民责任作为社会进步的标志。学习的目标是让学习者能够以正确的态度,对待身边的人和社会上发生的事,体现出自己作为一个公民的权利和义务。

六 专业质量保证体系建设

1. 作为质量文化系统建设的专业质量保证体系构建

1) 专业质量保证体系:作为质量文化系统的载体

学校的质量文化系统由精神文化、制度文化、行为文化和物质文化构成,即学校质量文化通过其质量价值观、质量管理制度、质量保证行为和质量保障的物质条件来体现。对于高职院校来说,能够直接、全面、具体、真实地表达上述质量文化的载体是人才培养的基本单元——专业,因此,专业质量保证体系应该也完全可以作为学校质量文化体系建设的基本载体。

2) 质量保证体系:作为质量文化管理的载体

教育部在《高等职业院校内部质量保证体系诊断与改进指导方案(试行)》中明确提出的目标任务是:要树立现代质量文化理念;要建立起完整且相对独立的自我质量保证机制;要建立高水平的信息化管理。目前我国高职院校所构建的学校内部质量保证体系,其基本架构源自企业全面质量管理,具有鲜明的科学管理"技术理性"特征。为此,我们提出构建以质量文化管理理念、理论为指导,以专业质量保证体系为基本架构,聚焦课程质量持续提升的学校内部质量保证体系。这样的学校内部质量保证体系构建是以我们确立的质量文化核心价值为指引,体系所呈现的质量管理是以文化管理为特征的。

2. 基于质量文化管理的专业质量保证体系框架

专业质量是学校办学质量、人才培养质量实现的前提和基础,相应地,专业质量保证体系也是高职院校内部质量保证体系的基本架构。基于质量文化管理的专业质量保证体系如图4-1所示,由质量文化、课程反思性实践,以及专业质量的标准体系(规定要求)、专业质量评价体系、专业质量保障体系所构成,其中学校质量文化为专业质量保证体系构建提供理念、理论基础;课程反思性实践则为专业质量保证体系构建提供自我保证的动力基础。

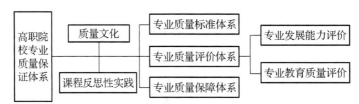

图4-1 基于质量文化管理的专业质量保证体系

1) 质量文化:专业质量保证体系的文化意义建构

高职院校专业质量保证顶层设计的"最高目标是专业建设质量文化的构建"[①]。质量文化管理视阈下的质量文化内核告诉我们:高职院校质量管理的使命是"质量立校";质量管理的价值是"共同发展";质量管理的愿景是"走向卓越"。其中"共同发展"和"走向卓越"是学校专业质量保证和持续提升的基本价值指引和行动方针,也是学校专业质量保证体系构建的思想基础。具体地,我们将"走向卓越"作为教师的课程教学反思性实践的行动指引,将"共同发展"作为专业质量评价体系构建的价值指引。正是由于质量文化的指引,专业质量保证体系自身被赋予了更多的质量文化内涵,由此实现学校质量保证体系的文化意义建构。

2) 基于提升学校群体文化力的课程反思性实践[②]

反思性实践是20世纪80年代后在欧美逐渐兴起的教师教育思想,提倡教师应该成为"反思性实践者",成为学校促进教师专业发展的重要形式,在我国教育领域也得到了广泛的重视和探索。本研究中提出的课程反思性实践是指学校课程活动的所有成员都参与的反思性学习、研究和行动,也是学校质量行为文化的重要体现。课程反思性实践的参与者包括课程授课教师、课程运行管理者、课程学术领导者、课程质量管理者、课程政策制定者等,涵盖了专业教育质量保证的所有课程活动主体。

对于学校质量文化建设而言,课程反思性实践有助于提升学校质量主体的群体文化力:一是由于课程反思性实践的教师职业发展、教学团队发展、学生发展、专业能力发展的价值追求,完全符合高职院校质量文化的核心价值;二是课程反思性实践的教师(管理者)自我管理、自我价值实现的行动,完全符合质量文化管理的基本原理。因此,在这里我们提出以发展性作为基本价值指引,以教学卓越为行动指引的课程反思性实践,并以此作为学校专业质量(专业教育质量)的自我保证与改进的重要途径。同时,课程反思性实践也是专业教育质量评价和专业发展能力评价的重要观测点和判断依据。

3) 基于发展性的专业质量评价体系[③]

区别于以泰勒"行为目标模式"的注重结果的终结性评价,发展性评价的核心理念是人本位和质量的持续改进。因此,发展性评价的方向是面向未来的,评价的目的是促进发展的,评价的方法是过程性的、定量与定性相结合的。我们提出的专业质量评价是以发展性为基本价值取向,即专业质量评价是发展性评价。发展性专业质量评价体系由专业教育质量评价、专业发展能力评价构成,作为一个整体,专业质量评价体系具有多元评价、促进多元发展的功能,而其中两个独立的评价子系统既可以各自独立开展,又互为支撑和佐证,既具有

---

① 杨应崧,李静,陈锡宝.高职院校专业质量保障的主体定位与顶层目标[J].上海城市管理,2015,24(3):88-89.
② 详细的讨论参看本书第五章。
③ 详细的讨论参看本书第六章。

共同的理论基础,又具有实际可操作性。两者的关系是理念相同、作用互为依存、功能互为补充。

4) 基于技术文化意义的专业质量标准体系

如果说"质量本身就是一种文化",那么专业质量标准制定本身"就是一种文化的建构",或者说是一个文化建设的过程。我们对高职教育的文化理解,可以从高职教育的技术教育特征出发,通过对技术文化的认识获得,与此相应的专业质量标准制定也可以通过技术文化得到指引。由于技术决定劳动方式,并改变劳动质量的特征,以及技术与艺术、技术与创新的关系,使得高职专业教育的技术学习本身具有了技术的文化意义,也使得技术能力被赋予了文化能力的意义,也就是说质量标准本身被赋予了深厚的技术文化内涵。

5) 专业质量保障体系

专业质量保障是专业质量保证的制度化,保障也不仅仅是物质和条件的保障,更重要的是制度本身所体现的"以人为本"的质量制度文化。在以"技术理性"为特点的科学管理体系下,我们更多地从管理效率出发,用管物的办法去管人,但是对以"文化人"为特点的高校人来说,质量主体间的关系是复杂而敏感的,尤其是对于需要依靠教师内心来维护的质量而言,"技术理性"的质量管理制度是无法根本性实现质量保证的,尤其是对质量管理过程中的各种冲突的化解。因此,学校在制定相应的质量保障制度时需要给予"人性化"的"关照",这也是我们在质量文化建设中所需要特别"关照"的。

3. 基于效能的文化管理与科学管理融合

当我们提出质量文化管理的同时,也一定会有来自院校实践的质疑,那就是文化管理的"效能"问题,这是一个客观和现实的问题,至少文化管理的"效能"似乎很难被具体地描述和测量。正因为如此,我们在质量文化建设的时候,由于文化自身的丰富性和复杂性,需要避免陷入"文化的迷雾"。

事实上,当我们从管理学的角度出发,去理解文化是"内在制度(潜规则)与外在制度(显规则)互动的和"这一认识,那么应该能够找到一条能够实现具有"效能"的质量文化管理之路,即"基于效能的文化管理与科学管理融合"。正如我们之前所讨论的那样,质量的文化管理与科学管理本来就是一种互补关系和双驱关系:文化管理重在理,科学管理重在管;文化管理重在自下而上,科学管理重在自上而下,也就是说通过质量的文化管理与科学管理的融合,使得质量文化管理自然获得管理的"效能"。

实现文化管理与科学管理相融合的质量管理,专业质量保证体系是一个最好的载体。从该体系的架构看,恰恰是课程反思性实践和反思性专业质量评价体现了最为鲜明的文化管理理念保证,而专业质量标准体系和专业质量保障体系更多地体现科学管理的效率保证。从更深入的理解和认识看,课程反思性实践和反思性专业质量评价的实施又需要通过规则和规定性的程序来实现,而专业质量标准体系和专业质量保障体系则又无不体现着质量文化管理的思想和理念,这就是具有"效能"的——文化管理和科学管理融合的质量管理。当然,需要特别指出的是,我们这里提出的文化管理与科学管理的融合并不意味着"科学人文主义"式的质量管理,因为我们并不是"把科学进行人性化改造,或者把人文因素融入现代科学"[1],而是以文化管理和科学管理双轮驱动质量管理。

---

[1] 刘志军.发展性课程评价研究[D].上海:华东师范大学,2002:112.

第五章 课程反思性实践

> 高职院校质量文化管理的基本原理之一是正确处理质量主体间的关系,其中非常重要的一点是要实现学校质量主体(所有的教师和管理者)的自我管理,但是只有学校所有成员具有真正发自内心的质量卓越要求,才能实现质量保证的自我管理。让学校的教师和管理者具有发自内心的质量卓越自觉和动力,除了质量核心价值观的教育之外,还要建立基于质量核心价值观的质量自我保证机制,这也是由质量文化管理的实践性所决定的。由于高职院校人才培养的主要形式是课程教学,只有聚焦于课程的质量自我保证才是最具基础性和根本性的,在本章我们将聚焦于课程的质量自我保证,即课程反思性实践。

一 什么是反思性实践

1. 反思性实践的背景

杜威最早提出教师应该对教育教学的理论知识和教育实践进行积极的、持续的反思[①]。20世纪80年代,美国学者舍恩(Schon)在其著作《反映的实践者——专业工作者如何在行动中思考》(*The Reflective Practitioner:How Professionals Think in Action*)中进一步提出了"反思性实践"概念,后来逐渐成为帮助包括科学、护理医学、法律、教育等多个行业发展的指导哲学。最重要的是,舍恩为杜威的反思理论与具体的反思实践之间架起了行动桥梁。20世纪80年代后,反思性实践作为教师专业化(职业化)发展要求,在美国成为教师教育领域"反思性教学"运动形成的直接促成者,在全世界也得到了教育界的普遍关注,世界上很多学者、教育家给出了更为深入的研究,其中胡森(Husten)对学校教师的反思性实践给出了具有代表性的定义:"反思性教学就是教师对教育教学实践活动进行批判性分析的过程。"[②] 反思性实践在我国从20世纪末开始受到基础教育领域广泛而深入的讨论、研究与实践。在高职教育领域,十多年前反思性实践开始得到关注,特别是随着一些高职院校与加拿大的应用

---

① 朱旭东. 教师专业发展理论研究[M]. 北京:北京师范大学出版社,2011:168.
② Husten T. The International Encyclopedia of Education[M]. 2nd ed. Oxford:Pergamon Press,1994.

技术学院的合作的深入,对反思性实践的研究与实践有了显著的进展。

2. 反思性实践的基本要点①②

1)"技术理性"批判

舍恩在其《反映的实践者——专业工作者如何在行动中思考》一书中,通过分析建筑师、设计师、管理者等专业实践者的案例,对像教师教育那样的专业教育,以抽象化、范畴化的知识作为主要学习内容持反对态度,因为他认为这些知识不应该是基于实践活动的专业教育的主要知识内容,如果这样的"主要知识内容"成为专业教育的"学校知识",那么这样的专业教育便陷入了教育的"技术理性"弊端。

2)"行动中的反思"

舍恩将专业实践分为"高硬之地"和"低湿之地",前者的问题情境和目标是明确的、清晰的,后者则充满了问题的复杂性、模糊性、不稳定性、独特性和价值冲突。因此,"高硬之地"的问题可以运用已有的科学知识和技术来解决问题,但是"低湿之地"的问题需要借助"行动中的知识"来解决,这样的"行动中的知识"来自专业实践活动中对活动进行反思而形成的知识,相应地,专业实践活动中对活动的反思被称为"行动中的反思"。

3)"对行动的反思"

舍恩提出的在教育领域专业活动中"对行动的反思",是在行动之前或行动之后的事前、事后反思,相应地也可称之为前反思或预期性反思——"在教育规划(包括设计教案)阶段",以及后反思或回顾性反思——"对全部教育过程与成效的总结性思考",并为下一个教育、教学周期提出行动规划。

如上所述,反思性实践就是人们在专业实践情境下(例如教学活动、质量管理活动等),专业实践的行动不仅自身是一个以反思为特征的、主观能动的认知加工过程——通过反思引起现场的行动来解决问题,即"行动中的反思";同时,专业实践的行动自身需要反思,即"对行动的反思",并且反思自身是一个紧密伴行于下一个专业实践周期的行动过程。

3. 教育的反思性实践基本框架

1)反思性实践的任务③

舍恩提出的教师反思性实践包括一体化的三个任务:一是寻找和关注教育教学具体实践中的特定问题,并对实质性问题提出自我理解和响应;二是要进入沉思,并通过恰当和有效的方式向你的同事和学习者进行描述、讲解和演示;三是要与学习者尽可能地建立良好的沟通,建立相互信任的关系,使反思性的学习阻力最小。

---

① 舍恩. 反映的实践者——专业工作者如何在行动中思考[M]. 夏林清,译. 北京:教育科学出版社,2007.
② 熊川武. 论反思性教育实践[J]. 教师教育研究,2007,19(3):46-50.
③ 洪明."反思实践"思想及其在教师教育中的争议——来自舍恩、舒尔曼和范斯特马切尔的争论[J]. 比较教育研究,2004,26(10):1-5.

2) 反思性实践的指向①

反思性实践的指向,一是对教育教学目标设定的反思,主要思考教育教学目标所表达的期望是否与学习者的学习需求相适切,期望设定过低,缺乏对学习者的激励作用,期望设定过高可能会超出学习者的实际能力;二是对教育教学过程(含行为)的反思,包括教育教学过程是否契合教育教学目标实现的设计路径,教学方法、手段、技术等是否有助于实现目标的有效达成;三是对教育教学结果的反思,分析实际教育教学结果与预设目标的符合度,寻找出现差距("不及"或"过之")的原因,发现结果中所蕴含的非预期效果——新的发展。

3) 反思性实践的过程②

反思性实践是一种经验性的学习与反思性的思维,"对行动的反思"过程更具有典型的"反思"意义,这一过程可以描述为:回顾与体验——观察与分析——重构与建构——行动与评价。反思性实践的过程既是基于思维心理学的,也是基于实践认识论的;这是一个多维度的、多角度的、可循环的思维与行动过程;这一过程需要教师明示自己的价值观、教育信仰、反思与行动的目标;这一过程是个体与个体、个体与团队共同完成的。

(1) 回顾与体验

这一过程的特点是"追问"。通过回顾和梳理教育教学过程与结果的信息,依靠问题意识(困难的和困惑的)形成并描述问题情境,明确需要研究的问题和类型。这些问题和类型可能产生于自己之前教育教学实践的经历、体验,或者是无法予以明示的现象,或源于自身的某种"不安"与"不确定",或者是事实存在的教育教学目标与现实的不符(差距或非预期效应)。问题设定是非常重要的,也是反思循环的开始。

(2) 观察与分析

这一过程的特点是"批判"。通过对从回顾与体验环节得到的问题情境的必要信息——信仰、价值、意图、理念、态度、情感、行动等进一步的观察,以综合的方式对问题情境的各种充分、有效信息加以深度反思——分析和判断,并且对问题予以界定或重新界定,形成对教育教学过程、目标、成果的反思性、批判性认识。这是一个反思性实践者的必要心理历程。

(3) 重构与建构

这一过程的特点是"创造"。在之前问题情境的认识基础上,通过不同的方式对现实与理想、目的与行动、行动与结果进行分析,以此反思和重构已有的理论与经验知识,并将自己的内隐知识转化为新的经验知识;在重构的基础上提炼出今后需要解决的问题,并确定未来的行动方案和行动目标。在这一过程中需要提出新的观念、策略,或者是实践性的理论假说。

(4) 行动与评价

这一过程的特点是"发展"。在新的观念、策略和理论下,(反复)试验与验证之前的行动

---

① 熊川武. 论反思性教育实践[J]. 教师教育研究,2007,19(3):46-50.
② 卢真金. 反思性实践是教师专业发展的重要举措[J]. 比较教育研究,2001,23(5):53-59.

假设,经常性地检测、评价行动效果,取得新经验,修正或调整不切实际或背离教育教学目标的行动,使反思者的教育教学实践获得更高层次的发展,获得自身更高水平的专业发展。

说明:行动与评价是一个在反思性实践行动周期内时间最长的过程,这一过程是一个行动的过程,更是一个发展的过程,这样的发展不是因行动而获得发展,更重要的是因为在行动的过程中,依然需要通过随时的、不断的反思行动、评价行动,从而获得向正确目标的发展。这一特征正是符合舍恩所说的"行动中的反思"的特点和要求,也就是说反思性实践在更完整的意义下,一定包含着"对行动的反思"和"行动中的反思"。

4) 对反思性实践的质疑[1][2]

加拿大学者马克斯·范·梅南(Manen)从现象学出发,指出"行动中反思"在教学的真实情境中不可能实现和完成。他的这一观点是建立在某一具体的课堂教学情境下的,认为教师无法"分身"去反思自己此时的教学行动,而只能"不假思索地""直觉性地行动"。但是当我们将"对行动的反思"看作比"行动中反思"更为重要的反思——尽管舍恩更重视"行动中的反思",那么反思性实践对于人才培养的所有教育行动而言是极其必要的,而事实上从现有的北美国家的社区学院实施的反思性实践模式中可以看到,在整个反思性实践的周期内,不仅有对以往教育教学行动的反思,更是将反思作为一个行动来进行,即人们需要在"在行动中反思"。

美国教育哲学家范斯特马切尔(Fenstermacher)对舍恩关于"教师有能力对自己的教育行动加以省思、研究和改进"的观点并不赞同。他认为舍恩对"研究"一词的理解过于宽泛,他"把研究者看成是运用科学原则生产经受得起检验的科学知识的人,而把实践者看成是在实践中运用或使用这种知识的人"。对于这一质疑,我们如果以美国教育家欧内斯特·L.博耶(Boyer)关于大学多维学术观来看的话,教学既然是一种传播知识的学术,那么教师就应该具有教学学术的研究能力,所以我们认为如果将教师的教学学术研究界定为"生产经受得起检验的科学知识"——博耶称之为"探究的学术",显然是不恰当的,至少对于从事高等职业教育那样的专业教师而言是如此。

美国教育家舒尔曼(Shulman)对舍恩将"学校知识"与"行动中的反思"、"技术理性"与"艺术性"、"教学"和"辅导"等概念做出的二元对立化处理提出批评,对舍恩关于"技术理性"不利于反思和理论与实践相结合的观点,也认为过于极端。舒尔曼的批评显然是合理的,因为任何二元对立讨论必然强化其中一方的地位,从而失去更加客观的见解和事物发展的可能性,但是尽管这样,我们还是认为"反思性实践"并不是要反对"学校知识",也不是绝对地

---

[1] 王艳玲,苟顺明.教师成为"反思性实践者":北美教师教育界的争议与启示[J].外国中小学教育,2011(4):53-57.
[2] 洪明."反思实践"思想及其在教师教育中的争议——来自舍恩、舒尔曼和范斯特马切尔的争论[J].比较教育研究,2004,26(10):1-5.

拒绝"技术理性",从而一味地情感化"艺术性",因为从我们所看到的教育实践,任何持有"二元对立"的认识总是有害而无益的。

4. 文化管理视角下的反思性实践

1) 反思性实践体现了高校文化的应有之义

反思性实践本身是学校应该倡导的文化。尼尔·汤普森和帕斯卡在其《发展的反思性实践》一文中指出,反思性实践对于学校这样的组织来说是应该具有的"一种优先考虑反思的文化",他们认为不仅学校的教师应该成为反思性实践者,而且学校的领导人和管理人员也"应该有明确的义务制定和维护支持批判性反思实践的文化和措施"[①]。当学校所有教师都能够将反思性实践作为自己的一种基本的行为方式,将反思性实践所倡导的"探究""合作""对话"作为共同的行动信念,那么也就建构了一种反思性学校组织文化[②]。

反思性实践能够体现高校"文化人"应有的文化自觉。马克斯·韦伯说"所有目前关于教育制度之基本问题的讨论背后,都潜藏着一个'专家'类型对抗'文化人'类型的关键斗争"[③]。反思性实践的核心在于其对实践者的价值观要求,教师的反思通常需要以具体的方式与学生一起讨论他们自己的价值观,通过价值观的分享性讨论,使教师和学生在教育教学目标上达成共识,从而建立起一种相互信任的教学关系。吉姆·汉森曾经说过,学生离开学校后也许不会记得你教他们什么,但是他们会记得你是什么。当教师成为教育教学的反思性实践者,就不会迷失于自己教学"专家"的角色之中,就不会倦怠于"教书匠"的疲惫之中,从而能够以"文化人"应有的文化自觉,完成作为教师身份的自我构建,不断地在教育教学行动之中实现学校教育的价值,实现自身的价值。

反思性实践体现了"以人为中心的"管理文化。首先,反思性实践是一种自下而上的教师自我管理活动,它不同于那种仅仅是执行学校指令的管理活动,也不同于被动适应来自外部上级行政要求的、专家指导的改革行动。反思性实践的理念在于激发教师对教育教学的研究热情,促使教师自己研究并解决教育教学实践中的问题。其次,在反思性实践过程中,教师、教育教学管理工作者和学生之间的关系是一种"圆桌"关系,因为反思性实践要求提供一个对所有参与者开放的、平等的问题讨论环境。在这样的环境之下,所有人都不必保持缄默,每一个人都是主体性的存在,既做自我分析和评价,也听取他人的评价,各个主体的反思之间是相互包容的。再者,如果学校所有成员都能够成为反思性实践者,那么也就形成了一个质量共同体,这一共同体的前提是其自身首先成为一个学习共同体。这是由于反思性实践的过程就是一个学习过程,当所有的学校成员参与反思性实践活动的时候,事实上也就组成了一个学习共同体,在这一学习共同体中,每一个人都能够为他人提供学习支持,并同时

---

① Thompson N, Pascal J. Developing Critically Reflective Practice[J]. Reflective Practice,2012,13(2):311-325.
② 李小红,邓友超. 教师反思何以可能——以学校组织文化为视角[J]. 高等师范教育研究,2003,15(3):43-48.
③ 韦伯,等. 科学作为天职:韦伯与我们时代的命运[M]. 李猛,编. 北京:生活·读书·新知三联书店,2018:263.

实现自身的发展。

2）反思性实践作为教师全面发展的重要途径

教育的反思性实践所遵循的信念是："每人都需要专业发展的机会，所有专业人员都需要提高，所有专业人员都能学习，所有专业人员都能为自己的专业发展和进步承担应有的责任"[1]。高职院校质量文化管理的根本出发点是实现人的全面发展，作为高校"文化人"的教师，其全面发展的重要价值取向包括道德发展和学术（专业）发展，其中学术发展又包括作为教师的教学的学术发展，以及作为技术专家的应用的学术（专业）发展，而教学的学术发展是最重要的学术（专业）发展。杜威最早提出教师需要对教育教学理论知识和教育实践进行积极的、持续的反思。他认为教师的"经验"应该是通过"一种反思思维，使我们摆脱感觉、欲望和传统等等局限性的影响，吸收和融汇最精确、最透彻的思维所发现的一切"[2]。在教育工作的现实里，每一个教师在其教学工作中总会持有自己的信念、价值观、知识（技术理性的）和经验（未经反思的），以此决定自己的教学行为，并影响着学生的成长与发展。但是教师必须对教育实践中的问题始终应该保持一种自我觉识，即"文化人"应有的一种文化自觉。而反思性实践正是为教师提供的对教学信念、价值观和知识进行反思的一种方式、工具和可能，更为教师职业的全面发展提供了一条重要途径。

3）反思性实践能够促进教育教学质量的保证与持续改善

高职教育的质量目标不仅仅是关于工作的，同样重要的是学生的价值观、文化素养、情操与信念、创新与创业等，因此在上述质量目标要求下的教育实践必定是复杂的。因此，"对学生的成就来说，教师质量这个变量远比其他变量重要得多"[3]，相应地，对于专业教育质量来说，专业教学团队质量这个变量也要比其他变量重要得多。

教育工作者角色意义的丰富性要求教师成为反思性实践者。从 20 世纪以来国际教育界（尤其是美国）对教师教育的理念变化轨迹看，走过了"道德示范""技术理性"和"反思性实践"三者从对立到融合的过程[4]。这意味着今天的教师在其教育教学活动中，不能仅仅是作为一个"道德示范"者，或者是一个传递知识的"教书匠"，或者是一个传授技能的"师傅"那样的角色，原因在于他们面对的是"一项实际上永无止境，也永远不可能有止境的事业"[5]。为此，教师"需要在复杂、多变的实际教学环境中，主动地、积极地成为实际问题的解决者和教育决策的制定者并主动为自己的实践活动承担责任"[6]；需要成为一个区别于"教书匠"角色的，既具有教学学术能力，又能在教学实践中具有反思和研究能力的教育工作者。

---

[1] 卢真金.反思性实践是教师专业发展的重要举措[J].比较教育研究,2001,23(5):53-59.
[2] 杜威.我们怎样思维·经验与教育[M].姜文闵,译.北京:人民教育出版社,1991:167.
[3] 丹尼尔森,麦格里.教学评价:提高教师专业实践能力[M].陆如萍,唐悦,译.北京:中国轻工业出版社,2005:序言.
[4] 李松丽.道德示范·技术理性·反思实践:20 世纪以来美国教师教育转型发展研究[D].保定:河北大学,2019:1.
[5] 韦伯.科学作为天职:韦伯与我们时代的命运[M].李猛,编.北京:生活·读书·新知三联书店,2018:273.
[6] 常波.西方反思型教师教育思潮兴起背景综述[J].外国教育研究,2000,27(4):31-34.

高职教育的课程环境与教学情境的复杂性要求专业教学团队的所有成员成为反思性实践者。首先,高职教育的课程环境是复杂的,相比基础教育来说其课程规划、课程开发、课程实施和课程评价等,更容易也更多地受到来自国家教育政策、社会(行业与企业)需求、科学技术发展变化、教学条件等方面的诸多影响。为此,在专业教育的一个周期内,专业教学团队需要重新思考专业教育标准和课程教学标准,对课程的结构体系和内容体系做出调整,在这一过程中,专业教学团队的整体教育教学反思能力起着重要作用。其次,高职课程的教学情境更是复杂的,包括学生的学习动力、学习态度、学习对象、学习形式、学习方法等,既与基础教育的教学模式有着很大的差别,又不能完全等同于工厂学徒制培训。高职教师和学生需要在技术理论学习和技术操作行动两个不同的教学情境中来回转换,这就使得教师关于教学的学术思考更为复杂。例如,面对技术技能课程教学的复杂情境,特别是课程的知识、能力、素质教学目标,是否都能够在程式化的教学设计下达成(例如任务驱动六步法、项目课程等)?即使是在程式化的教学过程中,又应该采用什么样的教学策略来应对变化的教学情境?

高职教学学术知识结构多元化要求教师成为反思性实践者。对于高职院校的教师,特别是没有接受过师范教育的专业课教师,他们关于人才培养的教育知识和课程教学的"知识",大多是从学校教育管理者哪里得到的,或者是从自己的教师那里得到的,再或者是从职业教育专家那里得到的。从教育理论和课程与教学论的角度看,这些关于教育和课程的教学知识都是一种"学校知识",是舍恩所说的那种"技术理性"化的教学理论知识——特别是来自教育专家(包括职教专家)的"知识",但是仅凭这些知识既无法保证高职教育质量全部目标的实现,也不能保证质量的有效改善和提升。例如,高职院校课程教学目标中的知识、能力、素质目标,应该通过怎样的细节描述和策略来实行?是不是教育的所有目标都要开发相应的课程?为什么不能是基于专业的素质教育、基于专业的创新创业教育等等?面对这些高职教育教学的特殊性问题,教师应该成为反思性实践者,他们需要学习更多的知识、研究问题、反思问题,通过持续的、深入的行动,由他们自己来改善和提升教育教学质量。

二 基于质量文化管理的课程反思性实践

1. 什么是课程反思性实践

1)定义

课程反思性实践是由学校所有课程活动者共同参与的,旨在反思他们的课程行为与成果,持续地参与学习,并实现自我发展和学校质量卓越的质量管理实践活动。在这里,课程活动者指所有参与课程活动者——课程授课教师、课程运行管理者、课程学术领导者、课程政策制定者、课程质量管理者等,即全员参与;课程行为指所有课程活动者与课程有关的工作行为,即全要素、全过程的课程质量反思。

课程反思性实践是一种课程(开发、教学、管理等)质量文化管理机制,其质量管理特征表现为:以课程活动者为主体的课程质量自我保证,以课程质量卓越为学校质量卓越的主要标志,以课程组织(专业团队、教研室)文化建设作为学校文化力发展的关键保证。课程反思性实践与前面所讨论的教师反思性实践的主要差异在于课程反思性实践的主体是所有的课程活动者,但是反思性实践的主要特征是一致的:价值观导向的质量文化理念、课程管理全要素质量保证、卓越导向的教师专业化发展践行、人本位的组织文化。因此,课程反思性实践充分地体现了文化管理的理念和特征,是一种融合了科学管理的文化管理实践模式,是实现高职院校质量文化管理的一个重要途径。

2) 为什么是课程的反思性实践

(1) 从课程概念出发

职业技术教育课程按照联合国教科文组织 1997 年新版《国际教育标准分类》的定义,"是为完成预先确定的某项目标或明确规定的一组教育任务而组织的有一定排列顺序的教育活动",也可以被认为"是学校为学习者提供的为达到一定职业技术知识、能力、态度目标,并能获得今后职业资格和职业生涯能力的教育、教学活动系统"[①]。由此我们可以确定课程的背后是一群从事"教育活动"的人,这些人围绕课程组成一个"活动系统"。一般认为在学校里,反思性实践的主体是教师,但是从课程的"活动"和"系统"特征知道,课程教学质量的保证和提升是与所有课程教学、课程管理人员有关的。因此,"课程反思性实践"就是由所有参与课程活动(教学、管理)的人参与的,旨在提高课程(教学、管理)质量的反思性实践。

(2) 从课程论/教学论的认识出发

在高校最常见的管理提法是教学管理,与之相应的是对教学的质量管理,但是也有课程管理的提法,相应地又可以有课程的质量管理,两种质量管理的提法是基于不同的教育科学理论——课程论和教学论,形成了不同的质量管理对象和方式。基于教学论的教学质量管理,其质量指向是教师的教学实施过程和教学目标达成。基于课程论的课程质量管理,由于"课程管理是为确保成功地进行课程的编制、协调、实施、支持、评价和改进而履行的责任和行使的权力"[②],所以课程质量的内涵更广、更丰富,其本身也包含了课程教学质量。因此就学校人才培养质量而言,对教育质量的反思应该是对课程这一系统的所有质量要素的反思。

(3) 从提升群体文化力出发

高职院校人才培养质量主要的标志是课程质量,课程作为一个系统,课程的质量是由课程系统内各要素所决定的,也就是说学校人才培养质量是在课程系统框架内进行的。因此仅有教师个体对课程的反思是不够的,还需进一步将这样的"个体性反思实践"活动推进

---

① 程宜康.高等职业技术教育课程新论[M].北京:清华大学出版社,2010:5.
② 叶伟萍,刘建武.从"教学管理"到"课程管理"——浅析我国高校本科课程编制中的权力分配问题[J].长春工业大学学报(高教研究版),2008,29(1):52-56.

至"群体性的反思实践",即从"集体不意识"的"不思"状态推进至"集体意识"的"反思"状态[①]。这既是提升学校质量共同体群体文化力的问题,也是反思性实践体系化、制度化问题,即需要通过课程这一系统,以及所有课程活动者的课程活动过程与课程目标达成实际情况,对学校的领导力、教育教学制度、组织运行等进行反思。为此,学校的教师和所有课程活动者——管理层和教学、学生、师资等所有部门的管理者都应该参与课程反思性实践,并成为反思性实践者,这是一个有效提升学校群体文化力的重要途径。

3) 作为院校内部质量保证体系的课程反思性实践

在之前我们已经提出构建以质量文化管理理念、理论为指导,以专业质量保证体系(见第四章图4-1)为基本架构,聚焦课程质量持续提升的学校内部质量保证体系,而**课程反思性实践就是该体系中最重要的组成部分,是学校内部质量保证的主要行动体系和常态化工作机制**,对高职院校实现内部质量保证和人才培养质量持续提升具有重要的基础性保证作用。

(1) 形成以教学为中心的学校文化

构建卓越课程文化。课程反思性实践首先是将教学质量管理的对象从教师、学生转向了课程,其次是重视课程的"文化选择"——元质量(关于职业能力的、文化能力的),再者是将课程质量作为学校卓越发展的标志,使得所有课程活动者将卓越课程作为个体卓越的追求——课程教学卓越、课程管理卓越、课程学术卓越、课程领导卓越。

构建质量共同体文化。课程反思性实践使得从学校到二级院(系)和专业(课程团队),从校领导、部门[院(系)]领导到教师,形成了以课程质量保证和提升为目标,进而达到人才培养质量保证和提升目的的质量共同体。由于所有反思性活动是每一位课程活动者自主进行的,并且每一个活动需要多成员参与,反思性活动过程的设计细节将充分体现合作、协商、透明与信任,减少和减轻了成员之间的角色差异性冲突,使团队成员能够和谐地共同参与反思性实践。这样的课程反思性实践,既体现了学校良好的质量共同体文化,又增强了学校的组织文化力。

(2) 为实现学校质量自我保证提供重要机制

高度聚焦的自我诊改动力机制。课程反思性实践的所有反思性活动都聚焦于课程的教学与管理的所有内涵,反思是关于课程教学与管理的问题思考,反思的过程同时又是关于教师课程教学学术能力和管理者课程管理能力提升的学习过程,反思的目标是课程教学与管理的质量持续改进的具体行动。

自下而上的自我诊改运行机制。首先,学校教学质量的诊改运行总是要在具体的组织架构中进行,诊改的运行机制需要诊改的主体来实现,在质量诊改聚焦于课程的前提下,诊

---

① 张永祥.从学术转向到文化自觉——改革开放以来我国教育科学的自主性历程[J].西北师大学报(社会科学版),2013,50(3):76-81.

改主体由所有的课程活动者组成。其次,课程反思性实践的实施路线首先从一线的课程授课教师和课程运行管理者开始,然后进入课程学术领导者和课程质量管理者[专业主任、科室主任、分管院长(系主任)、教务处长、质量处长]的反思性实践,最后是学校课程政策制定者[分管教学校领导、校教学委员会(学术委员会)成员]的反思性实践,这一过程是自下而上的(参见图5-1)。

(3) 作为专业质量评价的重要途径和形式

专业质量评价是所有课程活动者的职责。专业质量评价体系是高职院校专业质量保证体系的重要组成部分,专业质量评价包括专业教育和课程教学标准、专业课程体系、专业教学团队、专业课程教学、专业教学成效等专业质量要素,所有这些质量要素都最终聚焦于课程的质量评价,也都最终需要落实于教师的课程教学和行政人员的课程管理(包括课程教学、课程开发、课程资源、教学条件等)。因此,专业质量评价也必然需要所有课程活动者参与,并承担相应的职责,所以课程反思性实践的内容也必然包括专业质量评价的有关内容(专业教育质量评价和专业发展能力评价)。

课程反思性实践为专业质量评价提供了一个多元评价平台。由于专业质量与每一个课程活动者相关,所以专业质量评价一定是一个多元的质量评价,课程反思性实践正是为所有的课程活动者建立的一个具有共同使命和实现卓越发展的质量共同体,使得专业质量多元评价成为可能,也能够让这样的评价从每一个课程活动者自身开始。

2. 课程反思性实践的基本架构

1) 课程反思性实践的主体与主要反思领域

课程反思性实践的主体是学校所有课程活动者,包括:各类课程的授课教师、课程运行管理与支持者(包括条件保障与服务)、课程学术领导者、课程质量管理者、课程政策制定者等五大类课程活动主体。上述五类课程活动主体对应着相应的课程反思性实践领域,具体的反思领域(但不限于)包括:

(1) 课程教学的反思性实践

反思主体:各类课程,包括第一课堂、第二课堂课程的授课教师。反思领域包括:价值观(个人的、课程的、教学学术的)、师生关系、教学目标、学术诚信、教学技能、课程设计、课堂管理、团队合作、信息技术、专业实践、应用研究和行动目标。

(2) 课程运行管理的反思性实践

反思主体:学校教务处管理人员、二级院(系)教务秘书、实验实训管理人员、教学服务人员以及其他相关人员等。反思领域包括:价值观(个人的)、管理目标、课程机制、课程文件、课程保障、团队合作、执行力、学术诚信和行动目标。

(3) 课程学术的反思性实践

反思主体:校级教学、科研管理部门负责人、系部负责人、专业主任、教研主任等。反思领域包括:价值观(个人的、多维学术的)、学术诚信、课程设计、课程开发、信息技术、团队合作、领导力和行动目标。

(4) 课程质量管理的反思性实践

反思主体:校质量委员会、课程考试委员会成员,校系二级质量管理负责人等。反思领域包括:价值观(个人的、质量的)、质量目标、改善目标、管理关系、领导力、学术诚信和行动目标。

(5) 课程政策制定的反思性实践

反思主体:分管教学、科研等业务的副校长,教学委员会和学术委员会成员等。反思领域包括:价值观(个人的、学校的、管理的)、课程政策、卓越目标、管理关系、领导力、学术诚信和行动目标。

2) 课程反思性实践的行动层次

课程反思性实践的行动分为三个层次(图5-1):

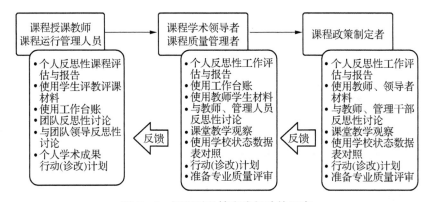

图5-1 课程反思性实践行动的层次

第一层次是课程实施层(基础层),包括教师的课程教学反思性实践以及行政人员的课程运行管理(包括教学服务)反思性实践。参与者为课程授课教师、教学运行管理人员。

第二层次是课程学术层,是在第一层次的课程教学反思性实践和课程运行管理反思性实践的基础上进行的深入的反思性实践,目的是为学校层面的课程反思性实践做准备。参与者为课程学术领导者和课程质量管理者。

第三层次学校课程决策层,是全校性课程反思性实践,是提出学校年度质量自评与诊改报告的基础。参与者为学校相关领导、核心部门负责人等课程政策制定者。

上述三个层面、五个领域的课程反思性实践在具体实施过程中不是各自独立、分割的,而是相互关联、层层递进的,在每一层次之间保持信息通畅,反馈及时。

3) 课程反思性实践的持续性和自主性

课程反思性实践作为学校内部质量保证体系的重要部分,是学校人才培养质量诊断与改进的具体行动,以自然年度为行动周期。在行动的时间轴上,教师的课程教学反思性实践是贯穿于一年的持续性行动,课程运行管理、课程学术、课程质量管理的反思性实践行动主要在学期末进行,学校课程政策反思性实践在年末进行,也是学校质量年度评估的主要环节。自主性是课程反思性实践的重要特点,尤其是教师的课程教学反思性实践,在其持续一年的反思性实践过程中,在学校提供的反思性实践行动框架内,教师自主地完成所有的反思活动。因此,课程反思性实践是一个学校宏观管理和所有成员自我管理相结合的质量文化管理模式。

3. 课程反思性实践的机制与策略

1)"反思性实践"如何实践的问题

反思性实践在本质上是实践活动,但是由于这样的实践活动是基于思维活动的实践,对于反思者来说,反思者到底反思了没有? 反思者反思到了什么? 反思者是否有了认识上的超越? 这些问题使得"如何评价反思性实践成为实践难题"。为此,我们"需要合理的机制(对话、语言、意义和叙述等)"[①],让反思性实践既是源于思维的,又是可通过行动被"测量"的,也就是说机制才是反思性实践能否真正成为可实践的关键,而与机制相对应的策略则是反思性实践的活动能否获得好的成效的关键。

2)课程反思性实践的"四三"机制

课程反思性实践的"四三"机制从整体上可以表述为"四步三阶段"。四步是指"对话——诊断——协商——行动",其中每一步的过程都体现为一种反思性实践机制;三阶段是指每一步(机制)都有三个阶段的具体过程:"对话"的过程是话题讨论、意义分享、事实明晰,"诊断"的过程是自我反思、交叉评论、问题评估,"协商"的过程是同理心反思、共识寻求、目标确定,"行动"的过程是任务与合作、观察与调适、行动评估,如图5-2所示。

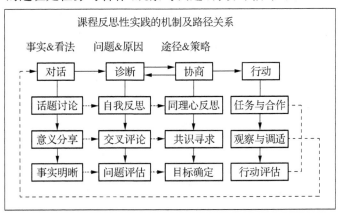

图5-2 课程反思性实践的机制及路径

---

① 涂三广.做反思性实践者:为何与何以可能——基于英国职教教师专业发展的考察[J].职教通讯,2018,33(11):1-6.

这里需要特别说明的是：① 反思性实践的对话、诊断、协商、行动之间并不是绝对分割性的操作步骤，只是提供了一种问题解决的路径。事实上，"对话"在整个反思性实践中始终是存在的，"诊断"与"协商"是一个互动的关系。② 在图中每一个机制的表达都会指向一个阶段性目标，这些目标之间又具有一定的逻辑关系。给出上述两点说明的意义在于，如何设计、设置对话的话题，对于反思性实践的具体切入是十分重要的。

（1）对话机制

课程反思性实践活动的基本形式是对话，对话既是在一个层次内进行，也在层次之间进行。在预先设定的若干讨论话题框架内，学生、教师、专业（教研室）主任、院长（系主任）、教务（质量）处长、校领导等相互进行对话式的讨论。这样的讨论既是基于现象和事实的，更是基于每一个人自身的认识和理解的，他们各自在对话过程中的角色是平等的、善意的，每一个人都需要以开放的心态，谦逊地、欣赏地充分倾听他人的想法。通过开放但聚焦的话题讨论，每一个参与者通过他人的陈述和看法，获得相应的意义分享，并逐渐趋于事实的明晰，获得客观事实的基本描述，获得相应的意义建构。

（2）诊断机制

面对客观事实，每一个讨论者需要以理性思维进行思考，这是一个自我反思的过程，基本出发点是我们需要了解和认识自己在事实中的角色、作用，这是一个具有挑战性的过程，因为每一个人总是容易坚持自己的观点，而把问题交给别人。交叉评论同样具有挑战性，因为评论别人或非自身的问题时，容易引起观点对立，或自身对问题的认识存在误差，但是交叉评论是必要的，只有观点的相互了解和碰撞，才会让问题得到深入和细致的分析与厘清，最终使得问题及产生原因得到客观的评估，这是问题解决的前提。

（3）协商机制

在获得问题的客观评估后，便是要进入对问题解决的讨论，质量共同体的每一个主体由于其自身的角色和位置的不同，对于自己和要求他人在解决问题的中的作用和责任的认识总是会有差异的。这就需要每一个人能够站在对方的位置换位思考，然后再想我能够做什么，我应该做什么，我怎么做会更好，这就是同理心反思，这也是问题解决协商的心理前提。协商是为了获得问题解决的共识，经过同理心反思的人更容易调整自己的立场，更有助于共同商讨问题解决的目标，寻找质量改进的途径，寻求合适的行动策略。

（4）行动机制

反思性实践的行动机制具有双重意义：一是反思后需要有一个教育教学质量改进与提升的发展行动——行动的发展意义。这一行动的主要环节是，首先需要明确每一个成员的任务，以及相互合作要求，包括责任与细节；其次是在行动过程中需要随时观察改进行动产生的反映与效果，对出现的问题做出必要的调适；最后是在一个行动周期结束后需要对行动做出评估。二是反思本身就是一个学习行动过程——行动的学习意义，就反思性实践的本质来说,每一个成员的反思不是仅仅停留在思维层面的思维活动,而是在个体和成员之间展开的行动学习和行动研究,即质量保证与改善的实践是反思性的。

3) 课程反思性实践的策略

(1) 情境策略

反思性实践在本质上是一个行动性的学习过程,反思与学习只有在一定的情景中才具有意义,因此为这样的行动性学习创设恰当的情景是必要的,也就是说我们需要为课程反思性实践者提供一个能够帮助他们进行反思的情景框架,这样的情景框架包括话题与事件。

选择话题。对话机制在反思性实践的过程中具有重要作用,由于对话在所有层面、所有环节中存在,对话的话题设置与设计既是目的性要求,更是策略性需要。对话话题设置与设计的策略性包括:① 相关性。话题必须与每一个人都相关(利益相关性),话题本身要让大家感兴趣,有吸引力,让大家愿意讨论,也就是说话题应该是一个能够反映质量共同体内所有人共同价值观的,并愿意分享的。② 具象性:如果话题是一个抽象问题,那必须予以具体化的陈述,话题的表述应该是大多数人所具有的背景知识能够理解的,讨论还应该是通过细节来展开的。③ 开放性:话题讨论的开放性不仅意味着对所有利益相关者的开放,更重要的是讨论者可以用他们自己认为可以说明(解决)问题的理论、工具和技术,因为一个开放的话题讨论情境创设,也是对所有参与者的价值观及兴趣点的尊重,只有提供真正的开放性情境,人们才会更加愿意参与对话,也只有在开放性的对话中所形成的共识,才是一个真正有意义的共识。

选择事例(事件)。基于反思性实践的质量诊断,总是要针对具体的质量事例或事件展开,而反思的过程就是质量诊断的过程。通过事例或事件所创设的情境具有以下特征:① 多问题性:由于一个事例或事件本身是一个过程,涉及的要素多,现象(表象)性的东西多,因此可能引出的问题也会更多,更复杂。② 非预设前提性:由于质量事例或事件的多问题性,特别是很多问题本身是结构不良(完整)的,所以无法为反思者预先提供所有问题和细节,以及问题解决的方向,因此反思性实践并不能为质量诊断预设前提。③ 意义建构性:事件讨论不是就事论事的,讨论的过程本身是个体主动建构知识、获得意义的过程,事件本身不是目的,通过事件反映出的问题建构新的知识才是目的,因此,事件的选择和讨论(对话)最终需要有一个重新认识、组织原有知识,重构新知识,并且获得事件(问题)本身所内蕴的意义,以及解决途径和办法。

(2) 反思策略

引导沉思。课程反思性实践对每一个反思者来说,不能成为一个浅尝辄止走过场的形式,而是需要通过真正的沉思,才能获得反思的效果。一般情况下,个体的反思并不容易进入有针对性的和有意义的沉思,因此我们通常需要针对不同的角色群体,提供相应的引导沉思的反思框架,或者叫作反思指南。这一引导沉思的反思框架包括:① 对反思目的的认知引导,例如质量卓越对每一个反思者(角色)意味着什么;② 提供由浅入深的反思路线,例如教师关于从教学到教育的深度思考,管理者从管理行为到文化力的思考等;③ 预先提供若干关键性的反思问题,作为反思的问题锚定;④ 对反思过程及成果做出自我评价,例如在(某一或整个)反思活动结束后自问,对自我有什么新的了解?自己做得好吗?今后考虑做出哪些改变?将如何行动?

发现意义(构建)。课程反思性实践对于学校质量保证和持续提升来说,并不仅仅是问题反思或问题诊断,同样重要的是意义发现和意义建构。我们常常受困于自己的经验,根据经验对事件做出判断,或者局限于事件所呈现的表象而就事论事。而反思性实践强调的是将反思作为一种实践性的行动,即需要将事件、问题放入其自身本来的情境之中,以实践者的身份进入情境,寻找该事件或问题所具有的某些隐喻,并努力地体验这些隐喻(例如:哦!原来不是,或不仅仅是我们所想的那样,还有别的或更多的意指)。这是一个意义发现和寻找的过程,更是一个意义建构的过程,意义建构既是反思性思考的一种思维方式,也是反思性实践的目的。所以我们总是在不断地提醒自己,在学校质量管理的所有表象后面,需要努力地解读其文化内涵,将文化的意义建构作为质量管理的重要任务。在具体的行动方面,以后要讨论的发展性评价,正是具有更多质量意义发现的反思过程。

换位思考。现代意义上的反思性,需要克服其唯我主义倾向,因此反思者应该跳出自身的角色,以对方的角色认识自己。例如:如果你是一个老师,可以回顾在自己学生时代的学习经历中,那些"好"老师的教学给你留下的深刻印象是什么,那个"差"老师的教学又是怎样的。如果你是一个行政管理者,可以设想自己是一个老师,你认为管理者了解教学吗?他(她)为你提供帮助了吗?换位思考对于改善对话气氛非常重要,因为每一个人都希望被他人理解,但前提是自己要能够理解他人,因此换位思考应成为必需。

获取共鸣。在同一或不同角色群体(例如教师、行政管理者、学生辅导员等)中,讨论(对话)价值观、教学模式(方法)、管理模式(方法)等某一特定主题时,可以为某一话题设置若干条词语,让参与对话(讨论)的成员从中选出他(她)赞成、同感的几个词语,从中获得大家比较一致的看法。这是一个产生共鸣和获取共识的过程,这一过程也使得个体可以通过其他人获得动力,同时又让质量共同体形成更为深刻和稳固的质量文化内涵。

寻找榜样。对于每一个课程反思性实践者来说,反思过程也是一个寻找榜样的过程。寻找榜样不同于我们习惯并乐于做的类似"评先进"和"评优"那样的外部"激励",这样的"榜样"往往成为对个人的功利性驱动,我们提出的发现榜样是让反思性实践者自己在与同事、领导的互动对话中,寻找和发现对自己学术成长获有所启迪、有所鼓舞的人和事。因此,反思性实践需要提供"寻找榜样"的反思(学习)情境创设,通过与他人的对话与互动促进反思,这也是质量共同体和学习共同体建设所需要的。

(3) 行动策略

价值引领。反思性实践作为质量文化管理的重要形式,其核心理念是基于价值观的管理。如何让价值观管理理念成为价值观管理实践,在实际行动层面往往是不容易被体现和保证的,为此我们提出价值观引领的课程反思性实践行动策略。价值观引领的反思性实践行动,就是将关于学校教育、教学和个人职业(教育工作者)的价值观认识,作为每一个学校成员反思性实践的首要任务,并且在反思性实践所有过程中予以体现和思考。这样的思考不仅仅是对自身价值观的认识和理解,更重要的是通过反思性实践,理解自身所持有的价值观与学校核心价值观的一致性与差异,例如学校对质量卓越的追求,是否与自身发展的愿望和努力相一致,等等。

任务驱动。尽管课程反思性实践是由教师、行政管理人员自我管理而实现的质量保证行动,但依然需要在相应的行动机制下,通过任务来促进和实现反思,以确保反思有效。行动任务应该具有:① 清晰性:反思任务的描述必须是清晰的,包括反思的目的、内容、成员、操作、结论等。② 持续性:反思性实践是由多个任务组成,并持续进行的。③ 层次性:所有任务之间是具有一定逻辑关系的,是多层次演进的。④ 可行性:所有任务都是可操作、可实现的。

成果导向。由于课程反思性实践具有行动的学习意义和行动的的发展意义,因此相应的行动成果导向也具有学习的成果和发展的成果两个指引:① 学习的成果是指通过反思所形成的对质量问题的认识,对质量现象的意义认识,对质量改善的认识等,即认知性成果,例如《教师课程教学反思性实践报告》等。② 发展的成果是指通过反思活动所确定的,与学校、团队、个体今后发展目标相对应的具体成果要求,例如教师的教学反思性实践行动成果的发展成果,可以提出四个学术维度发展的具体要求,学校和院系人才培养质量、科研质量提升的成果。

自我评价。每一个参与反思性实践的学校成员都需要在一个反思性实践活动循环结束时进行自我评价,评价自己对反思性实践的认识,在反思性实践活动中自己是否感到满意,以及自己得到了什么样的收获。

4. 课程反思性实践的成果要求

课程反思性实践作为院校内部质量保证主要行动体系,对于所有质量主体(质量活动者)而言不仅是一个反思的思考过程,更是一个对质量的自我保证和诊改行动,因此每一个参与课程反思性实践的教师、管理者、专业、二级院系都需要通过反思性实践,获得并形成相应的成果,这些成果既具有反思性实践自身的成果意义,同时也具有学校内部质量保证与诊改的成果意义,并纳入国家教育政府部门要求的"高等职业院校对内部质量保证体系运行情况及效果进行自主诊改"的统一框架之内[①]。

---

① 参见江苏省教育厅印发的《江苏省高等职业院校内部质量保证体系诊断与改进工作方案》(苏教高〔2016〕9号)。

1）教师层面

《教师课程教学反思性实践报告》

2）专业层面

《专业质量年度评审与诊改行动报告》

《专业质量综合评审报告》（三年诊改周期）

3）院系层面

《院（系）专业质量年度评审与改进行动报告》

《院（系）专业质量综合评审报告》（三年诊改周期）

4）学校层面

《学校人才培养质量年度评审与改进行动报告》：该报告包括了政府要求的《人才培养质量年度报告》和《人才培养工作状态数据分析报告》的所有内容。

《学校内部质量保证体系自我诊改报告》：这是按照政府要求的三年诊改周期需要提交的报告，也是在学校在该周期内每一年所提交的《学校人才培养质量年度评审与改进行动报告》基础之上形成的。

三 课程反思性实践的角色与责任

1. 教师课程教学反思性实践

教师课程教学的反思性实践活动由教学团队所有成员共同参与，包括专业（教研室）主任、二级院（系）院长（主任）、学生，其中教师的课程反思性实践是基础。课程反思性实践内容，以及团队其他成员的角色与职责是：

1）教师课程教学反思性实践内容

内容包括：关于学校教育、教学和个人职业的价值观看法（**注**：这是所有具有教师身份的学校成员的反思性实践内容）；对于学生对教师所授课程及其教学的评价和建议的看法；对于学情、教学（师生）关系的认识和看法；对于自己在教学过程中表现出的教学方法、能力的认识；对于学院的专业设置、课程体系与内容、专业技术发展等的看法；对于自身学习需求、学术发展的看法和愿景；对于专业（课程）质量与建设、学院课程（教学）质量管理的看法，等等。

2）教师的角色与职责

使用学生评课评教问卷的数据，以及课程考核情况，提出帮助学生解决学习困难，提高学习成效的办法；针对学生评课评教问卷中关于教师教学的问题、期望，提出改善自身教学问题的思考和举措；提出个人持续学习和学术发展的期望和具体行动计划；教师使用学校人才培养状态数据表，提出专业（课程）改革与建设的建议；与学生举行多次，与院长（系主任）、专业（教研室）主任、其他教师举行一次以上的反思性讨论；提出包括课程质量改进与提升行动的"教师课程反思性实践报告"。

3）专业（教研室）主任的角色与职责

专业（教研室）主任负责本专业教师课程的教学反思性实践的组织与实施。使用材料包括：学生评课评教问卷；课程学习材料（作业、试卷等）；学生课程学习目标达成情况（课程成绩）；教师反思性课程评估报告；学校状态数据表。职责包括：根据教师提出专业（课程体系）的整体性问题、诊改建议，以及学生评课评教问卷和课程材料（作业、试卷等），对教师进行课堂教学观察，并同教师反馈性沟通；向院（系）提供具有普遍或特殊意义的教师反思性课程评估报告，并提出"专业质量年度评审与诊改行动建议"。

4）院（系）主任的角色与职责

二级院（系）主任负责本教学单位教师课程的教学反思性实践的组织与实施，确保学生评课评教问卷调查和教师课程反思性实践的组织是有效的。使用材料包括：学生评课评教问卷；"教师反思性课程评估报告"；"专业质量评审与诊改行动报告"；学校状态数据表。根据学生评课评教问卷反映的重点问题，了解课程教学质量的总体情况、特别问题，对教师进行课堂教学观察，并给予教师反馈性沟通。职责包括：与专业（教研室）主任、教师一起共同召开反思性课程评估会议，包括通过电子邮件或视频的形式，与教师讨论专业课程教学质量问题，必要时需要与学生一起讨论；尽力满足教师的学术学习和教学支持的需求，以电子邮件（或书面等）形式告知教师（包括专职，兼职，兼课）所需要的诊改要求；向学校提交"院（系）人才培养质量年度评审与改进行动报告"。

5）教务处处长的角色与职责

教务处处长负责全校课程教学的反思性实践的组织实施，确保全校课程的教学反思性实践是有效的。使用材料包括："院（系）专业质量年度评审与改进行动报告"；院（系）提供的典型的教师反思性课程评估报告；二级院（系）教师课程反思性实践活动摘要；学校状态数据表；院（系）质量诊改行动计划。职责包括：召开由教务处主要成员、质量部门主要成员、院（系）主任等一起参加的学校反思性课程实践会议；向院（系）反馈课程教学质量诊断情况和改进建议；提出学校专业质量年度评审与改进意见，并列入"学校人才培养质量年度评审与改进行动报告"。

2. 课程（教学）运行管理反思性实践

课程（教学）运行管理的反思性实践活动由学校教务处处长、相关科室负责人、二级院（系）分管教学院长（主任）、教学秘书、专业（教研室）主任等成员共同参与（必要时教师和学生也应参与），其中院（系）教学秘书和学校教务处科室负责人是课程（教学）运行管理反思性实践的主体。

1）二级院（系）教学秘书反思性实践内容

内容包括：对于本院（系）课程（教学）运行状态（效率、效果等）的评价和看法；对于学校和院(系)之间二级管理的关系的看法;对于教师、学生对本院(系)和学校的课程(教学)运行管理的评价和建议的看法;对于自己在课程(教学)管理过程中表现出的管理知识、能力的认识;对上一年度提出的本年度诊改行动实施的评价和看法;对于自身学习需求、学术发展的看法和愿景,等等。

2)院(系)分管教学院长(主任)的角色与职责

二级院(系)分管教学院长(主任)负责本教学单位的课程(教学)运行管理反思性实践。使用材料包括:院(系)教学工作(周)月历及相应的工作日志;教学任务安排与完成记录;教师、学生日常教学记录;实验(实训)室日常管理记录;学校状态数据表,等等。职责包括:在一个学年度内,与教学秘书、专业(教研室)主任至少举行一次以上的反思性讨论;向学校提交本教学单位的课程运行管理改进的行动意见,并列入"院(系)人才培养质量年度评审与改进行动报告"。

3)教务处科室(教务、教学、实践等)负责人反思性实践内容

内容包括:对于学校课程(教学)运行状态(效率、效果、问题等)的评价和看法;对于院(系)对学校(教务处)的课程(教学)运行管理的评价和建议的看法;对于学校和院(系)之间二级管理的关系的看法;对于自己在课程(教学)管理过程中表现出的管理知识、能力的认识;对上一年度提出的本年度诊改行动实施情况的评价和看法;对于自身学习需求、学术发展的看法和愿景。

4)教务处处长的角色与职责

教务处处长负责教务处课程运行管理反思性实践的组织与实施,确保全校课程(教学)运行管理反思性实践活动是有效的。使用材料包括:二级院系、教务处各科室提出的课程运行管理报告;教务处工作月(周)历及相应的工作日志;教学任务安排与完成记录;学校教学事故处理报告;学校学生期中教学座谈会记录;学校状态数据表,等等。职责包括:在一个学年度内,与分管教学主任、教学秘书、教务处科室负责人至少举行两次以上的反思性讨论;向院(系)反馈课程(教学)管理诊断情况和改进建议;提出学校课程运行管理改进的行动意见,并列入"学校人才培养质量年度评审与改进行动报告"。

3. **课程学术反思性实践**

课程学术的反思性实践由学校分管教学院(校)长、教务处处长、二级院(系)分管教学院长(主任)、专业(教研室)主任等成员共同参与,其中专业(教研室)主任是课程学术反思性实践的主体。课程学术反思性实践内容,以及相关成员的角色与职责是:

1)**课程学术反思性实践内容**

内容包括:对于专业(全校性公共课教研室)课程的评价和看法——就业能力要求变化的适应性、技术发展要求的适应性、学生学情适应性等;对于学业标准和课程教学标准的评价与看法;对于专业课程体系(结构与内容)和课程开发的评价和看法;对于来自专业指导委

员会企业专家建议的看法;对于课程教学模式(方式、方法等)的评价和看法;对于课程教学中现代技术使用的评价和看法;对于学生课程学习绩效的评价与看法;对于课程教学质量评价方式的评价与看法;对上一年度提出的本年度诊改行动实施的评价和看法,等等。

2) 专业(教研室)主任的角色与职责

专业(教研室)主任负责本专业(教研室)课程学术反思性实践,其基础是教师的课程教学反思性实践。使用材料包括:教师反思性课程评估报告和实际观察材料;学生评课评教问卷;学生教学质量座谈会记录;教师听课记录;专业指导委员会中来自企业的评价与建议;毕业生反馈材料;学生学业(学籍)状态(课程学习目标达成情况);学生就业情况;学校状态数据表。职责包括:提供上一年度专业(课程)诊改行动的执行情况;向本院(系)提出"专业(课程)质量年度评审与改进行动报告"。

3) 二级院(系)分管教学院长(主任)的角色与职责

系主任负责本教学单位课程学术反思性实践的组织与实施。使用材料包括:各"专业(课程)质量年度评审与改进行动报告";有代表性的教师反思性课程评估报告和实际观察材料;学生评课评教问卷;学生教学质量座谈会记录;教师听课记录;学校二级专业指导委员会中来自企业的评价与建议;毕业生反馈材料;学生学业(学籍)状态(课程学习目标达成情况);学生就业情况;学校状态数据表。职责包括:在年度内与专业主任、教师一起召开不少于两次的课程学术反思性会议;向学校提交本教学单位的专业(课程)质量评审与改进行动意见,并列入"院(系)专业质量年度评审与改进行动报告"。

4) 教务处处长的角色与职责

学校教务处处长负责学校课程学术反思性实践的组织与实施。使用材料包括:"院(系)专业质量年度评审与改进行动报告";有代表性的教师反思性课程评估报告和实际观察材料;学生评课评教问卷;学生教学质量座谈会记录;教师听课记录;专业指导委员会中来自企业的评价与建议;毕业生反馈材料;全校学生学业(学籍)状态(课程学习目标达成情况);学生就业情况;学校状态数据表。职责包括:在年度内与院(系)分管教学院长(主任)一起召开不少于两次的课程学术反思性会议;向院(系)反馈专业质量诊断情况和改进建议;代表教务处提出"学校人才培养质量年度评审与改进行动报告"的讨论稿。

4. 课程质量管理的反思性实践

课程质量管理的反思性实践由学校分管教学院长、质量处处长、教务处长、二级院(系)质量管理负责人、分管教学院长(主任)、校园(系)质量委员会成员等共同参与。课程质量管理的反思性实践内容,以及相关成员的角色与职责是:

1) 课程质量管理反思性实践内容

反思主要针对质量管理活动本身,内容包括:院(系)质量管理制度执行情况;教学事故发生与处理情况;教师和学生对学校质量管理的看法;学校质量管理环境,等等。

2) 院(系)质量委员会成员的角色与责任

学校、院(系)质量委员会成员[不包括院(系)以上具有行政职务者]是课程质量反思性实践的主体。使用材料包括:二级质量管理日志;听课记录;学生质量座谈会记录;教学事故处理记录;教学检查记录;质量评奖材料;全校学生学业(学籍)状态(课程学习目标达成情况);院(系)课程反思性实践年度报告;学校状态数据表,等等。需要书面提出:关于基层教学单位质量管理效能的看法和改善意见;对学校、院(系)与教师三方在质量管理中的关系的看法与建议;对质量管理冲突的看法和建议;帮助教师职业和学生学业发展的看法和建议;改善和提升专业质量和学业质量的看法和建议,等等。

3) 院(系)质量委员会主任的角色与职责

二级院(系)质量委员会主任负责本教学单位课程质量管理反思性实践的组织与实施。使用材料包括:前述材料;每一位质量委员会成员提出的书面看法和建议。职责包括:年度内与本单位质量委员会成员(包括教师、学生代表)举行两次以上的反思性讨论;向学校质量处提交本院(系)的课程质量管理改进的行动意见,列入"院(系)专业质量年度评审与改进行动报告"。

4) 学校质量处处长的角色与职责

学校质量处处长负责学校课程质量管理反思性实践的组织与实施,使用材料与院(系)质量委员会主任相同,职责包括:年度内与院(系)学校质量委员会主任(包括其他成员、教师、学生代表)举行两次以上的反思性讨论;向院(系)反馈质量管理诊断情况和改进建议;向学校提出"学校质量管理改进的行动意见",并作为"学校人才培养质量年度评审与改进行动报告"内容的一部分。

5. 课程政策的反思性实践

学校课程政策是指学校所有与课程有关的教育教学决策、规定、要求等,对课程政策的反思也就是对课程(非具体课程)的元反思。课程政策反思性实践由学校教学委员会、质量委员会全体成员、教务处、质量处、科技处处长(但不限于)共同参与。课程政策反思性实践内容,以及其他成员的角色与职责是:

1) 课程政策反思性实践内容

内容包括:学校质量方针;学校质量目标;学校教学改革状态与成效;学校专业质量状态(教育质量、发展能力);学生身心健康状态;学生质量就业情况;教师发展状态与成效;专业发展能力状态;学校本年度质量改进与提升行动状态与成效;学校教育教学改革(工程、项目)效能;学校质量管理效能;学术领导力;新知识、新技能学习;改革、创新的意愿和行动;对高职教育发展(政策、环境、前景等)的看法,等等。

2) 学校教学委员会、质量委员会成员的角色与职责

学校教学委员会、质量委员会成员是学校课程政策反思性实践的主体。使用的材料包

括:教务处提出的"学校人才培养质量年度评审与改进行动报告"(讨论稿);质量处提出的"学校质量管理改进的行动意见";学校人才培养状态数据表;二级院(系)的"院(系)专业质量年度评审与改进行动报告";具有典型性的"专业教育质量评审与诊改行动建议";校专业指导委员会中来自行业和企业的评价与建议;国家有关教育发展与改革的文件,等等。职责包括:全年参与不少于两次的院(系)反思性讨论;提出人才培养质量(包括培养模式、专业、课程等)改进行动建议;提出质量管理改进建议;提出专业标准和课程教学标准制定的调整意见;提出"学校人才培养质量年度评审与改进行动报告"修改意见。

3) 学校教学委员会/质量委员会主任的角色与职责

学校教学委员会主任领导负责学校人才培养质量改进行动,指导全校课程反思性实践和专业质量年度评审。学校质量委员会主任领导负责学校人才培养质量年度评审,指导专业质量年度评审,使用材料:同上所述。

四 加拿大百年理工学院基于卓越教学的教师反思性实践[①]

教师反思性实践在加拿大百年理工学院被很好地实行,其重点在于自我导向和自我评估,也是对教师进行评估的重要依据,以期改善教学质量和提高教学工作效率。同时学校教师反思实践活动作为一种反思工具,为教师提供必要的信息,是指导和帮助教师教学成长和学术发展的学习行动。为此,学校要求每一位教师发挥"作为一名教师的全部潜力需要深刻的个人反思,并开放地充分倾听(包括倾听自己),批判性地处理,并以谦逊和欣赏的态度执行他人的反馈"。学校有一个操作性很强的 *Faculty Leadership:A Reflective Practice Guide for Community College Faculty*(《教师领导力:社区学院教师反思性实践指南》,以下简称《指南》)。

1. 反思的三个层次

《指南》在美国著名教育家欧内斯特·L.博耶(Boyer)的教与学四维度学术定义基础上,提出了教与学的学术框架(SoTL)——动态并重叠的三个领域:教学的知识、教学的自我认识、教学的自我发展,以及三个领域相应的知识,以此作为对教师教学发展的要求(图5-3)。

1) 基础知识(教师必须"知道什么")

通过教学技能、研究与跨学科知识,以及将课程国际化和本土化的能力来证明,这一层次的反思将帮助教师了解自己是如何教学的。

2) 人文知识(教师必须明白什么是教师的"价值")

影响教学和学习的教师自我内在特征,如伦理和情感意识、文化谦逊、跨领域教学和持续的反思,这一层次的反思是对教师职业(教育教学)的文化能力反思。

[①] Wells,S,MaCaie,L,Barker,M,Herie,M. Faculty Leadership—A Reflective Practice Guide for Community College Faculty[M]. Indianapolis:Dog Ear Publishing, 2018.

3) 元知识(教师必须明确如何"行动")

行动的技能和能力,如创造力、探究和创新,解决问题和批判性反思,以及跨学科的沟通和协作,这一层次的反思是付诸行动的思考。

上述三个层次的反思并不是各自独立的,而是在每一个反思性实践活动中都会被要求。

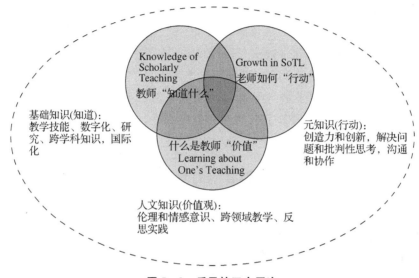

图 5-3　反思的三个层次

2. 教师反思性实践过程

《指南》为教师反思性实践的所有参与者明确了其工作角色和责任,包括教师、专业主任、系主任等。反思性实践每个学年都进行,分为四个阶段,共 25 个活动,每个活动都需要有工作记录和反思性报告。

1) 认识卓越教学

第一阶段的反思性实践包含了 2 个活动:认识学院提出的教学卓越能力框架;价值观自我认识(你理想的教学自我)。其中教学卓越能力是学校卓越教学和质量框架(TEQF)的一部分,并符合学院质量保证标准。特别重要的是将价值观作为教学反思的第一步,教师需要知道"优秀教师是什么样子的",自己持有的最重要的价值观是什么,这是我们对百年理工学院教学质量管理最深刻的印象之一。

2) 深入了解你是如何教学的

第二阶段的反思性实践包含了 10 个活动:引导信念调查(了解学生眼里你的价值观);认识自己的教学风格(价值观在课堂教学中的体现,通过询问学生、同事、领导);你的教学与学生学习成果是否相符(从一次作业或测验开始);浏览自己的教学之旅(邀请同事参加评价你的教学技能);课程教学效果和学习成果(询问学生);中期的反思实践(持续 7 周,做得更好);数字世界中的教学(能否很好地运用在线教学);创造和谐学习的课堂(你的课堂是否受到学生欢迎和学生不被"伤害");更深入地询问学生(学生专题研讨小组,收集定性数据);推进学术诚信(你的方针和做法)。这一阶段是围绕教师授课的教学展开的反思,我们印象特别深刻的是:学校依然首先从价值观出发,要求教师将自己选择的价值观,与学生在学习过程中所感受到的教师的价值观进行比较。学校十分关注教师在教学过程中是否尊重学生,是否与学生一起坚守学术诚信。

3) 教学之外的更深层次的反思:超越教学

第三阶段的反思活动包含了11个活动:价值观再反思(什么是你理想的教师自我,超越教学);课程(目标、内容、结构等)设计(向行业专家和课程专家询问);作为团队成员的角色(通过团队会议,询问同事对自己作为团队成员的印象和看法);对课程学术领导力的自我评估(使用李克特量表评估自己的领导能力);课堂之外与学生的互动(向你的同事请教,以分享学生管理经验);与你的领导交谈(与专业主任交谈,得到有意义的特定或焦点问题的"诊断"见解和行动建议);如何管理好你的课堂(防止和最大限度地减少课堂中破坏性学生行为的策略);课程和教学对象的多样性(教学对象的多样性因素:宗教、年龄、民族、语言、身份、住房、区域等);评估包容性教学法(以学生为中心:创造一个总体的学习环境,让所有学生感受到同样的尊重和包容);课程教学设计是否运用UDL方法(通用学习设计);保护学生的隐私(学生的私人信息应该始终得到教师的保护)。这一阶段的反思依然是以价值观思考引导,让教师作为课程领导,通过课程管理的所有方面进行反思,意味着教师不仅要以课程授课者的角色反思教学,更要以教育者的身份来反思教师的教育责任和课程的学术领导力水平。

4) 采取行动:走向卓越教学

第四阶段有2个活动:总结性主题讨论(与领导交换反思性实践的认识和收获);付诸行动(提出走向卓越教学的行动方向)。这是反思性实践活动的总结阶段,教师需要真正了解作为教师的自己,在反思性实践过程在哪些方面实现了不断的自我改进。这也是下一个反思性实践活动的动员,教师需要提出自己在博耶四维度学术领域的行动目标,《指南》对此给出了具体的行动方向和量表。

3. 若干启示

1) 价值观导向的质量文化理念

百年理工学院推行的教师反思性实践是价值观导向的,从四个活动阶段中的三个层次反思性实践看,所有反思活动阶段都是从价值观反思开始的,并且充分体现了质量文化的核心价值——学生、教师、学校的共同发展。

(1) 学生发展价值

学校教育的价值主要体现于学生的发展价值,《指南》为我们呈现了学生发展的三个价值领域：

道德教育价值——学生发展根基。《指南》充分体现了百年理工学院素养为本的教育信念，其中"诚信""诚实""真实""承诺""责任""尊重"等价值取向不仅作为教师自身行为的指引，同时也是教师在教学过程中对学生行为的价值要求，特别是学术诚信成为该校最重要的质量文化名片。

职业教育价值——学生生涯发展。《指南》所展示的教师反思性实践，也充分展示了其职业教育价值。作为学校专业（课程）质量评审体系中的一部分，教师反思的实践对象是课程及教学，所以在《指南》中，教师的专门工作经验、课程内容的职业工作性、课程教学的实践比例要求、项目教学、行业的参与等等都成为教师教学反思的重要内容。

学生自我价值——学生发展信心。《指南》要求的教师反思性实践活动不与学生相关，并且学生直接参与的活动有一半。特别地，《指南》能够让"爱"的教育，通过"尊重""公平""同情""包容""服务""管护"等价值取向来体现，通过创造和谐学习课堂、课堂环境管理、课程教学对象多样性、学生隐私保护等四个反思活动具体体现学校教育的学生自我价值。

（2）教师发展价值

教师发展是高校的重要话语之一，也是教师最为关注的话题，对于职业院校教师发展价值取向，《指南》给出了他们的指引："发现"——学科论文、创作或创造性的工作；"整合"——文献综述、多学科教材；"应用"——为行业提供咨询、在专业组织中体现领导角色；"教学"——教学研究、开发课程教学资源、指导学生、设计并实施课程教学评估。这一指引是基于博耶的大学学术多维学术观理论，以此作为教师学术发展的价值维度，对于我国高职院校教师发展价值取向认识与实践具有重要意义，特别是对教学学术的认识，有助于改变我国高职院校学术话语系统里的教学学术认识缺失。教学也是学术的，因此教学和教学质量提升需要研究，而且应该成为教师最主要的研究。

（3）组织发展价值

百年理工学院在《指南》的一开始便要求教师反思性实践需要与"学院的价值观、原则和方向保持一致"，并指出作为一名支持追求卓越教学和推动质量提升的百年学院教师，需要充分了解学院的战略计划，需要确保自己的教学实践与学院战略目标是一致的，需要在教学实践中采取具体的策略来推动和实现学院战略目标。这表明学校推行的教师反思性实践的价值与学校的发展价值是一致的，或者说教师发展的价值也是学校发展的价值，学校发展的价值也是教师发展的价值，这种学校与教师的价值共生、共依架构，决定了学校质量文化的价值基因。

2）课程管理全要素质量保证

按照课程管理的结构化定义，课程管理的三要素有课程领导、课程内涵和课程机制。《指南》文件名中的"教师领导力"正是体现了课程领导这一课程管理的第一要素，教师反思性实践的重要出发点也是要让教师真正成为课程领导——卓越教学,这体现了不同于基于科学管理的教学质量管理的最大理念差异,即价值观导向的课程质量文化管理。《指南》提出的教师反思实践的所有活动,不仅以教师作为课程领导引向卓越教学的反思,更是通过课程的具体内涵,设计出所有的反思细节。不同于我们熟悉的课程一词,在《指南》中出现了三个可以译成课程的词:Course、Curriculum、Program,它们分别是作为课堂教学的课程、作为设计的课程、作为课程体系(专业)的课程。其中作为课堂教学的课程反思是第二阶段的10个活动——如何教学,作为设计和课程体系的课程反思是在第三阶段的11个活动——超越教学。

3) 卓越导向的教师教学发展践行

教师反思性实践的第一个活动就是"关于卓越教学的思考",《指南》的第一句话引用了吉姆·汉森的话:"他们不记得你教他们什么。他们记得你是什么。"学校明确地告诉所有教师,他们的使命是教育学生,专业化发展的追求是卓越教学,教学是所有教师职责的重心,教学学术水平的提升是教师的首要任务。《指南》给出了卓越教学的9大主题:广泛的全球联系、新技能学习、技术强大的学习环境、良好的质量文化与学术诚信、探究和创新的学术、体验和工学结合的学习、合作性学习、领导力与全民学习、学习途径。相应的卓越教学能力包括:学习的促进者、学术带头人、企业家(内部创业者,企业人)、交流者和合作者、课程与评价的贡献者、全球和数字公民、知识管理者、终身学习者和学者、课程内容专家。

教师反思性实践在百年理工学院不是一个口号,一个走过场,而是一个让教师真正走心、践行的真实的自我发展思考和行动。《指南》在每一个活动的最后,都要求教师进行以下反思:

① 你从这个活动中了解了自己吗?你感到惊讶吗?

② 你做得好吗?(如果是好的,那就祝贺你自己!)

③ 你现在或者是将来想要考虑哪些变化?

④ SoTL:这次活动是如何影响了你的认知,以及你的价值?你将如何采取行动,以改变你的教学,对教学学术做出贡献?

这样的反思性实践,将思考作为前提,行动作为必需,超越自己作为目标,特别是所有的思考、行动和超越都需要在教与学的学术认识框架(SoTL)三个层次进行,并且都要有所改变,有所贡献。

4) 教师本位的组织文化

教师本位的组织文化在百年理工学院的教师反思性实践活动中被充分体现,因为学校需要让教师通过反思性实践,真正具有归属感、责任感、荣誉感、成就感,而不是感到被管理、被评价。

(1) 学习性

在百年理工学院,教师被告知,你所面临的挑战"是将自己沉浸在以学习为中心的环境中,在这种环境中,学习必须被放在你所做的一切的中心位置"。教师卓越教学的重要标志是"学习的促进者"和"终身学习者",并且,这样的学习必须是反思性学习、自主性学习、超越性学习。

(2) 主体性

教师反思性实践的主体是教师,所有的活动必须由教师自主独立完成。在一些活动中,虽然有同事、领导、学生一起参与,但是,教师被充分授权、充分信任。在百年理工学院,教师反思性实践中教师的主体性地位,充分体现了教学质量管理的教师为本的理念。

(3) 合作性

《指南》中大部分的活动被要求与他人合作完成,包括学生、同事、领导、企业人事等。这些合作并不是在形式上被要求,而是建立在全体教师与学校充分协议的基础上,这样的协议不仅在《指南》的导言中被确认,更通过组织文化的精神契约被确定。

(4) 对话性

反思性实践不仅是教师个人的活动,教师还能够获得来自学生、同行、专业或学科领域的专家、业界人士,以及学校管理领导的强大反馈,所有的反思活动是在对话之中进行的。对话本身被看作一种协商机制,即活动中所有的对话是建立在可协商基础之上的,因为在百年理工学院所有人在教学的学术意义上是平等的。

第六章　发展性专业质量评价

> 高职院校质量文化管理的基本理念是实现学校所有成员的全面发展和价值实现，相应的质量评价既要对人的发展做出评价，更要通过评价促进人的发展。从学校办学层面看，学校办学质量是所有专业质量的集合，而专业质量包括了人才培养质量、师资队伍质量、专业办学条件（包括环境）质量等内涵，因此通过专业质量评价，就可以全方位地得到关于人才培养、师资队伍的质量判断。另外，由于发展性评价的人本位和持续发展理念与质量文化管理理念完全一致，所以学校的专业质量评价应该更多地采用发展性评价，本研究提出的发展性专业质量评价包括专业教育质量的发展性评价和专业发展能力评价。

一　什么是发展性质量评价

1. 质量评价

质量评价是教育评价的一种形式，关于教育评价的概念有多种定义，归纳起来有三类。一是目标说，如泰勒（Tyler）所指出的：教育评价"在本质上是确定课程和教学大纲在实际上实现教育目标的程度的过程"。二是价值说，如格兰朗德（Gronlund）那样将教育评价表述为公式：评价＝测量（定量）＋非测量（定性）＋价值判断。三是过程发展说，如斯塔弗尔比姆（Stufflebeam）提出评价不是为了证明，而是为了改进，以及布鲁姆（Bloom）认为评价是"确定学习者实际上是否发生了某些变化，确定学生个体变化的数量和程度"[①]。上述不同定义反映了对教育评价目的和价值取向的不同看法，事实上，从20世纪60年代起，对于教育评价价值取向的争议就从未中断过。

在我国，特别是高等教育评价领域，今天同样存在众多争议："包括教育价值观的多样性与高等教育评价标准、结论的统一性需要之间的矛盾与冲突；不同利益相关者对高等教育要求的不同导致的价值冲突；教育评价技术要求简单性与高等教育活动复杂性之间的矛盾与

---

① 黄光杨.教育测量与评价[M].上海:华东师范大学出版社,2002:6,7.

冲突等。"①对于高职教育而言，上述关于教育评价的争议和冲突也存在，并且在不同利益相关者对高职教育目标的价值取向差异上表现得更为突出。

关于高等教育评价的争议，其核心问题在于人们对于教育评价的价值认识差异，以及不同利益相关者对教育目标（标准）的认识差异，而问题解决的最大困难在于教育目标实现本身的复杂性。因为对于教育目标来说，"虽然人们对确立组织的目标和目的用心良苦，并使之富有理性色彩，但几乎没有理由认为组织是根据其目标和目的发挥功能的"②。这样的尴尬无疑是所有从事学校教育教学管理的人所深切感受的，特别是对于从事学校质量管理的管理者来说更是如此。为此我们需要思考应该持有什么样的质量评价价值观，怎样听取不同利益相关者的观点，采取怎样的质量评价模式（策略与方法）。对质量评价实践来说，评价模式是重要的，而评价模式本身所体现的质量评价价值观，才是高职教育质量评价的核心问题。

2. 发展性评价及核心理念

现代教育评价始于20世纪初泰勒的八年研究，以及之后以布鲁姆为代表的目标导向的评价模式，但是由于这一类的评价存在着美国教育家古巴（Guba）和林肯（Lincoln）所指出的"管理主义倾向""忽视价值多元化"和"过分依赖科学的范式"问题。到了20世纪60年代至80年代，发展性评价范式首先在教师评价和学生评价领域被采用，从此教育评价的功能从教育目标达成的鉴别，转向了促进发展。发展性评价更关注评价对象的发展——发展过程和发展水平；评价的呈现更多的是质性的，而非寻求完全的定量化；发展性评价的核心理念是人本位和质量的持续改进。

1）人本位

不同于人才培养质量评价，高职专业教育质量发展性评价的重要对象是学生和教师，其根本目的是要促进学生与教师的共同发展，即以学生为本和以教师为本。学生为本意味着：高职教育需要抛弃单一的"理性工具"培养取向，改变职业教育单一的"工具性功能"，要促进学生个体人格的和谐健康发展，还需要满足社会发展现实下学生职业能力、职业生涯发展和更多个性化需求。教师为本意味着：需要认识到教师的发展才是专业和课程发展的内部动力，通过发展性评价促进教师自我职业化发展，改善教师发展环境，因为"真正的质量来自心灵……来自对所做的事情充满了自信和骄傲的人们"③。

2）持续改进

专业教育质量发展性评价不仅仅是对专业教育结果的判断，斯塔弗尔比姆提出的发展

---

① 杜瑛.我国高等教育评价的范式转换及其协商机制研究[D].上海：华东师范大学，2009：2.
② 汉森.教育管理与组织行为[M].冯大鸣，译.上海：上海教育出版社，2005：157.
③ 查勒斯 G.库博.从质量到卓越经营：一种管理的系统方法[M].上海质量管理科学研究院，译.北京：中国标准出版社，2003：180.

性评价 CIPP 模式就认为"关注点不仅是目标是否实现及实现的程度,而且连目标本身也成为评价的内容",并明确提出"评价最重要的意图不是为了证明(prove),而是为了改进(improve)"①。发展性评价在形式上必然是过程性评价,只有关注质量形成的过程,才能得到质量改进的方向和可能。

3. 发展性质量评价的意义与特征

1) 意义

(1) 发展性是质量保证和持续提高的价值意义所在

全面质量管理的重要概念之一是质量持续改进,相应的高职院校内部质量保证目标也是"实现教学管理水平和人才培养质量的持续提升",从概念内涵看,"持续""改进""提升"正是表明了质量管理对象总是处于发展之中,并表达了对象发展所应有的方向,因此教学质量保证和持续提升的价值意义正在于质量的发展性,或者说高职院校质量保证和诊改的主要价值之一是发展性。为此,高职院校质量保证与诊改需要发展性质量评价,在发展性评价模式里,发展性既是质量目标,更是质量过程;既是质量保证的基本内涵,更是质量诊改的主要依据和前提。最重要的是发展性质量评价能够真正体现质量的文化管理要义。

(2) 质量的发展性评价是以共同发展为根本目的

教师、学生在质量管理中究竟应该以怎样的身份出现?以文化管理的理念看,他们都是高校这样的特殊文化组织中的"文化人",在质量管理过程中,他们身上体现着各自的个体价值和学校的组织价值,即作为质量主体和质量对象的价值。学校、教师、学生三方的两种价值实现统一应该成为质量管理的根本目标,即实现学校和学校全体成员的共同发展。当发展成为共同价值,学校的质量追求才能不被功利化,我们的质量管理才能真正关注学生的自我人格发展、能力发展,关注教师的自我学术发展、课程领导力发展。

(3) 质量的发展性评价是提升学校发展能力的需要

高职院校质量保证体系和诊改并不仅仅是为了当前目标的实现,以可持续发展为出发点的质量管理还要关注教学建设和改革的效能问题,发展性评价正是要解决这些问题。高职院校建设与改革的不计成本、低效能和非可持续性问题并没有被人们重视,这恰恰又是国外许多高校专业质量综合评审的重点。

2) 特征

(1) 发展性质量评价是形成性和诊断性评价

发展性质量评价的功能不同于总结性、鉴定性评价,虽然也关注质量目标达成的结果,但是更关注质量形成的过程,以及该过程中质量自身的发展和非预期效应。正是由于发展性质量评价更关注质量的形成过程,也就是说发展性质量评价本身是要对教育教学评价对

---

① 史晓燕. 发展性教育评价的理论与实践[M]. 石家庄:河北教育出版社,2003:8.

象予以诊断,这样的诊断并不仅仅是对质量问题的诊断,也包括对教育教学发展能力的判断,对非预期效应的价值判断,因此说诊断一词在这里是中性的,这也是我们对高职院校质量诊断所缺失的理解。

（2）发展性质量评价是开放性多元合作评价

首先,发展性质量评价的开放性是指所有关于专业教育的利益相关者都要参与对质量的评价,即评价主体开放性,由此形成评价的价值多元,但是由于发展性价值是所有评价主体的共同价值取向,因此多元参与的发展性评价必然是合作性的。其次,发展性评价的开放性还在于对评价内容、评价信息、评价结论的开放性,即评价是透明的,因此所有参与评价的主体必须是合作性的参与,以开放的心态对待不同评价主体价值判断的相对且有限合理性,并最终形成评价共识。

（3）发展性质量评价是对话性和协商性的评价

由于质量评价对象的复杂性,容易导致其价值主体的非中立性,进而导致质量评价多元格局下的多样性和差异性,即评价结论的相对主义。为此,需要建立对话性评估机制,在多元的评价主体之间进行平等的对话和广泛的意义协商,特别是在教师之间、师生之间、学术与行政之间。对话是给予质量系统中的每一个成员以人格尊重,在对话中逐步消除评价分歧,避免或降低质量评价过程中的冲突和应激,以最终形成不是建立在"权威"基础上的评价统一认识,最终获得质量的诊改和持续改善。

（4）质量的发展性评价是反思性的评价

发展性质量评价对于学校的每一个成员来说,无论是作为评价主体还是作为评价客体,都是一种关于质量自我反思性认识的行为,通过"自我评价""自我否定",对自己在质量形成过程中的角色、作用、贡献、问题等有清晰的认识。同时这样的反思还将促使人们进行"自我调整""自我激励"和"自我更新"[①],以最终促进反思者自身的职业成长和学术发展。因此发展性质量评价的方法意义在于促进反思,即通过发展性评价促进对专业设置与建设、课程开发与建设、课程教学与效果、教师职业与学术发展等人才培养全过程的"反思"。

二 发展性专业质量评价

1. 专业质量评价的目的和意义

1) 为什么是专业质量评价

首先,专业质量是高职教育时代发展的要求。评价专业质量是指专业综合质量,包括了专业教育质量和专业发展能力：专业教育质量也是人才培养质量,反映人才培养符合社会要求的程度,专业发展能力体现专业办学效能和人才培养质量持续提升的能力。由于"高等学

---

① 陈玉琨,代蕊华,杨晓江,等.高等教育质量保障体系概论[M].北京:北京师范大学出版社,2004:134-136.

校内部质量保证体系通常都把对于专业的质量保证视为核心内容之一"[①],专业质量的评价对学校质量保障具有重要意义,《国家中长期教育改革和发展规划纲要(2010—2020年)》就要求"推进专业评价。鼓励专门机构和社会中介机构对高等学校学科、专业、课程等水平和质量进行评估",但是我国教育主管部门目前还没有真正实施"高职院校的专业诊断与评估,各高职院校自主开展专业诊断评价的理论研究和实践探索还很少,高职专业诊断评价在理论层面上还不完善,在实践层面上仍处于摸索阶段"[②]。

其次,专业质量评价是高职院校内部质量体系构建的需要。尽管21世纪初实行了教学工作水平评估,这几年又着力推进学校内部质量体系构建和诊改,特别是教育部提出的《高等职业院校内部质量保证体系诊断与改进指导方案(试行)》,其中内部质量保证体系诊断项目中也列出了"专业质量保证"一项,但还不是该方案中要求的一个在专业层面"相对独立"的可操作的专业质量保证体系,因为只有专业质量的保证才能有学校的人才培养质量和办学质量保证,相应的专业质量的评价才是院校办学质量评价的基础,专业质量评价包括专业教育质量和专业发展能力评价。

2) 专业质量评价的目的与意义

专业质量评价的目的在于:一是判断专业教育是否符合学校高职教育人才培养定位和要求,是否满足社会对高素质技术技能人才的要求,满足学生职业能力和个性化发展的要求,满足专业教师发展的要求;二是对专业质量的问题进行诊断,提出对所有涉及专业质量要素的质量改进要求,为学校人才培养、专业设置与建设、专业教育发展决策提供建议。

专业质量评价的意义在于:一是有利于明确专业教育在经济社会发展中的定位和作用;二是有利于确定专业改革方向和内涵建设要求;三是有利于整体提升学校高职教育水平;四是有利于在专业教育质量要求的框架内同时促进教师、学生和管理者的共同发展。构建专业质量保证体系需要解决的问题是如何认识质量,如何评价质量,通过什么方式来实现质量目标达成和持续改进。

2. 发展性价值指引的专业质量评价认识

1) 专业质量的发展性价值取向

质量的价值取向是质量评价的前提性问题,更是高职院校质量文化建设的重要问题,并且在一定意义下,比质量定义更为重要的是质量观。戴安娜·格林(1994)综合了多家研究观点,认为主要有以下质量观:符合标准;达成目标;满足客户;追求卓越;达成效益。当我们进一步分析上述质量观表述后,可以发现它们都具有同一个内蕴意义,即发展性:① 任何标准都是动态的、因满足客户需求而发展的;② 目标实现是一个发展的过程,目标不是一成不

---

① 毕家驹.高校内部质量保证工作:专业评估[J].高教发展与评估,2008,24(6):66-71.
② 谢敏,吴立平,徐涛.发展性评价视阈下高职院校内部专业诊断研究与实践[J].中国职业技术教育,2016(24):31-35.

变的,目标实现会产生非预期效果(效应);③ 卓越的本质是发展,是更好,因此也是无法用"目标"和"标准"来测量的;④ 效益是专业办学和质量持续提升的前提①。因此,我们提出专业质量的发展质量观:质量即实现发展、质量即追求卓越,发展既是质量的基本要义,也是质量的核心内涵。相应地,发展性既是专业质量评价的基本价值取向,也是专业质量保证的基本任务。

2) 专业质量发展性的核心要义

(1) 人的发展性

学生是受教育者,教师是教育者,他们都是专业质量评价的主要客体,专业质量的发展性首先也体现于学生和教师的发展性。学生的发展性在于学业过程中的职业能力、知识、人格的提升,以及职业生涯的可发展。教师的发展性在于其以多维学术发展和文化发展为标志的职业发展。(注:关于教师发展将在第八章予以详细的讨论)。

(2) 专业的发展性

专业的发展性主要是指:一是体现专业教学发展性,即体现学校专业建设和人才培养的过程意义;二是体现专业办学发展性,即体现专业建设和人才培养质量提升和办学可持续意义。前者是以发展的视角看待专业质量的形成过程,包括质量事实和发展状况;后者是以发展的要求看专业质量保证和专业办学可持续的可能性、现实性,重点是教学团队与条件、社会需要与适应、办学成本与效益等。专业的发展性与人的发展性同样重要,专业发展是人发展的保证,更是学校发展的基础。

3) 发展性专业质量评价的必要性

(1) 构建现代质量文化的要求

目前,我国高职院校普遍提出要建立"五纵五横"质量保证体系架构,尽管这一体系完整而庞大,但是在这一宏大叙事性框架中,缺少对质量评价这一更能表现现代质量文化的要求,在教师、学生层面还没有明确而突出地表达他们自身的全面发展要求。由于发展性质量评价所持的发展性核心要义完全符合我们提出的高职院校质量文化内核所彰显的走向卓越和共同发展要求,因此开展发展性质量评价将有助于在高职院校构建现代质量文化,并使之成为现代质量文化的一部分。

(2) 高职教育价值多元性要求

专业质量发展性评价的多元性、开放性和合作性符合高职教育价值的多元性要求。高职院校教育质量的基本价值是职业教育的社会取向。在这一前提下,我们是否也必须看到作为接受职业教育的学生的包括就业的多样性需要,以及个性化发展需求,还有教师的职业成长和学术成长需求等,这些需求的满足恰恰在世界职业教育发达国家中是被专业评估所

---

① 陈玉琨,代蕊华,杨晓江,等.高等教育质量保障体系概论[M].北京:北京师范大学出版社,2004:64.

明确要求的。

(3) 质量文化管理的实践选择

高职院校质量文化的核心是实现共同发展,由于共同发展包括了学校、学生、教师、课程、管理等多方面的发展内涵,相应的学校质量文化管理就是要通过对学校质量的发展性评价,促进学校的共同发展,并使学校走向卓越。从质量文化管理的实践性看,学校的质量发展性评价需要一个能够反映共同发展所有内涵的评价对象——载体,显然专业是最重要的评价载体。同时,质量发展性评价作为一种自下而上与自上而下相结合,制度管理与自我管理相结合的评价机制,也完全符合质量文化管理的理念,因此是质量文化管理的重要实践途径。

三 发展性专业质量评价指标体系

1. 指标体系构建原则

质量评价指标体系是反映质量评价对象"本质特征的主要因素的集合",也是质量"评价的内容"和"评价目标的具体化"[1]。发展性评价的理念和思想已经给出了专业质量评价的价值取向指引,而相应的专业质量发展性评价指标体系则需要给出评价的具体内容和评价的具体目标,为评价的实际操作提供一个框架。专业质量评价指标体系的制定除了需要让指标具象化、可理解、可测量、可操作以外,还需要遵循包括符合发展性评价要义的一些基本原则。

1) 符合高职院校内部质量保证体系构建要求

指标体系构建需要符合我国教育部关于"建立职业院校教学工作诊断与改进制度的要求"。指标体系的具体内涵应该包含《高等职业院校内部质量保证体系诊断与改进指导方案(试行)》中提出的学校内部质量保证体系诊断项目的各要素,同时也符合该指导方案中提出的既"坚持标准与注重特色相结合",又有利于学校"个性化发展"的原则。

2) 质量意义的多指向

在这里我们所理解的发展性专业质量意义是多指向的,包括教育职责、教学绩效、专业办学效能、素质素养等,但是每一个质量内涵观察点的表述并不是必须同时体现所有质量意义,可以是一个、两个、或更多。

3) 系统性全要素

专业质量评价是关于专业的综合性评价,专业质量发展性评价指标体系一定是系统性的和全要素的。首先,从质量的形成过程看,应该是一个包括输入质量、过程质量和输出质量的质量系统,其中输入质量包括生源状况、过程质量包括专业课程教学、输出质量包括专

---

[1] 史晓燕. 发展性教育评价的理论与实践[M]. 石家庄:河北教育出版社,2003:29-23.

业教育成效。其次,从专业质量保证的体系看,其内在体系应该包括"资源(条件)要素、过程(状态)要素、绩效(成果)要素和诊断(改进)要素"等[①],外在体系包括专业办学环境、国际化发展等。

4) 过程性发展内涵

发展性评价标准指标的内涵表述无论是定量还是定性,都应该具有过程意义和发展意义。在发展性评价中,质量标准本身不再是评价的唯一目标,特别是对学校教育产品而言更是如此。鉴定性的质量评价具有针对标准的合格性意义,发展性的质量评价则具有质量过程(历史和未来)发展性意义,因此,在质量指标评价内涵的表述中,需要具有时态意义的过程性表述,以及发展意义的状态描述。

5) 可模块化使用

高职院校内部质量保证体系应该是一个在"学校、专业、课程、教师、学生不同层面"的,"完整且相对独立的自我质量保证机制"。相应的专业质量评价指标体系在具体运用时,不仅可以在学校、二级院系、教师和学生等不同层面使用,更可以根据不同评价需求模块化地使用。模块化地使用指标体系,意味着可以根据不同评价目的,或使用指标体系的所有要素模块,或主要使用部分要素模块,或单独使用一个要素模块。另外,模块化使用也意味着即使是使用同一个要素模块,也可以因评价目的的不同而确定不同的权重。

2. 专业质量要素及内涵

专业质量要素及内涵并不完全等同于人才培养质量要素及内涵。我们提出的专业质量要素及内涵既是关于专业人才培养质量判断的,也是关于专业办学效能与发展能力的;要素及内涵分类的层次既是反映专业质量形成的,也是反映专业发展趋势和可能的。

1) 专业教育定位

包括:人才培养定位、专业规划、专业标准、生源状况等。

2) 生源水平

包括:学生第一志愿报考率、报到率、转入率、转出率等。

3) 专业办学环境

包括:校企合作、行业(社区)合作、政府支持等。

4) 专业课程体系

包括:课程体系、课程教学标准,其中课程体系包括学生个性化选择的专业阶梯课程、技术领域拓展课程、通识教育(人文、科学、技术、艺术等)课程等。

5) 师资队伍

包括:队伍结构(职称、学位、双师、企业教师、年龄等)、学术成果及教育教学相关性、企

---

① 杨应崧,李静,陈锡宝.高职院校专业质量保障的主体定位与顶层目标[J].上海城市管理,2015,24(3):88-89.

业实践、流动率等。

6) 专业课程教学

包括：课程教学、教学模式（信息技术运用）、考核方式、课程教学绩效、个性化目标等。

7) 专业教学条件

包括：实验实训设施设备、学习资源、信息化学习平台、与专业（职业）工作有关的健康与安全保障等。

8) 专业教育成效

包括：学生毕业与就业、学生与社会满意度、身心健康与社会人格发展水平、特色与院校影响力，其中学生就业包括短中期专业对口率；学生满意度包括学生对专业和职业的认知与认可度的提高、提升专业学习的机会、专业技术领域的职业选择拓展。

9) 专业国际化发展

包括：国际影响力、国际标准借鉴，其中国际影响力包括国际教育合作，国际标准借鉴包括国际专业认证等。

10) 专业办学效能

包括：资源利用、办学效益，其中资源利用包括资源的本专业与跨专业利用效率，办学效益指成本核算、经济效益等。

3. 发展性专业质量评价指标体系

按照上述专业质量要素的分类，专业质量指标体系可以分为三级指标，第一级为专业质量要素，第二级为专业质量要素的内涵，第三级指标是专业质量要素内涵的观测点，每一个观测点都给出相应的质量标准考察要点。

1) 专业教育定位

(1) 人才培养定位

① 国家政策：符合国家有关教育政策和职业准则。

② 地区行业发展：符合地区行业和企业技术水平的要求，能够在国家标准和国际著名"企业标准"和"行业标准"之间做出适当的选择。

③ 学校特征：与学校自身特殊办学定位与发展要求相符合。

④ 随着技术发展和职业要求的变化做出调整；调整的适应性（三年）。

(2) 专业规划

① 专业基本情况：专业发展历史与特点表述清晰；全国或本地区高职院校相同专业发展现状的分析准确。

② 专业建设目标：专业发展定位符合学校发展总体要求，符合专业群发展要求；专业发展规模符合自身发展的现实；专业人才培养模式和特色符合高职教育发展要求；专业建设与发展总体目标科学合理；专业建设具体目标（课程建设、教学团队建设、教学条件建设等）可

行、可操作和可测量。

(3) 专业(学业)标准

① 规范性:符合国家或学校的标准要求;固应外部(职业准则、技术发展)的要求变化做出适当的调整。

② 专业学习目标:能力、知识、素养全面发展。

③ 通识教育目标:符合国家相关要求,并根据国家社会、经济、文化发展要求做出相应的调整。

④ 发展性目标:能适当考虑学生的发展性要求,特别是能预设毕业后三到五年的技术岗位的迁移(上移)需要。

2) 生源水平

(1) 入学人数

① 第一志愿报考率:当年、近三年增长率;同地区排位;主要原因;采取何种措施。

② 报到率:当年、近三年增长率;同地区、同类型高职院校中的排位;主要原因;采取何种措施。

③ 转入率:当年、近三年增长率;主要原因;采取何种措施。

④ 转出率:当年、近三年增长率;主要原因;采取何种措施。

(2) 入学水平

高考成绩:当年、近三年增长率;同地区排位;主要原因。

(3) 专业与职业认知

① 专业认知:是否自主选择;专业技术了解;对自身特长(特点)与专业适合性了解。

② 职业认知:职业工作特点了解;职业生涯发展了解;职业兴趣。

3) 专业课程体系

(1) 课程体系

① 个性化选择的专业阶梯课程;技术领域拓展课程;通识教育(人文、科学、技术、艺术等)课程专业领域内有适合职业与技术发展的专业方向拓展。

② 职业与技术领域理解与分析:在对所选典型"产品"过程理解的基础上,能够对"产品"域的技术情境迁移予以考量。

③ 实训内容:设施设备配置符合主要的"产品过程",且过程模拟确认是必需的;职业与技术情境符合实际;更为重要的是现代先进企业文化被引入;研究性、应用性实训项目被使用;创新能力培养课程被有效引入。

④ 能够随技术发展适时调整选修课程,选修课有助于毕业后技术领域内的能力迁移。

⑤ 课程计划应该为就业灵活性和适应性给出预设的调适空间。

⑥ 能通过职业技术教育和学习理论对工作过程有独到的理解和创新性解读,同时能对

工作过程尽心和理解并组织相应的学习过程。

(2) 课程教学标准

① 规范性:符合国家或学校的要求。

② 知识、能力、态度(素质或素养):知识、能力内涵要求能够对就业和未来生涯发展加以具体和恰当的描述;态度则应给予更多关于职业以及对社会、自然与生命的态度要求。

③ 职业技能标准引入:能够在国家标准和国际著名"企业标准"和"行业标准"之间做出适当的选择。

④ 实训内容和设施设备配置符合"工作"的主要过程,且过程模拟确认是必需的;工作情境符合实际。

⑤ 课程教学内容能进行必要和适当的调整,且确认符合课程改革的正确方向。

4) 师资队伍

(1) 队伍结构

① 职称:数量;比例;增长率(当年、近三年)。

② 学位:数量;比例;增长率(当年、近三年)。

③ 双师:数量;比例;增长率(当年、近三年);企业平均实践时间/人/年。

④ 企业教师:数量;比例;增长率(当年、近三年)。

⑤ 年龄:数量;比例;增长率(当年、近三年)。

(2) 学术成果(团队)

① 专业学术论文:数量;层次;专业教学受益度;社会应用受益度;增长率(当年、近三年);成员平均。

② 专业学术项目:数量;层次;成员平均;专业教学受益度;社会应用受益度;增长率(当年、近三年)。

③ 教学研究论文:数量;层次;成员平均;专业教学受益度;社会应用受益度;增长率(当年、近三年)。

④ 教学研究项目:数量;层次;成员平均;专业教学受益度;社会应用受益度;增长率(当年、近三年)。

(3) 企业实践

① 实践时间:团队平均天数/人/年;近三年增长率。

② 专业教学受益度:专业标准(能力、知识、素养)修订有无贡献;课程教学标准(能力、知识、素养)修订有无贡献;项目教学是否得益于企业实践。

(4) 教师获得荣誉:

① 显示度:总数;层次;近三年增长率。

② 受益度:专业教学受益;教师受益人数;学生受益人数。

(5)教师发展服务

提供促进专业发展的途径与形式;改善教师教学实例。

(6)教师流动率

当年、近三年增长率。

5)专业教学条件

(1)实验实训设施设备

① 实验实训满足度:技术要求符合度;台套数满足度。

② 开放性:开放度高,满足研究性课程的学习和科研的需要。

③ 发展:三年内适应企业技术发展的更新。

(2)学习资源

① 教材:国家规划教材使用;校本教材使用;活页教材使用与更新(近三年)。

② 专业教学资源库:国家资源库使用;自建资源库使用与更新(近三年)。

(3)信息化学习平台

① 信息网络水平:使用课程数;使用时间/课程;满足使用要求。

② 课程对外部需求和要求的响应快速;向教师及时提供教学辅助资源信息。

(4)健康与安全保障

① 专业实验实训现场的安全与健康提示。

② 安全应急救助服务的设备与通道。

6)专业课程教学

(1)课程教学

① 教学原则:教学目标符合人才培养定位;知识、能力、素养发展相结合并符合学习规律;学生专业课程学习成果与实际工作相关;教师专业科研对专业课程教学具有贡献;有效提升学生学习兴趣和获得学习成就感。

② 学生本位:每一位学生的人格得到尊重;所有学生得到必要的学习帮助;了解特殊学生的学习困难并给予特别帮助;所有学生被告知课程学习要求;所有学生被告知提供的学习服务和支持;学习服务不断得到改进。

③ 教学规范:教学工作规范得到执行。

④ 课堂管理:课堂教学秩序得到有效管理;专业课程(核心、非核心)平均出勤率三年内持续得到改善。

⑤ 学术诚信:对作业、考试、毕业设计(论文)等的学术诚信要求严格;三年内持续减少学术非诚信事例。

注:以上为专业团队所有教师应该遵循的。

(2)教学模式

① 教学理念:教师普遍愿意接受先进的职教理论和学习理论指导;主动参与课程改革,

并表现出更多成就感。

② 教学解决方案:方案自身是不断被优化的,以适应课程目标的变化和学生学习背景差异。

③ 课程情境有助于技术情境迁移的情况下,具有一定的技术的观察、理解、判断与重构力。

④ 教学方法与手段:专业课程多种教学方法优化组合。

⑤ 线上课程教学:更多专业课程采用线上学习或辅助学习;信息技术运用熟练。

(3) 课程考核

① 考核方式:形式多样化;形成多元性。

② 有效性:能力;知识;素养测量有效性。

(4) 课程教学绩效

① 教学效果:教学策略与方法能使学生学习兴趣被有效激发;学生对课程教学能主动参与。教学有助于学生理解个人与团队成员的作用与责任;更愿意合作和承担责任。

② 知识和技能:从初学者到熟练技能者和有能力者的成长过程清晰。较多学生对提高知识和技能要求有愿望。

③ 职业资格证书:已获职业资格证书有助于就业,并有助于就业后获取更高等级的职业技术证书。

④ 对专业(职业)的认识:在学生就业后能够感到课程是有帮助和必需的,或对课程提出更多和更高的要求。

⑤ 专业课程考核成绩:通过率;(各等级)平均值;近三年提升率。

⑥ 难度课程:通过率相对低的专业课程的教学策略;通过率近三年的变化。

(5) 学生个性化目标

① 专业拓展:通过本课程学习,对专业领域的就业预期有了新的设想和合理定位。

② 研究性学习:有效催生了学生的学习兴趣,探求和超越的欲望;对自身潜能有了新的认识;对职业生涯有了更清晰的描绘。

③ 创业能力:更多学生对创业及自身能力有了深入的了解;创业兴趣和愿望增强。

7) 专业办学环境

(1) 校企合作人才培养

① 课程合作:当年或近三年使用企业课程、企业协助课程开发的数量及效果。

② 企业技术、产品、管理案例(项目):当年或近三年使用企业案例(项目)数;实用性;先进性。

③ 实践教学合作:合作企业具有稳定性;企业技术和产品具有先进性和代表性;生产性实习的共同管理稳定,学生权益能够得到保障。

④企业兼职教师：队伍结构合理、稳定；教学任务稳定；教学能力符合要求。

(2) 行业合作

①专业指导委员会：给予更多实质性的建议和帮助（当年、近三年）。

②行业协会（组织）能够因应地方产业发展对学校专业（学业）标准调整、专业群结构调整和建设提出建议。

③行业协会（组织）能够为学生就业提供专业人才需求信息。

④行业协会（组织）能够参与专业质量评价、专业认证等。

(3) 政府支持

①政府地方经济社会发展政策对专业（专业群）办学具有促进作用。

②政府地方经济社会发展项目为专业人才培养和科技服务提供平台。

③地方政府为专业建设（品牌、实训基地等）提供政策和资金支持。

④政府人才政策对专业教师队伍建设提供政策支持。

8) 专业教育成效

(1) 毕业

①毕业率：当年和近三年增长率；生源因素；专业教育因素；采取什么改善措施。

②专业核心课程通过率：当年和近三年增长率；采取什么改善措施。

③非核心专业课程通过率：当年和近三年增长率；采取什么改善措施。

④其他课程通过率：当年和近三年增长率；采取什么改善措施。

(2) 就业

①就业率：当年和近三年增长率；社会经济影响；技术发展影响；采取什么调整与改善措施。

②对口率：当年和近三年增长率；社会经济影响；技术发展影响；采取什么调整与改善措施。

(3) 学生与社会满意度

①专业（职业）认知：是否愿意从事该专业（职业）工作；对职业生涯是否有好的期望。

②心理健康与社会人格发展水平。

③学校安全与健康服务：学生是否了解并得到相关服务，是否满足需要。

④提升专业学习的机会。

⑤学校个性化发展的机会：专业技术领域拓展。

⑥职业工作选择机会：多岗位的可选择；多技术领域的可选择。

9) 专业国际化发展

(1) 国际标准借鉴

①专业标准的国际借鉴：近三年内的调整与变化。

②专业的国际认证：是否认证。

(2) 国际影响力

①国际教育合作：专业国际合作办学学生占比；人数近三年增长率。

② 国外专业办学:招生数;人数近三年增长率。
③ 外国留学生:数量占比;人数近三年增长率。
10)专业办学效能
(1) 资源利用
① 实验实训室:使用率;正常率。
② 学习资源:本校精品课程使用率;校外精品课程使用率;本校专业资源库使用率;国家专业资源库使用率;校图书馆专业书籍借阅率。
③ 跨专业共享率:使用专业数;其他专业使用人数。
④ 教师教学:生师比;平均课时数;课时最高最低比;平均授课门数;最多与最低授课课程门数比。
(2) 办学效益
① 经济效益:单位招生硬件投入;(当年或近三年)单位招生软硬件投入(专业或专业群)。
② 社会效益:获奖;其他社会影响。
(3) 社会服务
① 技术服务:利用专业技术为企业提供技术服务;效益。
② 文化服务:利用专业自身文化特点为社区提供文化服务。

四 基于课程反思性实践的发展性专业教育质量评价

发展性专业教育质量评价是对专业人才培养质量的评价,也是专业质量评价的主要部分。该评价着重评价专业教育质量系统的过程质量和输出质量,同时也关注输入质量,特别是专业教育标准、课程体系等自身的质量,即专业教育质量的元评价。发展性评价作为一种教育评价理念和思想,其本身并不是一个固化的模式,在具体应用时应根据学校实际和评价目的,采用不同的行动模式(系统),为此,我们从高职院校质量文化管理理念和质量自我保证要求出发,提出基于课程反思性实践的发展性专业教育质量评价行动模式(系统)。

1. 课程反思性实践作为评价支持系统

由于发展性评价作为一种评价思想和理念,其本身并不是一个能够被具体化的、固化的操作模式,因此在学校的操作层面,需要为发展性专业教育质量评价提供一个可实施的支持系统。按照质量文化管理的课程反思性实践理念和方法特点,课程反思性实践能够作为发展性专业教育质量评价的支持系统,课程反思性实践与发展性质量评价的理念相符合,能够为发展性专业教育质量评价提供一个多元的、自下而上的良好环境,并且提供相应的运行机制和方法。事实上我们之前提出的课程反思性实践已经将专业教育质量评价作为其重要的内容,具体的评价方法则有质性的评价和实证性的评价。

课程反思性实践是学校所有课程活动者共同参与的课程教学质量管理实践活动,通过反思他们的课程行为与成果,持续地改善教育教学质量,因此课程反思性实践能够成为学校内部质量保证体系的重要组成部分,也是作为学校内部质量保证的常态化主要行动体系和工作机制。从课程反思性实践的内容和成果要求看,对专业教育质量(课程教学质量)的反思和评价就是其重要内容,专业团队需要通过课程反思性实践活动提出"专业质量年度评审与诊改行动建议",院系还要提出"院(系)人才培养质量年度评审与改进行动报告"等,所以课程反思性实践的过程也是对专业教育质量评价的过程。

基于课程反思性实践的专业教育质量评价,能够发挥所有质量的主体作用,实现全员性的质量评价合作。学校层面重在评价其在专业建设与人才培养过程中所做的支持与贡献度,主要评价学校整体的专业规划、师资队伍结构、专业教学条件、专业办学环境、生源水平、专业国际化发展、专业办学效能等。专业教学团队层面主要评价专业教育定位,重点是专业(学业)标准等;师资队伍的评价重点是学术水平;专业课程体系的评价重点是课程教学标准。教师层面重在评价专业课程教学,重点是课程教学、教学绩效等。学生层面重在评价专业教育成效,包括学业(职业能力)水平、就业情况和个性发展等。

2. 评价的质性方法

1) 质性评价的特征

发展性质量评价作为一种评价范式,由于其更加关注质量的发展和质量形成的过程,在评价方法上需要避免"工具理性"的定量评价的不足,而质性评价为质量发展性评价提供了重要方法。质性评价的方法论基础是人文主义和自然主义,其主要的方法特征是强调评价的过程,这一过程"是一种价值判断的过程",并且"这种价值是多元的";这一过程体现了评价主体之间的"对话、协商和理解",在这一过程中人们获得"沟通、反思、改进"[①]。

质性评价的沟通、对话、协商、理解、反思、改进的方法特征,与课程反思性实践机制和策略的方法特征是相似的,并且质性评价与反思性实践都体现了开放性,以及充分"主体尊重"的"主体间关系"。因此,当我们为课程反思性实践赋予专业教育质量发展性评价的功能时,课程反思性实践活动本身显然就是以质性评价的方法对专业教育质量给予了发展性评价,也就是说基于课程反思性实践的专业教育质量评价一定是质性的评价,或者说专业教育质量的发展性评价能够通过课程反思性实践这一行动载体,以质性方式开展评价和给出评价。

2) 质性评价的方法

质性评价在课程反思性实践中能够获得不同于量化评价的真实性和意义建构。质性评价方法不同于量化评价,对于专业教育教学质量来说,抽象化的数字并不能真实地反映质量现象,不能给出诸如质量为什么好,为什么不好,质量又是如何得到改进的等说明。事实上对于质量评价对象特质性的东西,以及教育教学质量现象的本质和价值,无法用数字来完整、准确地表达,例如:关于课程教学的"教学原则""学生本位",教学模式的"教学理念""教学解决方案",学生满意度的"心理健康与社会人格发展水平""个性化发展的机会与实现",

---

① 南纪稳.量化教学评价与质性教学评价的比较分析[J].当代教师教育,2013,6(1):89-92.

等等。显然,要回答上述质量问题,需要给出更多解释性的分析和阐述。

对于发展性专业教育质量的评价而言,我们不仅是为了给出评价而评价,而是需要通过所有评价者通过对话和协商获得质量的基本共识,即质量的意义建构,而这样在对话中形成的质量意义建构,恰恰是质性评价的苏格拉底式对话所特有的意义建构作用与效果。正如之前我们在课程反思性实践讨论中所强调的那样,反思性实践的情境策略需要选择恰当的话题,话题本身是开放但聚焦的,话题的讨论是能够获得意义分享和意义建构的,这样的策略正是符合质性评价特征的。质性评价的对话可以包括讨论、访谈、问卷等形式,需要使用的材料包括在课程反思性实践中所要求的所有部分。

3) 以质性评价统整定量评价

尽管发展性专业教育质量评价更多地采用质性评价的方法,但是并不排除定量评价,而是"以质性评价统整定量评价"[①]。定量分析在质量评价中是不可缺少的,定量的方法具有客观性、可测量性和可数据化处理的特点,但是量化的数字本身并不能直接表达数字背后的所有价值意义、非预期意义、发展可能性、发展过程性等,所以对量化数字的解释仍然需要通过质性的分析获得更多的质量意义建构。

3. 评价的信息处理

1) 建立评价表

(1) 使用指标体系

质性评价作为基于课程反思性实践的专业教育质量评价方法,依然需要使用专业质量评价指标体系。由于质性评价能够充分发挥所有评价主体的主体性作用,使得每一位评价者都能够参与评价,发表自己的看法,但是如果缺乏评价的问题框架和问题聚焦,以及相应的质量标准,往往会使得评价落入空泛,也容易由于评价者主观因素的影响,使得评价本身失去客观性、规范性和有效性。也正是基于上述考虑,前面给出的专业质量评价指标体系,为课程反思性实践过程中对专业教育质量的评价,提供了基本的反思和评价框架与依据。由于发展性专业质量评价指标体系是一个综合性的评价指标体系,按照模块化使用的原则,发展性专业教育质量评价至少需要用到专业教育定位、专业课程体系、师资队伍、专业课程教学、专业教学条件、专业教育成效等要素指标,每一个要素指标都是一个评价信息处理单元。

(2) 合理使用权重

专业教育质量评价使用本章第二节的专业质量指标体系,由于需要突出专业教育目标的达成度和成果,所以在使用上述指标体系时,需要通过各质量目标指标和质量要素内涵指标的权重分配来体现。一般地,要素指标中"专业教育成效"和"专业课程教学"的权重应高于其他类指标,其中"学生与社会满意度"和"就业"等,以及"课程教学""课程教学绩效"和"个性化目标"等观察点的权重,应该高于其所在要素指标中的其他观察点内涵指标。

---

① 史晓燕.发展性教育评价的理论与实践[M].石家庄:河北教育出版社,2003:39.

（3）定性与定量相结合

由于指标体系中所有内涵指标的观测点所给出的质量标准描述使用了定性或定量的表达，所以在给出评价时也需要用定性或定量的表述，或者同时使用定性或定量的表述。定性表述有：① 用"优秀""良好""一般"等形容词形式表达；② 用形容词＋内涵描述的形式表达；③ 用质量外延形式表达。定量表述或用等级形式，或用自然分数形式[①]。

2）评价的分析

基于课程反思性实践的专业教育质量评价分析，是建立在大量实际数据和现实问题之上的，更是建立在所有学校课程活动者对教育教学的反思之上的，因此，质量评价的分析应该既是具体的、客观的，更是理性的、有意义的，其中评价分析的意义性最为重要，即质量评价分析要充分体现发展性评价的理念和目的：一是反映质量的形成过程和发展现状，二是体现专业教育教学成效的价值和意义，三是要寻找促进质量改善和提升的方向和举措。质量评价分析主要包括以下几个方面（分析表举例如表6-1所示）：

表6-1 专业教育质量评价表（专业课程教学）

要素	内涵	观测点	质量目标					质量过程	非预期	综合评价（诊断）
			1	2	3	4	5			
专业课程教学	课程教学	教学原则								
		学生本位								
		…								
		学术诚信								
	…									
	教学绩效	教学效果								
		知识与技术								
		…								
		难度课程								
	…									
	行动计划									

（1）质量目标

用等级给出质量目标实现的达成度，等级用数字1、2、3、4、5表达。数字所表达的质量

---

① 史晓燕.发展性教育评价的理论与实践[M].石家庄：河北：河北教育出版社，2003：29-30.

可以是定量的结果,包括将量化的数字分成5个等级,例如百分制成绩、百分比等;或将形容词所表达的结果表达成5个等级,例如满意、比较满意、基本满意、不太满意、不满意、优秀、良好、一般、较差、差等;也可以直接用形容词作为等级。

(2) 质量过程

反映教育教学质量的形成过程,也是对质量目标达成的程度分析,质量形成描述可以是正向的或是负向的。质量达成程度的分析结论可以是量化的,包括数量、比例,或者使用程度分析的专门方法(如U型程度分析法等);也可以是定性描述的,或者是定性和定量结合的描述。

(3) 非预期

给出在质量形成过程中出现的超质量目标(标准)框架的质量现象,包括超出质量目标要求的质量成果,非质量目标要求的其他质量成果。这些成果有可能成为专业教育教学质量的特色,也可能是对专业(学业)标准和课程教学标准调整有重要意义的,也可能是对质量管理本身具有意义的,等等。对于非预期效应需要定量和定性结合的描述。

(4) 综合评价

综合评价是对每一个质量要素给出综合的、定性的、诊断式的评语。这样的评语本身不是绝对化的定论,而应该是对质量过程的概括性表述,是尊重多元价值观的非绝对化问题表述,是对已经形成共识的质量问题及原因的明确表述,是体现在质量标准基础上的特色和优势反映,是质量改善和发展有可能面临的挑战反映。所有质量要素综合评价的集合最终可以形成专业教育质量的整体性评价。

(5) 行动建议

在上述对专业教育质量各要素评价分析的基础上,最后应提出质量改善和提升的行动建议,也包括解决非预期效应问题,特别是特色的研究和发展。行动建议应该既基于质量要素的基本目标出发,又能够落实于具体的观测点之上;既要从具体质量要素的问题特征出发,又要有专业教育质量整体性的考量;既要提出明确的行动项目,又要提出具体的行动路径和举措。

五 基于软能力的专业(课程)发展能力评价

1. 专业发展能力评价

1) 专业发展能力评价的意义和作用

专业发展能力评价是发展性专业质量评价的重要组成部分,专业发展能力分析也是学校发展能力分析的基础,从个别专业到专业类别,再到全校专业整体的分析,就能够构成学校的办学全景式的发展能力评价。专业发展能力评价是基于专业教育办学的历史和现状,对专业过去的办学效能,未来的可持续、生态性、品牌化发展的可能性予以评价和判断,也是专业发展质量的评价。

专业发展能力评价的理念和方法依然是发展性评价。从现有的研究文献中很少看到关于高校发展能力的研究成果,其重要原因也许是因为学校的举办和发展更多地是由政府行政行为所决定的,不像企业那样更多地由市场决定其生存和发展。但是从每一个学校办学和发展意义看,高职院校的专业发展是被社会行业、企业发展所要求的,学校的办学声誉和品牌也是由专业发展质量所决定的,是由所有专业自身发展能力所决定的。

高职院校专业发展能力是指:**不断发展的课程能够满足学生教育需求和社会就业要求;教师能够在专业教育工作中不断获得学术成长,并成为专业发展的核心竞争力;专业教育总是能够快速适应社会发展,并能够很好地获取学校外部资源**。专业发展能力评价的作用主要是为学校专业发展规划和专业建设提供依据,也是专业教学团队进行专业质量自我认知和质量改善提升的过程,更是提升学校办学竞争力的重要手段与途径。

2) 专业发展能力评价的实施途径

专业发展能力评价是一个专门化的评价,高职院校需要有专门的专业发展能力评价团队,团队可以由学校高教研究所(室)或质量管理部门组织,评价团队成员由校内成员、同类院校成员、行业企业成员等共同组成。专业发展能力评价也是学校发展能力评价的基础,评价可以独立组织实施,也可以通过学校课程反思性实践实施,以提高评价活动的效率,减轻全校性评价工作的压力。专业发展能力评价的独立展开是必要的,因为该评价是体现学校发展能力的评价,必须从学校发展的高度出发,通过学校的运行机制以实现有效的评价。

专业发展能力评价依然需要相应的评价指标体系,由于我们提出的专业质量评价体系设计已经充分考虑了专业发展能力评价的需要,因此,专业发展能力评价依然可以使用专业质量评价体系的相关模块,其中主要使用师资队伍、专业教育成效、专业教学条件、专业办学效能、专业办学环境、专业国际化发展、生源状况等模块。在使用上述模块的时候,依然需要对相应的模块给予权重分配,也可以根据学校实际情况和评价要求对各模块的观测点进行调整。

2. 重在软能力的专业(课程)发展能力评价维度

专业(课程)发展能力评价维度

与企业发展能力评价不同的是,高职专业发展能力评价首先是人本位的,其指标设计的出发点主要考虑人(学生、教师)在专业教育发展中的首要地位,即专业发展的内在动力因素和潜能,也包括专业办学物质基础的必要保障作用,其指标设计的思路是教育实施的软能力与硬能力相结合,并且重在软能力。专业发展软能力是最重要的专业发展能力,其能力载体是专业团队,一支数量与结构合理的师资队伍不仅是专业教育的必要条件,其自我反思和自我发展的能力更直接决定了专业发展的质量。本研究提出的专业发展能力指标包括四个维度,每一个维度包含若干重点评价考察点,其中大部分评价考察点的事实依据可以通过专业质量评价指标体系各质量要素的观测点获取。

(1) 专业团队发展能力

包括师资队伍结构;教师的课程教学质量评价;教学成果(项目、论文);企业实践与成果;科学研究(项目、论文),技术开发的成果等。

(2) 专业课程发展能力

主要是指课程开发与调整,包括专业标准、课程教学标准、课程体系与内容调整的适应、适用性;教学条件(实验实训的设施设备等)适应和满足行业企业的技术发展与技术技能训练要求;课程教学信息化水平;课程学习资源等。

(3) 专业发展认知能力

主要体现在教学团队软能力,包括专业发展规划能力;课程反思性实践能力;教学质量持续改进。

(4) 专业生态发展能力

这是学校和专业团队适应和创建专业办学与发展环境的软能力,包括企业合作;行业技术发展适应;获取政府支持;国际化发展等。

3. 突出发展意义的专业发展能力评价向度

专业发展能力评价是在上述四个能力维度上对每一个二级指标进行评价,具体评价又分为若干评价向度,以判断每一个能力指标的状态(水平),也称能力向度,这是与其他教育评价最大的区别,突出体现了能力发展评价的发展要义。这里的评价向度本身不是评价等级,但每一个向度可以有多个等级分设定(见表6-2)。

表6-2 专业发展能力评价维度与向度

维度	发展度(0.3)					维持性(0.3)					效能性(0.2)					竞争力(0.2)					得分
	1	2	3	4	5	1	2	3	4	5	1	2	3	4	5	1	2	3	4	5	
专业团队发展能力(0.3)																					
专业课程发展能力(0.2)																					
专业发展认知能力(0.3)																					
专业生态发展能力(0.3)																					
综合评价																					

① 发展度。客观地看发展现状,重点是反映硬能力指标。定量表达。

② 持续性。历史地看发展过程的稳定性,以及持续改进情况。定量表达。

③ 效能性。主要是指专业办学效益,如专业投入(资金、师资)与规模比、投入与成果比,教科研成果与专业办学成果的转换度等。定量表达。

④ 竞争力。院校外内相同专业或同类专业的相关数据比较分析。定量表达。

上述发展能力评价的指标与向度一起构成了评价矩阵，每一个一级指标的权重是不相同的，二级指标在不同的评价向度上按照其重要性和关联性需要给予不同的权重系数。对于定量指标的分值用比较值（占比或增长率），对于定性指标的分值用通过评价者评分加权平均值。所有测量数据的时间至少是 3 年，一般情况下是 6 年以上。

4. 专业发展能力评价的分析方法

1) 质性统整量化的方法

专业发展能力的评价必须建立在必要的数据实证基础之上，数据实证分析主要通过四个能力维度，对其发展度、持续性和效能性进行量化分析，但是量化数据本身的背景分析和意义建构依然需要运用质性分析的方法，也就是说需要用质性分析的方法统整量化的结果。质性分析的讨论必须是充分的、完整的、目标聚焦的，讨论需要所有专门工作人员和专业教学团队、专业指导委员会成员等共同参与。

2) SWOT 分析方法

SWOT 分析是对企业内外部竞争环境和竞争条件下的竞争力进行分析的方法，包括对企业的优势（Strengths）、劣势（Weaknesses）、机会（Opportunities）和威胁（Threats）的分析。高职院校专业发展能力评价的 SWOT 分析，就是要对专业办学发展所处的状态（现状、态势）、环境、发展竞争力进行全面、系统、客观的分析，根据分析的结果提出相应的专业办学发展的战略、计划以及策略等。SWOT 分析是专业发展能力评价的科学方法与质性方法融合的专业发展能力评价方法。SWOT 分析主要运用于专业发展能力四个维度上的竞争力向度分析，需要在发展度、持续性和效能性量化分析的基础上进行，并且需要同时使用质性分析的方法。

第七章 质量管理冲突的文化管理

> 冲突是人类社会中的一种普遍现象,在社会发展过程中必然会发生,它既可能阻碍社会发展,又可能促进社会进步,对于一个社会组织而言也是如此。高职院校在其发展过程中的冲突有外部的,更多的则是其内部的管理冲突,特别是由于质量管理引起的冲突更为明显和突出。对于高校内部的管理冲突以及对冲突的管理的讨论,大多都是基于管理学、心理学的讨论,我们在本研究中基于文化管理的视域,讨论学校质量管理冲突的文化成因,以及对冲突的文化管理机制和策略。

一 冲突与冲突管理

1. 冲突与应激

关于冲突的定义有很多,社会学的观点认为"冲突就是为了价值和对一定地位、权力、资源的争夺以及对立双方为使对方受损或被消灭的斗争",组织行为学的观点认为"冲突是两个或两个以上的人或团体之间直接的或公开的斗争,彼此表示敌对的态度和行为",管理学的观点认为冲突是"两个或两个以上的行为主体,由于在管理问题上的目标、看法、处理办法或意见的不一致,存在的分歧,所产生的相互矛盾、排斥、对抗的一种态势"。管理心理学的观点认为冲突是指"两个人或两个群体的目标互不相容或互相排斥,从而产生于人们心理上的矛盾"[①]。上述定义对于冲突中的人来说,是强调了冲突的"斗争性""敌对性""对抗性"和"排斥性",也是现有大多数文献讨论冲突及其管理的认识前提。

汉森(Hanson)从组织行为学的视角,将冲突看作是"一种社会实体之中或社会实体(如个体、群体、组织)之间所表现出的不相容、不一致或差异性的'相互作用状态'",至于冲突的模式,汉森同意托马斯的观点,即冲突主要有两种模式:过程模式——"一个冲突情节中的一系列事件",以及结构模式——种种条件"在一种关系中塑造了冲突的行为"。汉森同时又从管理心理学出发提出与冲突有关的应激概念——心理应激可以导致行为冲突,他认为应激是"工作者与工作环境之间和谐的缺失",但是"应激可以成为一种创造性行动的健康的刺激

---

① 马新建. 冲突管理:一般理论命题的理性思考[J]. 东南大学学报(哲学社会科学版),2007,9(3):62-67.

因素,也可以成为一种具有有害后果的负荷"①。汉森的定义突出了冲突的中性意义,强调了冲突主体之间的某种"不相容"或"不一致"的"相互作用状态",这样的定义使我们对冲突的本质和意义有了更多的认识可能。

　　冲突和应激这两个概念同时提出是有意义的。从已有文献看,在20世纪40年代之前,人们对冲突的看法强调了冲突的形式对抗性和效果负面性,主张避免、克服和消除冲突。事实上只有当冲突的过程进入个体的过度应激时才形成对抗和走向负面,但在许多时候,冲突并不产生应激,但是没有产生应激的冲突并非不重要,反之产生应激的冲突并不一定是极其严重的,甚至必要的"冲突"和适度应激将有利于形成价值共同体,有利于形成必要的组织竞争力,有利于形成对个体的能动性激励。因此,我们认为汉森关于冲突是一种"相互作用状态"的定义更符合组织内部冲突的实际,这也是20世纪80年代后人们逐渐形成共识的关于冲突的观点,即冲突既具有阻滞性、破坏性和伤害性的负面作用,同时也具有推动性、建设性和"安全阀"等正面功能。由于冲突是一种客观的作用状态,应激是一种个体心理和行为反映,所以冲突和应激的概念为冲突管理提供了两个不同的策略领域和方法领域。

　　在本研究中我们研究的高职院校质量管理活动中所发生的冲突属于管理冲突,我们称之为质量管理冲突:由于学校所有质量主体在质量价值观、目标或看法,以及质量管理、问题处理的方法、办法或意见的差异性、不一致或不相容,所表现出的主体(个体)之间的相互作用状态。

　　2. 冲突管理

　　关于冲突管理存在广义与狭义的两种定义,"广义的冲突管理应当包括冲突主体对于冲突问题的发现、认识、分析、处理、解决的全过程和所有相关工作……狭义的冲突管理则着重把冲突的行为意向和冲突中的实际行为以及反应行为作为研究对象,研究冲突在这两个阶段内的规律,应对策略和方法技巧,以便更有效地管理好实际冲突"②。汉森从冲突管理的技术角度,认为冲突管理的目标"常常聚焦于改变结构、改变过程或同时改变两者"③。上述关于冲突管理的定义是基于科学管理认识的,更多的是对冲突本身实行管理,我们在书中所讨论的冲突管理是基于文化管理意义上的、对质量管理领域的冲突现象与问题进行认识、分析、预防、改善的管理工作。

　　冲突在任何组织的管理系统中必然存在,管理与冲突是一对矛盾的统一体,只要有管理,就必然存在冲突与应激。由于管理活动引起的冲突,我们称之为管理冲突,相应的冲突管理也可以说是关于管理冲突的管理,也是本研究主要讨论的冲突管理。发生管理冲突就必须要通过冲突管理来化解或转变冲突,或者是通过管理制造建设性和有益性"冲突",促进

---

① 汉森. 教育管理与组织行为[M]. 冯大鸣,译. 上海:上海教育出版社,2005:344-350.
② 马新建. 冲突管理:基本理念与思维方法的研究[J]. 大连理工大学学报(社会科学版),2002,23(3):19-25.
③ 汉森. 教育管理与组织行为[M]. 冯大鸣,译. 上海:上海教育出版社,2005:356.

组织与个体的发展。早期研究对冲突管理的表述以冲突的对抗性、破坏性为前提，将冲突管理确定为"消除冲突""解决冲突"或"处理危机"，即对"有害性冲突"进行管理。

在本研究中，一方面由于我们所讲的冲突是由质量管理活动引起的管理冲突，这样的冲突一般情况下对质量保证的作用是负面的，所以"消除冲突""解决冲突"或"处理危机"是必要的；但是另一方面由于冲突本身具有的"推动性、建设性"意义，通过适当的策略和方法"制造"和"引发""有益性冲突"，即心理学概念上的"有益性应激"，也能够对质量提升起到一定的积极作用，其前提是这样的"有益性冲突"（有益性应激）是适度的，并且必须予以合理的和有效的管理——策略和方法，所以说对质量管理活动中的冲突管理包括对"有害性冲突"的管理和对"有益性冲突"的管理。这里需要特别指出的是"有害性冲突"和"有益性冲突"是相对而言的，两者之间可能会转化，这完全取决于管理策略和方法，我们希望既要对"有害性冲突"予以控制、缓解和消除，或者向"有益性冲突"转化，也要防止"有益性冲突"转变为"有害性冲突"。

二 质量管理冲突现象与类型及特征

在所有像高校（高职院校）那样复杂组织系统的管理活动中，总是会产生管理冲突，尤其是在学校的质量管理活动中更容易产生管理冲突，因为质量管理总是要涉及人，涉及不同的群体，特别是会涉及他们的权益和情感。质量管理冲突主要表现为由于质量管理权力差异造成的结构性冲突，以及由于质量目标与标准引起的冲突。

1. 质量管理权力差异引起的结构性冲突

1）管理部门职权冲突

这是质量管理过程中学校内部不同职能部门之间由于各自质量管理职权差异造成的冲突。质量管理过程中每一个部门都在行使自己的职责，但是在处理具体质量问题、落实管理责任、实现绩效目标的时候，甚至在质量管理权力的定位与分配上，都容易产生矛盾和冲突。这样的冲突主要发生在教育教学资源管理部门、教辅部门、后勤服务部门、教学管理部门和教学院系之间，这是学校科层结构下管理部门之间的权力结构冲突。

2）行政与学术权力冲突

学校的质量管理主要由相应的行政部门执行，而质量形成与实现的主体是教学院系。质量管理部门需要高度的行政管理权力来确保质量管理的执行力，而教学院系则将人才培养的教育教学过程视作具有自主权的学术管理，显然，质量管理过程中的行政权力与学术权力之间产生冲突是不可避免的，这是学校质量管理中行政与学术权力的结构性冲突。事实上，在以行政化管理为主导的高职院校中，行政管理权力总是被强化和泛化的，二级院系学术管理的权力直接受到来自学校行政管理的影响和干涉，甚至被取代，使得高职院校内的行政管理和学术管理冲突更加凸显和严重。

案例一：当某一门课程考核成绩出现高比例不合格,学校教务处可能会提醒系教学主任,高比例不合格可能是一个不正常的现象,教研室和任课老师是否一起对考试(出卷、评卷等)进行分析研究,甚至直接提出是不是需要重新核分。系领导也会对此事十分的为难和纠结,因为考核成绩通过率太低,系的教学绩效考核也会受到影响,授课老师的学生评教分数也可能会受到影响。但是授课教师则认为试卷的难度和成绩评定是恰当的,并坚持自己的学术标准和评分的学术权力,对学校教务处的看法和建议表示不满,甚至是愤怒,而他的坚持往往会得到教研室的支持。

3) 专业发展话语权冲突

专业结构性冲突通常是出于学校发展战略目标进行调整,或是社会就业结构变化,或是院校专业趋同性竞争激烈,或是专业办学质量和效能不佳等情况。在上述情况下一些专业可能成为学校主体或支柱性专业,得到重点发展的"优惠",而有一些专业则可能被"边缘化",这是关于专业办学与发展的话语权结构性冲突。专业发展话语权的结构冲突首先涉及教师,会导致原有教师的发展被调整与再适应。另外,资源配置调整和平衡也是各专业之间产生冲突的最直接动因,特别是在学校行政权力驱动下的学科调整,在学校内部强化了专业之间的结构化冲突。

4) 师生权利性冲突

在教育教学质量管理中,教师与学生的权利性结构冲突是最常见的冲突,这是由于教师往往拥有"绝对"的学生学习质量话语权,而学生总是相对地处于"弱势"话语处境。师生之间的冲突不一定会表现为不可调适、不可控制,但这的确是最能够影响学生对学校和教师教学质量评价满意度的。虽然这并不能因此就可以让教师背离教学质量的标准和放松教学管理要求,但是确实存在如何看待、对待和维护学生权利的问题,同样的也有一个如何看待、对待和维护教师质量管理权利的问题。

案例二：一位学生上课迟到了好几分钟,并且落座后吃着早餐,授课老师对此提出批评,并且要求学生停止吃东西,但是学生不从,并言语不敬,为此老师让其离开教室,理由是他严重破坏了课堂的教学秩序。对此学生坚决拒绝,认为听课是他应有的权利,双方对此继续言语争执,事态一度发展到双方有肢体冲突。事后,学生通过微信对教师不断发出威胁,家长亦有责难,教师则向学校寻求保护。学校相关部门介入后,事态才逐渐平息,但是教师则"愤怒"离职,理由是教师的权利不能得到保证。

2. 质量标准与目标引起的冲突

1) 教学发展与科研绩效

教学与科研是高职院校质量发展的两个重要目标,在这两个目标的实现过程中,教学发展与科研绩效的冲突总是显性和突出的。由于高职专业教育质量评价的去学术化(事实上高职教育的去学术化话语需要重新认识),以及教师的双师型发展要求,对于来自学校和企业不同背景的教师在选择专业发展道路上容易产生角色内冲突。与此相反的是高职院校教师职称评定的基本价值取向还是学科学术的，在客观上又促使教师只能在教学和科研这两条发展道路上做出不利于自身教学学术发展的选择，从而在教学质量管理过程中出现教学与科研的质量发展目标的冲突。

2) 职教改革与高教传统

从一定意义上说，高职教育发展过程就是一个职业教育改革与高等教育传统不断"冲突"的过程，这样的"冲突"也表现在教育教学质量的评价上。质量评价的改革与传统的"冲突"主要体现为专业教育定位调整、课程体系改革和课程教学模式的改革。例如，课程体系的工作过程化和课程教学模式的实践技能取向，使得传统高等教育教学模式培养出来的教师不容易转变。再例如，高职教学模式改革的要求，也可能在一个阶段里与教师自身能力或价值观不相符，不能满足学校的教学改革要求。

案例三：某一所高职院校在全校进行教师职教能力测评，要求所有教师按照学校统一制定的课程教学设计要求(例如基于工作过程的资讯、计划、决策、实施、检查、评价六步法)，提出自己的课程教学设计方案，并且在全校范围内公开接受测评。但是人文课程、科学基础课程(不仅仅此类课程)的老师则认为每一类课程都有自身的教学规律(按照传统的高等教育理解)，而且老师自己也可以有自己的教学策略，但是学校统一制定的评价标准并没有提供相应的解释和建议。

3) 教育改革与教师发展

教育改革在许多情况下既有促进教师发展的有利一面，也会有与教师个体发展存在冲突的可能，例如国家对高校人才培养质量内涵要求的提高，使得非专业性课程，如语文、艺术、体育类课程的课时量"挤占"了专业课程课时数。相反地，职业教育质量的技能要求提高，往往使得通识教育课程和技术基础课程被压缩或取消。上述情况都会对教师团队的学科结构产生影响，并导致一些教师对自身未来教学(职业)发展的担心，从而在学校层面产生课程改革与教师发展之间的"冲突"。

4) 教学规范与学术自主

高职院校学校质量管理部门总是依据学校制定的教学规范，对老师的教学过程进行观察和评价，但是学校的教学规范往往只是具有一般教学规律意义的原则性、普遍性和基础性，不能对所有专业、所有课程制定完全具有针对性的特殊教学规范要求。这就使得在依照教学规范执行教学质量检查时，会遇到一些教师的自主性教学学术诉求和坚持，这样的学校教学规范要求与教师教学学术自主之间就很容易发生冲突，而在现实中，这样的冲突往往会是一个不了了之的结果。

5) 个体权利与教育责任

我国大多数高职院校都是传统的体制内学校，尽管高校的教育法制化建设不断被加强，教师和学生的个体权益（权利）得到了保障，不过由于学校教育的特殊性，教师的教育责任和学生接受教育的责任，往往会和教师或学生所诉求的个体权利发生冲突。在这样的情况下，学校虽然可以声称有自主管理权，但是教师或学生也可以坚称自己需要维护个体权利，而这样的冲突往往很难在法律框架和道德意义上做出评判。

案例四：根据国家安排，大学英语四六级考试在双休日举行，学校向教师下达了监考任务，但是有几位老师拒绝到校履行监考工作，因此学校按照有关规定要给予未监考老师教学事故处分。教师对此提出申诉，认为双休日休息是国家给予教师的权益，四六级考试不属于教学任务，所以学校的处理是违法的。学校则以教师和学校签订的就职协议条款之一——"完成学校交给的其他工作"，以及"四六级考试也是学校为学生提供的教学服务"的理由，坚持要给予教师教学事故处理。

6) 质量评价与价值认知

质量评价与价值认知的冲突主要表现为：一是学校对教师教学质量的评价标准与教师所持的教学质量价值认知之间的不一致所形成的冲突；二是指学校将教学质量评价作为教师工作绩效判断，而教师则认为教学质量评价因其复杂性和标准的相对性，不能以此作为教师工作绩效的判定标准，即质量价值与劳动价值的非等同性。正是由于上述学校质量评价价值取向与教师的价值认知的冲突，常常会造成教师与学校管理部门、教师与教师、教师与学生之间的冲突。

7) 质量控制与反控制

由质量控制所引起的学校管理者与被管理者之间的冲突也是最为常见的质量管理冲突，这样的冲突通常是在管理者依照管理规章对教师（或学生）的某些行为进行干预的时候发生。学校教师（教学管理人员）对于学校质量控制的反控制应激，一般地说并不是他们对质量管理本身的抵制，而是由于质量控制过程中的冲突双方对控制理由、控制行为和控制目标的认识差异所造成的，有的是由于对控制的尺度把握认识不一致，有的是由于不能接受控制的处理结果所导致，也有的是被控制对象的心理、性格因素所导致的。

3. 质量管理冲突的类型特征

从上述所述的学校质量管理冲突的冲突关系看，质量管理冲突主要表现为具有不同亚文化的群体之间的冲突，但是应激的出现和冲突的爆发常常产生于人与人之间。从冲突的现象看，尽管在学校质量管理过程中的冲突形式与起因错综复杂，但是总体上可以将高职院校质量管理冲突分为权益性冲突、规则性冲突、认知性冲突、情感性冲突等四种冲突类型。

(1) 权益性冲突：在学校的质量政策、管理机制框架下，由于团队或个体之间的权力、责任、利益差异引起的冲突。

(2) 规则性冲突：在质量管理过程中，由学校制定的质量规范、工作准则所引起的程序性或执行性（失当、偏离等）冲突。

（3）认知性冲突：由于学校中各成员角色的文化差异、个体的认识与理解力差异引起个体内在的心理应激，进而产生的冲突。

（4）情感性冲突：在管理活动的某种特定情境中，由于个体性格或态度的不适应或对外部环境的不适应引起个体的心理应激，进而产生的冲突。

上述质量管理冲突类型中，情感性冲突需要我们从管理心理学的视角加以相应的冲突管理分析，寻找降低或消除冲突的策略和方法；而对于权益性冲突、规则性冲突和认知性冲突则需要从文化的深层次研究其成因，并从质量文化管理的视角出发进一步讨论冲突管理的途径、机制、策略和方法。

三 质量管理冲突的成因——基于文化的视角

质量管理中的冲突常常让管理人员感到沮丧和委屈，因为职责的关系，他们必须去完成管理工作，还需要努力化解冲突，同样，教师也极易在这样的冲突中在情感上受挫，甚至受到伤害。如果质量管理过程中的冲突是不可避免的，那么我们又能够怎样减少冲突或降低冲突所带来的损失？为此我们必须要对冲突成因进行分析。现有大量文献对高校内部冲突成因作了分析，包括从社会学的角度、组织管理学的角度、心理学的角度，等等。如果我们从文化的视阈看高职院校质量管理中的冲突，其成因主要在于：价值观的非"和合"性，文化的内、外在制度互动的非良性，政策导向的制度文化非稳定性，管理"权力"认知的二元对立，角色文化对主体间关系的影响。从文化的视阈分析质量管理冲突成因，将有助于我们从文化管理的角度讨论冲突管理问题。

1. 价值观的非"和合"

在任何一个组织中如果在个体与组织之间、群体与群体之间产生冲突，其最常见的原因就是价值观的不同或差异。尽管我们在讨论高职院校文化管理的时候，强调学院核心价值观是学院文化的核心，学校核心价值观应该被所有成员所认可和确立，但是并不等于否定和绝对排斥其他价值观的存在。恰恰是在文化管理的理念之下，应该从人与组织共同发展的目标出发，共同遵循价值观的"和合原则"，这是对于高等院校所有成员"文化人"属性的尊重，更是体现了在核心价值观基础上的文化自信。

高职院校同其他高校一样，不同于企业的是其多群体主体性，例如作为"文化人"的教师、科研人员和行政管理人员等，他们之间的主体间关系是一个质量共同体关系；在质量价值保证和实现的互动中体现的是圆桌关系，在各个群体内部的主体间关系上又是一种自我管理关系。正是由于学校内部的上述主体间关系特征，使得学校对价值观的管理，不能简单化地将学校价值观和各主体[由不同工作类型、不同专业（学科）背景等形成的亚文化群体，甚至个体]的价值观，"有意或者是无意地制造出一张'价值等级表'、一种'价值目录'，并按照其排列各种价值"，更不能报有"任何成见和偏见"，还要允许学校中所有成员和教育的利益相关者提出"拷问、探寻和批评"①。如果我们在质量管理过程中,没有对高校"文化人"这一特殊群体的主体间关系有一个清醒的认识,没有保持足够的建立在学校核心价值观基础上的文化自信,而是以"偏见",甚至是以自我为中心的"傲慢"去进行管理,那就极容易产生由于价值观的差异而造成的质量管理冲突。

2. 文化的内、外在制度的非良性互动

在本书第一章中,我们曾特别地引入了吴福平博士关于文化的定义,他从文化管理的视阈,将文化定义为"内在制度(潜规则)与外在制度(显规则)互动的和",其中外在制度是指组织内以知识、语言、法律、礼仪、符号等呈现的、外化的"显"规则系统,而内在制度则是人们所持的包括价值、信仰、习俗、习惯等内在的"潜"规则。按照上述的文化理解,学校关于质量的外在制度——制定的质量管理的规章制度,以及内在制度——人们从"历史"继承而来的大学理念、教师职业信念等,一起构成的"互动的和",形成了学校的质量文化。这也意味着当质量管理的外在制度与人们内心的内在制度产生良性的互动时,学校的质量文化是和谐的,相反,如果产生的是非良性互动,学校的质量文化则是非和谐的。

上述关于质量文化的理解对我们重新认识学校质量管理冲突是有意义的。正是通过对文化的动态理解和认识,我们可以认为,在实际的质量管理过程中,当学校的质量管理制度与事实存在于教师(包括其他成员)内心的理念、信念不能产生良性互动,也就意味着质量管理冲突可能发生,这也是我们在以往的质量管理实践中经常遇到的。对于文化的动态性,最重要的是外在制度(显规则)与内在制度(潜规则)的互动以及互动产生的效应,这对于质量管理尤为重要。只有当学校内所有质量主体之间以"圆桌关系"为互动前提,以促进主体"自我管理"为互动基础,才能避免和减少因文化的内、外在制度非良性互动所造成的冲突,才能真正建立起一个和谐的"质量共同体"。

3. 政策导向的制度文化非稳定性

我国高校的制度文化的一个重要特点就是其管理制度受政策导向,所谓政策导向就是学校可能是因国家政策变化所调整,或者是学校因发展要求而做出政策调整,或者是因学校主要领导变化引起政策改变,所有这些政策的变化,都会引起学校相应的管理制度变化。由学校政策主导的制度文化表现出易变性和多变性,相应的质量管理制度也会出现非稳定和非连续性,以致引起管理冲突,常见的现象有:一是学校因政绩驱动或发展压力而改变相关政策而导致的管理部门和二级院系的短期行为和短期利益追逐,从而引起权利性冲突;二是高校严重的行政化倾向,使得学校的各级管理部门和机构越来越多,反而容易造成各部门之间的职责缺位或职能越位,降低管理效率,增加并加剧了管理部门之间的冲突,更增加了基层院系与管理部门发生矛盾和冲突的概率,增加了基层管理的难度;三是由学校决策的多变

---

① 吴福平.文化管理的视阈:效用与价值[M].杭州:浙江大学出版社,2012:65.

性(如主要领导变化、学校升格、学校重组等)使得原有管理制度的文化传统被打破,原有制度框架下的各种结构不稳定,或是原有的结构矛盾没有解决,又产生新的结构问题,如专业(学科)结构、资源结构等,而这样的结构性问题也是引起矛盾和冲突的重要原因之一。

4. 管理"权力"认知的二元对立

高职院校虽然由于其学术性相对于本科以上高校要弱一些,但是在教师内心的潜意识中依然有着强烈的学术自主权诉求,也就是说高职院校质量管理过程中的冲突,也常常表现为行政权力与学术权力的冲突。在高校管理的现实中,行政权力与学术权力的问题一直是被人们高度关注和讨论的。一方面,教师对拥有学术权力的诉求始终不断,对行政管理人员的行使"权力"行为不满,又因教师对自身的尊严比较敏感,对于权力所行使的管理不易接受,更容易引起个体有害性应激。另一方面,行政管理人员也因强调管理的职责和权威,对教师因其学术"地位"所表现出的"强势"而不满。

在质量管理过程中,管理者和被管理者双方因对方所持有的"权力",或坚称的"权力"而不满,而学校领导也总是在为这样的不满而进行所谓的"权力平衡"做出努力,但是当我们从文化的角度重新看待"权力"的时候,其实我们也许会对"权力"的不满或坚持有所释然。对此,柳友荣博士指出,权力一词在中华文化中被认为是"权位""势力""职责范围内的领导和支配力量"(《汉语大词典》);"权力谓威权势力,具有操纵指挥之效用者也"(台北中华书局《辞海》);而在西方权力被"视为一种关系,是一个人或许多人的行为对另一个人或其他许多人的行为发生改变的一种关系",权力是"某些人对他人产生预期和预见效果的能力"(丹尼斯《权力论》)。

也正是由于"权力"一词在东西方文化中的认识差异,使得人们对高等院校"'学术权力'和'行政权力'理解上产生歧义,直接导致了在高等院校的管理现实中两种权力的操作失当",甚至是二元对立。当人们将"权力"视作一种"身份"和"地位"的时候,以及通过权力而"支配"资源、"强制"他人的时候,就意味着"权力"可能被"异化和滥用",也就一定会在人们的心理上产生极大的负面应激,进而导致冲突[①]。反之,如果我们在管理过程中将"权力"看作是一种处理人与人之间关系的"有效影响"和能力的话,那么就有可能表现出一种"温文尔雅的""协商的""尊重的"的主体间关系处理方式,当然也就会避免或降低管理冲突。

5. 角色文化对主体间关系的影响

作为文化人,高职院校内所有成员的角色的文化多样性显著地不同于其他社会组织,这种角色文化多样性让学校不同成员的角色关系,更多地受其内在文化认知的影响,也进而使学校内部的主体间关系更具复杂性。因此,学校质量管理中的冲突往往具有跨文化冲突的

---

① 柳友荣.行政权力与学术权力:交叉,还是全异——关于构建和谐大学的权力问题追问[J].江苏高教,2009(4):14-17.

特征。

首先,角色文化差异往往导致角色之间的同理性认知缺乏。高职院校基层组织中成员的角色可以说是最为丰富的,不同成员间的角色差异主要在于角色各自的价值取向、工作模式、劳动(工作)方式、工作对象、工作目标、个体身份(等级)的区别。学校角色文化差异主要反映在教师与行政人员之间,教师是知识劳动者,其劳动方式是个体性的和内隐的,工作时间是弹性的,工作深度是自主性的,工作(教学)成效更多的是隐性不易测量的,工作动力是内驱性的;而行政人员的工作是程序性的和合作性的,工作时间是固定的,工作目标是易于清晰描述的,工作成效是显性易测量的。另外,角色文化差异还体现在不同学科教师之间,例如文科课程的教学灵活性更强,考核与作业的评判更具主观性,教学效果的评价更具个体色彩;而工科课程的教学程序性更强,考核与作业的评判更具有客观性,教学效果的评价更具群体共性。正是由于学校各种成员间的角色文化差异,使得学校在质量评价和考核过程中,教师与行政管理人员之间和教师群体之间,如果不能以同理心地看待他人的劳动,就容易产生相应的理解偏差,甚至是偏见,从而导致冲突。

其次,高职院校成员的文化人身份意味着其具有较高的个体尊严心理需求,角色文化多样性会容易导致学校成员之间的"尊重"失衡。现代意义上的我国高校文化更多地受到西方大学文化的影响,而高校文化人同时又具有很强的民族文化心理倾向,正是这两种文化导致了学校不同成员对"尊重"有着不同的态度表现,即使同一类成员在具体情景下,对"尊重"也有着复杂的心态。对此,董剑桥教授认为,西方大学在其个人主义文化背景下所讲的尊重,"是在平等观下产生的尊重,是所有人之间的普遍的相互尊重"。而在集体主义文化为特征的中国传统文化中,"尊重的前提是学识、身份、财富、地位等功利因素",尊重也"往往是单向度的","自下而上"的尊重是"仰慕""敬重"和"遵从",自上而下的尊重更多地体现了领导的"关怀"和"人格魅力"[①]。因此,在我国高校中西文化共存的现实下,学校上下级成员之间对"尊重"诉求的文化差异,以及文化人之间的"尊重"心态的复杂性,都会让质量管理过程中的沟通、认知出现情感应激,以致产生行为上的冲突。

四 质量管理冲突的文化管理

1. 冲突管理的任务

质量管理引起人际间的有害性冲突,总是反映为行为层面心理层面的复合性冲突,但是质量管理引起的冲突背后依然有着更为复杂的背景,其中组织文化的背景是深层次的和基础性的。正因如此,我们认为对于高职院校质量管理过程中产生的冲突进行管理,依然应该以文化管理的理念对潜在冲突和冲突过程进行前置(预防)管理和过程管理。为此本研究提

---

① 董剑桥. 高校内部管理体制改革的跨文化思考[J]. 江南大学学报(教育科学版),2007,27(3):17-22.

出高职院校质量冲突的文化管理的五个基本任务:预防、缓解、转换、改善、平衡,其中缓解、转换是为了改变冲突过程,改善和平衡则是为了改变冲突结构。

预防是一种冲突的前置性管理,是要在对质量管理的成因冲突有了充分认识的基础上,对可能存在或容易产生的结构性冲突进行预制性的结构改善、调整,进而改善质量文化环境。我们将预防的目标确定为改善环境是因为如果不恰当地改变结构,也会形成一种防止冲突,阻碍创造和成功的局面。

缓解就是要尽量避免质量管理冲突造成的有害应激,或降低应激强度及危害,对敏感性高、应激强度高的质量管理冲突,反应要尽可能及时,但也不能急于做出定性评判,要避免冲突造成的瞬间性和直接性损失。

转换是寻求解决角色性冲突的理想结果,因为并非所有角色性冲突都是灾难性的,很多情况下有害应激可以转换为个体激励,在质量评价和绩效评价中预设调节机制,以既促进绩效目标达成又对成员起到激励作用。当然无论是缓解还是转换,都需要管理者比较强的沟通能力,以及对质量管理目标和个体诉求有较强的理解与把握能力。

改善是指减少质量管理中的冲突,或降低冲突的程度,还包括质量管理系统自身的改善和管理方式方法的改善,其中管理系统的改善是至关重要的,也是最本质的。质量管理系统的改善途径有加强文化管理——确立以人为本的管理理念,实现以人为中心的管理;学习型组织建设——形成共同的价值观,实现组织目标与个体目标的和谐;减少质量管理层级,提高基层质量管理者的素质和管理能力,实现服务与合作导向的质量管理。

平衡是指在学校冲突管理的现实中,使有害性冲突和有益性冲突之间达成一定意义上的平衡,或者说冲突和应激不能太多,也不能没有。往往过多的冲突会导致学校内部的不稳定(特别是师资队伍的不稳定),影响学校和所有成员的发展,但是如果没有有益性的冲突,又容易使学校整体或某些群体处于沉闷状态,缺少创新活力。

2. 冲突管理的文化机制

高等院校文化管理的人性假设是文化人假设,高职院校作为高等院校,其所有成员都应被视作"文化人",这是我们对冲突管理的基本认识前提。我们在第一章中曾引用于学友关于文化人的论述,他认为:文化人必然要对人的本能和自然进行超越,超越已有文化,创造新的文化;文化人以自我精神的满足、生命价值的实现为追求;文化人总是期望保持一定的非主观任意和无约束的自由维度。正是由于文化人的上述特征,我们在质量管理活动中实施冲突管理时,无论是促进有益性的建设性冲突,还是限制、缓解破坏性冲突,都必须在学校核心价值观得到尊重、职业道德得到遵守的前提下,能够有益于学校所有成员的创造力、创新力发挥,有益于他们的更多价值实现,有益于获得他们为达到以上目的而需要的自由空间。

1) 价值观——促进冲突管理的自我实现

质量管理领域中产生的冲突很多是由冲突双方的价值观差异所造成的,或者是冲突一方在某种价值观的认识和坚守下,由于过度的心理性应激产生激烈的对抗性言语、举动。所以防止和减少因价值观不同而导致的冲突,是冲突管理的重要任务。

从质量文化管理的理念看,冲突的文化管理依然是价值观管理,但是价值观是一种深植于人们内心的观念、意向,似乎很难用管理的方式去改变。人们熟悉的是关于价值观的教育,教育对于个体来说是一种外部的影响,是否能够内化于心,或者能够让个体产生价值观的自觉,其效果是难以判断的,特别是当价值观被"高大上"叙事后,就更难实现让人们从内心深处产生响应和愿意接受。因此我们对质量冲突的价值观管理,需要一种贴近人心的,能够真正让人们愿意接受的价值观"教育",这样的"教育"不是逼迫性的和灌输性的,而是一种能够促发人们文化自觉的价值观认知、认同、和合的过程,但这一过程需要通过具有合适载体和适当形式的管理活动来实现。

案例五: 加拿大百年理工学院教师基于价值观的反思性实践

加拿大百年理工学院教师反思性实践中的对于价值观的自我反思活动,是一种完全贴近教师课程教学、学生学习现实的,非常接地气的,能够提升教师和学生自我价值实现的价值观自我管理形式。基于价值观的自我反思活动的特点是清晰、可识别的价值观具体表述,具有能够促进价值观自我认知和相互理解并形成共识的可操作性,反思性实践是以价值观作为起点的教学反思,直至超越教学并持续贯穿于整个反思性实践过程。

(1) 如何理解价值观

以下是加拿大百年理工学院教师反思性实践手册中关于价值观的表述:

① 作为教育的价值观

质量、诚实、成就、赋权、平衡、能力、承诺、勇气、合作、创造力、纪律、灵活性、诚信、毅力、秩序。

② 作为教师职业的价值观

尊重、服务、管护、智慧、包容、真实、可靠、团队合作、支持、好奇、接纳、平衡、鼓舞、同情、创新。

③ 作为个人自我的价值观

独立、正直、参与、客观、开放、影响、责任、激情、学习为中心、变革、公平、道德、灵活、协作、平易近人。

(2) 如何实现价值观的自我管理——基于反思性实践

以下是以价值观作为起点评估教师教学的反思过程(摘要):

① 价值观的自我认知

作为教师,你能为你的角色带来什么价值?从以上价值观表述中,以你自己的第一感觉选择你在日常教学中最重要的五大价值观;

对所选择的价值观,以你了解的文化价值观的有意义的例子,以及自己的成长经历、教学经验、专业发展,给出自己的定义,以此可以揭示出你所渴望成为的老师是什么样的。

② 价值观的分享

将你之前对关于理想教学所确定的五个核心价值与你的学生、同事、领导分享,以此了解他们的想法,询问他们将用什么词来形容你和你作为教师的价值,他们的观点与你有什么共同的价值区域,又有什么是你错过的其他领域,有哪些是其他人注意到的领域,以及他们确定的领域,你当然也可以不同意他们的观点。

③ 价值观的反思

你现在了解了自己吗?你做得好吗?对此你感到惊讶吗?你现在或者将来想要考虑哪些改变?以及你将如何行动?

以下是超越教学追求卓越的深度价值反思:

① 价值观的再次反思

你之前已经确定了你为教学实践带来的价值,现在要考虑指导你在教学之外发挥的其他作用的价值观,因此你现在需要再次选择五个最重要的价值观,并再次做出你自己的定义。为此,你如何利用你的价值观来建立你作为教师的个性化签名?……

② 课程(目标、内容、结构等)设计——课程的价值反思

你的课程是否整合了工作经验和/或具有工学结合的学习机会?你的课程是否促进学生获得创新和创业技能和能力?应用/体验式学习活动是否促进了批判性反思、团队协作和合作?你的课程设计和学习活动安排是否符合各种学习者的学习风格?……

③ 作为团队成员的角色——个体的价值反思

你在团队学术会议上发表的评论对讨论有有价值的贡献吗?你在多大程度上接受变革并支持学院实现其战略目标?你是否会以一种尊重的方式引入新的想法和/或提供批评或其他观点?……

与学术领导交谈,了解他是如何看待你的工作、态度、方法和能力;当你在教学实践中追求卓越时,你需要与领导发展并保持具有信任、互惠、合作、尊重和温暖等特点的关系。

④ 学生眼里的我——超越教学的价值

你是否创造了一个包容、安全、尊重的环境?是否考虑有助于防止和最大限度地减少课堂中学生破坏性行为的策略?你如何确保学生在课堂上受到尊重和重视?是否始终保持尊重的语气?你如何与来自不平等群体的学生互动(例如,我是否公平,宽大,苛刻)?……

以上加拿大百年理工学院的教师反思性实践中关于价值观的表述和反思活动能够给我们许多启示,如果在我们的学校中,也能够实现基于反思性实践的价值观自我管理,对于由于价值观差异产生的冲突,我们的冲突管理难度将极大地降低,将极大地有利于避免、减少和改善质量管理冲突,这也正是我们提出质量文化管理的目的之一。另外,从学校整体的管

理体系看,这也是一个价值观管理的极好的行动方式,这样的方式将不再让学校价值观教育和价值观管理成为空中楼阁式的、空心化的、缺乏人情味的管理,而使得学校整体的文化管理能够真正实现。

2) 尊重——营造冲突管理和谐氛围

在文化管理的视阈下,学校所有成员在质量管理活动中的关系是一种主体间关系,也就是说学校所有成员在质量管理活动中的角色都是质量主体,而不是管理者和被管理者之间的主客体关系。我们已经将质量主体间关系确定为质量共同体关系、圆桌关系和自我管理关系。质量共同体关系确立了每一个成员的责任关系,因此需要教师对行政人员的管理工作、学生对教师的质量要求、行政人员对教师的学术质量观点予以理解,理解是尊重的重要形式。圆桌关系意味着学校所有成员的平等关系,在处理质量管理过程中的"冲突"时,充分的观点交流和共识达成本身必须是建立在相互尊重的基础上才能实现的。自我管理关系就是要让学校管理干部要相信教师的基本职业素质和学术水平,尽量要表达和予以他们对质量实现和质量保证的信任,这也是对学术的尊重和对学术自由的尊重。尊重既是冲突的事后管理要求,也是冲突的前置性管理要求,也就是说我们并不能在发生了冲突后要求冲突双方表现出尊重,也不是说尊重只是停留在文本、口号的意义层面,更重要的是要将尊重体现在管理行为的态度和管理方式(形式、程序等)的细节中。

在行为态度方面,学校领导或者是职能部门的领导在质量管理工作中,能够不摆"官架子",不说"官腔话",对质量不武断表态,在处理管理冲突问题时,要换位思考,多听取教师的意见和建议。教师在教学过程中要尊重学生的人格和正当权利,一定要做到不使用"损人"的言语,对学习能力弱或学习习惯差的学生不歧视、不冷落,对学生的任何一点点进步都要赞许和鼓励。教师特别是高学历、高职称的教师对行政管理人员要少一些"学术优越感",多一些对行政管理工作规范性、程序性、标准性的理解,行政人员的工作价值体现不像教师和科研人员那样的显著和突出,他们的工作更具服务性,因而也更需要得到教师的尊重。

在管理方式方面,课堂管理是较容易产生师生之间冲突的管理领域,冲突既有心理性的,也有行为肢体性的。教师在管理课堂的过程中,一定要与学生保持一种尊重的关系,创造一种包容、尊重的学习环境,以尊重的语气和包容的语言对学生提问、评价和提出学习(纪律)要求。质量评价和质量监控也是容易导致教师与学校之间产生冲突的重要事由,无论是在冲突事前还是冲突过程中,学校都要以尊重的态度对待教师,例如学校一般不要以质量的名义,对教师使用企业的末位淘汰方法,无论是从劳动法角度还是从处理的科学性看,以质量名义进行末位淘汰,对教师而言都是一种缺乏尊重教师劳动和教师学术自由的非人本位和非人性化管理。尊重应该作为所有成员自我管理的要求之一,在课程反思性实践的内容设计中突出关于尊重的反思,加设关于尊重的反思环节,以提高人们对于尊重的重视。例如需要反思自己在集体性的教学研究活动或类似的质量讨论会议上,是否尊重他人的意见,自己是否会以一种尊重的方式提出不同观点或批评;在课堂教学过程中,是否能够让学生感受到自己对他们的尊重——鼓励、欣赏、充分表达,等等。

3) 合作——寻求冲突管理的多赢实现

毫无疑问,合作在冲突管理中具有重要意义,尤其是对于像高等学校那样的松散结合的组织系统。在质量管理现实中,问题虽然出现于某一门课程,某一个教学环节,某一个教学行为上,但是任何问题总是具有内在因素或要素的关联性,问题诊断必然涉及更多成员。即使某个质量问题发生于个体,但是当我们其他团队成员能够一起参与解决与诊改,就可以减少学校成员文化角色差异性冲突,降低个体认知性与情感性应激。尽管以合作的方式进行冲突管理是重要的,但我们仍需要"致力于一条行动路线,以可以使合作的积极方面克服冲突的消极方面"[①]。这里的关键是行动,而不是停留在口号,是清晰的系统化的行动路线,而不是着眼于冲突事件发生或处理的一个或几个环节,理解这一点非常重要,因为合作的真正意义在于其前置性冲突管理的功能。在这里我们提出通过合作以降低和避免质量管理冲突消极影响的前置性冲突管理的行动路线建议。

(1) 基于课程反思性实践的合作行动

我们在第五章中提出了学校基于课程反思性实践的质量保证行动体系,其中教师课程教学反思性实践是一种教师自我管理模式,但是我们认为教师的自我管理不是排他性的,而是在质量保证过程中提高自身领导力的自我管理,这样的领导力恰恰需要通过合作来得到锻炼和获得。加拿大社区学院推行的教师反思性实践的基本出发点正是提升教师领导力,他们认为教师的领导力应该体现为勇敢而不是虚张声势,敢于冒险但能控制风险,保持独立的同时也能够合作,也就是说合作能力是教师领导力的重要能力之一。作为合作的行动在教师课程教学反思性实践中主要体现为与学生的合作、与同行教师的合作、与领导的合作、与社区和企业的合作,在教师课程教学反思性实践的全流程中,需要充分地体现上述合作。

案例六: 加拿大社区学院教师反思性实践关于合作的反思要求(部分)

询问学生以了解他们对自己教学能力的看法:让学生有机会发表他们的观点,除了有用的反馈调查和问卷调查外,与学生进行的实际对话(如专题研讨)将会超出他们以书面形式提供的内容,并且讨论能够为澄清问题提供机会,在师生之间建立协作和意义共建作用,为教师自身提供强烈的反思启示。

通过交叉检查反思自己的教学风格:邀请其他人(学生,同事和你的专业主任)用几个关键词来描述你的教学风格。可以让他们知道你在致力于在教学实践中取得成功,你需要让他们知道他们的反馈会给你一个能够让你做得更好的"快照",以及哪里还有改进的空间。

打电话给同事帮助了解自己的"教学之旅":邀请一位同事来观察你的课程,并向你提供

---

① 汉森. 教育管理与组织行为[M]. 冯大鸣,译. 上海:上海教育出版社,2005:356.

反馈。理想的情况是,这个过程可以由两个参与者互相提供反馈。通过每个人的反馈,反思自己的教学实践。

与领导建立有益的学术互动:密切关注你从领导那里得到的反馈是非常重要的,这样的开放互惠的沟通和协作,对于关于你学术发展的建议是非常重要的,这可以帮助你在困难时获得学术指导和资源帮助,并将自己的工作与部门的总体目标、方向和价值保持一致。每次互动都是一次有益的学习和反思的机会。

从上述加拿大社区学院教师反思性实践行动的描述,可以清楚地看到这些行动都是为了提升教师的教学质量所设计的自我管理具体指导,但是这样的教师自我管理依然是需要通过与学生、同事、领导的合作才能实现的。特别重要的是,这样的合作在客观上能够起到减少和避免我们习以为常的自上而下的、"颐指气使"的质量管理所带来的管理冲突和应激,而且这样的冲突管理是前置性的、预防性的,能够大大促进学校内正式或非正式组织文化环境的和谐和生态化。

(2) 教学质量评价中的合作行动

在学校质量管理过程中最容易出现个体应激以致冲突的领域是质量评价,导致个体应激或冲突的原因一方面是价值观差异,另一方面的原因是评价目的的鉴定性、考核性,以及方式方法的单向性和被评价主体的排他性,而发展性评价是以人为本的、以促进人的全面发展为目的的评价,在评价理念上将评价者与被评价者的关系视作质量主体间的关系,合作意味着相互的信任,以及质量共同体的真正实现。因此质量评价过程中的合作是必要的,在这里我们仅就教师教学质量评价中的合作行动予以讨论。

高职院校的质量管理的主要内容是教师教学质量评价,进行教学质量评价的形式主要有领导、同行听课,以及学生评教。在听课方面我们认为存在以下问题:一是听课缺少相互之间的沟通交流、反馈、讨论,使得听课流于形式,不能真正起到互相学习、互相提高的作用;二是像包括"推门听课"那样的方式,事实上为质量监控预设了不信任前提,没有体现对教师的基本信任。为此我们提出听课的合作行动路线设想:系主任或教研室主任预先通知被听课老师(这是尊重)→授课老师向听课者课前告知授课内容(便于学术交流)→听课→双方以面对面或邮件等其他形式对授课进行讨论。需要说明的是,这样的合作性听课主要是关于教学学术性的,而非以工作纪律性、规范性为主要目的。

在学生评教方面我们认为存在的问题是,由于学生评教的结论对于教师绩效考核具有重要影响,使得教师对学生评教产生天然的应激,而少数学生也由于教师的严格学习要求和学习评价而产生过度的应激。在学生评教过程中教师和学生双方客观存在应激的现实下,由于教师和学生的背对背式的评价方式,更容易产生教师和学生、教师和学校之间的冲突。如果我们以发展性评价的理念,采取合作性的评教方式,增加学生和教师之间的评教透明度,这样就有助于促进相互之间的了解、理解和信任,从而实现通过学生评教促进教学质量提升的初衷,事实上在国外一些高校中就实行这样的学生评教方式。在这里我们也提出相应的合作性学生评教的行动路线设想：学校向学生、教师下达评教公告（评教表），提出评教要求（线上或线下）→教师向学生解读评教表→学生向学校和教师分别反馈评教表→教师召开部分学生座谈会，对正面和负面的突出评价进行讨论→教研室向教师提出对学生评教内容的想法→教师提出诊改设想。上述合作性学生评教的行动是一个较为理想的设想，但我们相信这不仅仅有助于缓解教师在教学质量评价过程中的心理应激，避免和减少由此造成的质量评价冲突，更有助于良好师生关系的建立，有助于建立一个真正和谐的质量文化环境。

4）学习——优化质量管理的文化环境

高职教育作为高等教育的一种类型，在我国已经有四十多年的发展历史，全面推进和深入进行的教育改革也有二十多年，在这一进程中，高职院校的课程改革、教学模式改革和教师专业发展（双师）的要求，改变了传统高校的质量观，相应的质量（标准、目标、绩效）管理也发生了较大的变化。面对上述变化，一些教师在学校的质量管理中不能适应或不能接受，从而导致不良应激，以致发生管理冲突。对于这一类冲突的产生，其重要原因之一是教师自身对高职教育教学改革的认识不足，对自己缺少时代性学术发展要求，要改善和减少这样的认知性冲突，与时俱进的学习对于教师来说是必要的。相应地学校应该加强学习型组织文化建设，这是对质量管理冲突进行管理的重要基础性保证，也是质量文化管理的重要内容。

应该说高职院校本身就是一个学习型组织，学习型组织文化建设应该是学校的常态性工作。但不可否认的是，由于高校教师劳动的特殊性，组织的学习文化具有个体自主性和专业学术性的特点，如果缺少学校层面的政策引导和管理，这些特点就会使学校内部正式或非正式组织失去创新、创造、卓越的文化特质。一个不可否认的事实是，在现行的师资人事政策现实下，教师对于教学的学术发展普遍重视不够，即使有教学改革的积极性也是被各种"竞赛"所吸引，或者教学模式改革被整齐划一地"模式化""程式化""格式化"，而缺少自我独立的主动性教学研究和行动。教研室的合作性教学研究传统正被功利性学科科研的"个体劳动"所替代，如果教研室作为学习型组织缺少了教学学术文化氛围，那么高职院校也就缺少了作为高校应有的教学学术文化力。一个缺乏教学学术文化力的教学团队，也就谈不上是一个好的学习型组织。因此，高职院校加强基层教研室的教学学术文化建设，形成一个大家愿意做教学学术研究、愿意进行教学改革创新、努力提升教学能力的学习型组织文化环境，是当前高职院校内涵建设的重要任务，也是质量管理冲突的文化管理的重要途径。

相比教研室层面的学习型组织文化建设，高职院校学校层面的学习型组织文化建设更为重要，近年在本科高校逐渐兴起的"教师教学发展中心"是学习型组织文化建设和教学学术文化力提升的重要途径和有效平台，也是学校质量文化管理的重要形式。对于学校的质量管理冲突的文化管理而言，"教师教学发展中心"的重要功能就是为教师提供一个现代高职教育教学理论学习、价值观和教学体会分享、教学质量现状分析研究、教学质量保证和提升的实践探索的环境和平台。首先,这样的环境对每一个教师而言是平等、友好和开放的,教师可以在这里释放自己在质量管理(评价、控制)中所产生的应激,可以大声地"吐槽",对学校质量管理提出意见和建议,这在客观效果上对质量管理冲突起到了缓解、转换的作用。其次,这样的平台可以为教师提供真正的教学学术成长的服务。学校在高职教育教学改革过程中,往往只有一个自上而下的推动和绩效要求,但缺少让教师深入了解、理解和接受的过程,这一过程就是一个学习的过程,特别是学校管理层和教学行政部门的主要成员自身也缺少对新理念、新理论、新模式的深入学习,从而缺乏对教学基层的有效指导,当然也就谈不上为教师的专业(职业)发展——教学学术成长提供有意义和有效果的服务。因此,通过"教师教学发展中心",学校应该为教师提供更多的关于教师全面发展,特别是教学学术发展的服务,以提高教师的教学能力,促进教学质量的自我保证、改善和持续提升。

5)激励——改善质量管理的冲突结构

质量管理本身所形成或造成的冲突对教师发展产生的影响具有双重性,即冲突有可能让教师产生挫折感、失败感,产生对学校和他人的不信任感,从而影响教师的发展,这样的冲突是破坏性的,因此必须对有害性冲突加以有效管理。同时,也有可能通过引入恰当的有益性冲突,并对冲突加以适当的管理,从而促进学校的组织创新,建立健康的人际关系,激发人们的工作活力,提升人们的工作绩效,最终促进人的全面发展与价值实现,而这也正是质量文化管理的重要目的所在。在冲突管理理论中被普遍提到的有益性冲突管理就是通过"激励"引起有益性的"冲突",但是冲突的"结构模式"告诉我们,不平衡的激励也是造成结构性冲突的原因之一,所以如何引入激励和使用激励是非常重要的。

高职院校教师的文化人特征之一是具有自我激励的发展动力,同时对来自外部的"激励"也能产生应激,这样的应激既可能产生正面的能量,也有可能产生负面的能量。因此,当我们使用"激励"这样的有益性冲突管理,就需要恰当地定位和设计"激励"。一方面,激励不能成为组织或个体的功利性驱动,激励不能成为利益的诱惑,成为人与人之间追逐和损害的诱导,从而产生新的和更大的冲突。另一方面,激励不仅要激发学校成员的质量保证(维护)和质量提升的内在动力和自觉性,还要引导确立人们响应激励的正确动机,这样的动机应该和学校质量管理目标保持一致,就是要促进全校所有成员形成共同的卓越发展期望。也就是说,当我们将激励作为有益性冲突加以利用和管理时,一定要注意在激励本身所导致的有益性冲突和有害性冲突之间做出必要的平衡处理。

6)协议——实现冲突管理的契约保证

在质量管理中权益性和规则性的冲突是主要的冲突类型,在这些冲突的背后存在着学校和成员之间的契约认识和承担意识,即对于质量管理所带来的学校及各类成员各自的权益、责任缺少明确的协议形式的约定和承诺。学校的个体与组织、个体与个体、部门与部门之间在对待质量管理问题上应该建立某种意义的协议——制度性协议和非制度性协议。

制度性的协议也分为法律意义上的和非法律意义上的,如聘用(任)合同、校代会决议等,通过制度性协议明确学校内部所有成员对学校质量保证和提升的权利和义务,同时也需要合理确认团队之间、个体之间、团队与个体之间相应的权益差异。制度性协议的形成在本质上是一个学校内各种文化群体共同参与决策的过程,尽管在现实中高校内部的共同决策并不是我们的文化传统,但是在质量管理领域,学校各种群体共同参与质量管理的学术性事务和权利、权益的制定确实是必要的。

非制度性的协议则是文化管理意义上的协议,是一种无形的共同精神契约,即价值观(理念、愿景、校训)的统一。制度性协议是非制度性协议的基础,非制度性协议需要通过制度性协议予以确认,以共同的行动表达。制度性协议必须是建立在学校共同的核心价值观基础上,实现能够尊重并体现包括学生在内的所有成员价值观的和合性,即追求学校、全体教职员工、学生的共同发展、全面发展。

第八章　教学卓越：高职院校教师发展

> 教师发展是高职院校质量文化管理的核心价值之一，没有教师的高质量发展，就不会有学校人才培养的质量发展，没有教师的教学卓越追求，也不会有学校的卓越教育实现。什么是高职院校的教师发展，怎样促进教师发展，如何通过教师发展促进教学质量提升，依然是高职院校质量文化管理需面对的重要问题。在本章中我们将以加拿大百年理工学院教学卓越指引下的教师反思性实践作为分析案例，提出高职院校教学卓越指引下的教师发展——学术与文化发展。

一　高职院校教师专业化发展

在教育领域教师发展的话语更多的是教师专业化发展话语，从话语形成的历史看，教师专业化发轫于欧美，后又被世界各国教育界所重视，因此我们首先需要了解教师专业化概念的形成，以及在我国高职教育领域的实践话语。

1. 教师专业化发展

1) 教师专业化发展概念与内涵

（1）教师专业化概念

国际劳工组织和联合国教科文组织于 1966 年在《关于教师地位的建议》中首次提出"教育工作应被视为专门职业"的观点，它提出："应把教育视为专门的职业，这种职业要求教师经过严格地、持续地学习，获得并保持专门的知识和特别的技术。"美国 20 世纪 70 年代中期提出了教师专业化的口号，目的是要提高公共教育质量，促使教师的教学成为真正的专业。1976 年美国教师教育大学联合会报告指出，教师的教学能够实现为专业，在随后的时间里，特别是 21 世纪的十多年来，世界发达国家和一些地区的高校都将促进教师专业化发展作为学校发展的核心内涵。我国教育部在 2011 年提出的"高等学校本科教学质量与教学改革工程"意见中，要求全国高等学校要建立教师学术发展与教学能力提升的新机制，促进教师个性化专业化发展。同年，全国职业教育师资工作会议也指出，要以教师专业化发展为引领，以"双师型"教师队伍建设为重点，推动职业院校高素质专业化教师队伍建设。

中外学者对教师专业化发展的概念解读有很多，例如佩里（Perry）认为"教师专业发展意味着教师个人在专业生活中的成长,包括信心的增强、技能的提高、对所任教学科知识的不断更新拓宽和深化……(积极地说是)意味着教师已经成长为一个超出技能的范围而有艺术化的表现,成为一个把工作提升为专业的人,把专业技能转化为权威的人"①。我国学者刘捷认为教师专业化就是"教师在整个专业生涯中,依托专业组织,通过终身专业训练,习得教育专业知识技能,实施专业自主,表现专业道德,逐步提高自身从教素质,成为一个良好的教育专业工作者的专业成长过程,也就是一个人从'普通人'变成'教育者'的专业发展过程"②。

(2) 教师专业化发展内涵

教师专业化概念存在着丰富的多重内涵。首先,"专业"具有多重意义。专业可以是科学学科知识的分类——知识的专门化领域,也可以作为一种特指,即学校人才培养的基本组织单元,如计算机专业、机械制造与设计专业、企业管理专业等,还可表示从事社会某种职业工作达到了一定水平的状态。显然,教师专业化的专业是指最后一种。其次,"专业化"是一个运动和过程。以社会学的视角看,专业化作为运动,是教师职业群体为获得专业身份和社会地位的持久运动,例如1916年美国教师联合会组织的全美教师大罢工,就是为了谋求教师的专业性职业认可和经济、工作条件改善;同时,以教育学的视角看,专业化作为过程,是指教师"作为特定职业从不成熟走向成熟的典型发展过程",因为教师这一特定职业"需要专门、深奥的知识和才能保证工作的质量和对社会的福利",由此国家和社会需要对这一过程给予"规范和保护",使其"逐步从低级状态进化至高级、发达状态"③。正是由于教师职业的专业性和成长的过程性,到20世纪80年代后,教师专业化的提法转向了教师专业化发展。我国教师专业化也"已经逐渐从片面追求教师群体的专业地位到关注教师专业发展和教师个人角色实践;从关注教师的认知能力和技术化教学转向对教师极富人文气息的文化层面的整体关怀;从机械地要求教师在学习培训中的整体接受到鼓励教师进行个人反思"④。

教师专业化发展是一个过程,因此,在实践层面教师专业化发展会有不同的范式。西方学者对于教师专业化发展的范式一般归结为三类:一是"熟练型实践者"范式,就是教师通过综合地运用教学内容的知识、教育学知识、教育心理学原理和教学技术,在长期的教学实践中从教学的新手成长为专家的过程,这一范式我们也称之为经验型范式;二是"研究型实践者"范式,就是教师通过积极主动地参与教育教学研究,在研究中不断完善和提高自己的教学能力和水平,提高教学质量,促进学生的全面发展;三是"反思型实践者"范式,就是"通过各种形式的'反思',促进教师对自己、自己的专业活动直至相关的事物有更为深入的理

---

① 叶澜,白益民,王枬,等. 教师角色与教师发展新探[M]. 北京:教育科学出版社,2001:222.
② 刘捷. 专业化:挑战21世纪的教师[M]. 北京:教育科学出版社,2002:77-81.
③ 陈伟. 西方大学教师专业化[M]. 北京:北京大学出版社,2008:15,22-24.
④ 孟中媛. 高校教师专业化发展的国际比较与思考[J]. 教育探索,2007(3):121-122.

解……在反省、批判和行动中,提升教师专业能力"[1]。在教师专业化发展的具体实践中,上述三种范式并不独自运用,而是多种范式同时运用,三种范式对于教师专业化发展都具有重要作用。

2) 高校教师专业化的学术意义

在高等教育领域,教师专业化概念中的专业一词还有着更重要的内涵意义,就是专业和专业化概念的学术性意义。什么是学术?首先,学术即系统的专门学问。学术的英文"acadmic"这个词用以指"知识的累积",即学问、学识的意思。学术还有观点、主张、学说、法、术的意思,如明朝李贽就说过"墨子之学术贵俭……商子之学术贵法,申子之学术贵术,韩非子兼贵法、术。"学术的内涵在"学"和"术",学即学识、学问,术即能力、方法。学识与学问是指知识,包括理论与实践的知识;能力是指学习知识、研究学问与创新知识的能力,以及运用知识与实践创造的能力;其次,学术即研究。学识、学问、方法、技能可以习得,即可以通过阅读、记忆、训练得到,但是知识的自我建构、发现、发展则需要研究,方法、技能的发展和问题解决也需要研究。研究既是人特有的思维与认知活动,也是高校教师的职业工作特征和基本专业素养;再者,学术即实践。对于高校而言,学术与实践不是对立的,因为教育教学的学问就是实践的学问;教育教学的学问最终要回归教育教学的实践,因为学术研究的思维和认识与实践是统一的整体。

高校教育工作者的劳动是学术性劳动,学术性是高校教师专业化的应有之义。陈伟博士在西方大学教师专业化研究中指出,在西方高等教育研究领域内用"学术专业"(Academic Profession)来认识和界定大学教师,因此大学教师也被称作"学术人"(Academic Man)。他认为学术专业对于高校教师而言意味着:他们是以学术劳动为职业的,也是以学术追求为事业的;他们应该通过其优良的学术质量获得受到尊敬的社会身份与地位;他们应该具有学术研究的自由空间;他们作为群体在学校中具有非正式组织的自治地位;他们需要以学术伦理进行自我规范[2]。上述观点最重要的是指出了高校教师的工作是学术性的劳动,他们为学术人的职业身份而自豪。

高校的价值在于其学术价值和社会价值,学术发展是高校教师专业发展的重要标志。薛忠祥博士从师范教育教师专业发展的学术性与师范性之争出发,提出"走向教育学术是教师专业发展的必然",而"教育学术包括了教育哲学研究和教育科学研究","以教育学术为业,便是一个专业化教师的终极追求"。上述观点给了我们两点明示:一是教师作为教育工作者,其专业性是关于教育(教学)的,教师的专业发展是关于教育(教学)学术性的发展;二是教师的教育学术发展是需要通过关于教育哲学和教育科学的研究获得的,并且重要的是仅有关于教育(教学)的科学(规律、方法)的研究是不够的,更需要关于教育存在意义和教育

---

[1] 季诚钧,陈于清.我国教师专业发展研究综述[J].课程·教材·教法,2004,24(12):68-71.
[2] 陈伟.西方大学教师专业化[M].北京:北京大学出版社,2008:25.

的价值研究,因为只有"在教育价值论基础上,才可以谈教育科学的研究"①。

3) 高校教师专业化发展的文化意义

"文化的解释在理性的思考教师专业发展的可行路向方面是不可或缺的"②,认识高校教师专业化发展,我们需要将高校教师专业化发展放入高校文化的整体之中去认识。从文化意义上说,教师专业化本身就是学校教师文化的体现。因此,教师专业化发展必须通过教师文化建设才能得到保证和实现,教师专业化发展需要其自身文化能力的提升;教师专业化发展能够促进高校文化的发展。

"文化人"作为对高校教师的基本认识,也为教师专业化赋予了文化的意义。教师专业化发展作为一种追求教师社会专业地位的运动——即教师专业化,到后来被指作为教师应该胜任教师这一"专业性职业"要求和教师专业成长过程——即教师专业化发展。我们对高校教师专业化更多的理解是教师作为"学术人"的学科知识化、研究理论化、教学技术化要求。但是,当教师专业化正在转向对教师极富人文气息的文化层面的整体关怀的今天,高校教师不仅要以"学术人"的身份实现专业化发展,更要以"文化人"的角色实现专业化发展。事实上,教师的发展本身就是一个被文化化的过程,因为"教师的本性是文化性……专业只能给教师提供一个独特的、形式性的社会位置,只能表明教师具有了多少'职业市场力'",只有"文化是唯一真正属于教师自身的东西,一切知识观念、社会身份都只是教师文化的注脚而已"③。只有当教师具备了"文化人"应有的文化自觉,才不会因"学术人"的专业自豪而迷失自我,因为"学术人"的"专业性职业"价值只是教师作为"文化人"的价值的一部分。

良好的教师文化是高校教师专业化发展的必要环境。加拿大学者哈格里夫斯(Hargreaves)认为:对于教师文化的个人主义文化,"既要尽量避免其给教师专业发展带来的缺陷,又要利用发挥其对教师专业发展的积极影响";相比学校科层管理模式下行政驱动的人为合作文化缺陷,"自然合作文化有助于实现教师专业发展与学校发展的有机结合";学校以专业(学科)结构化的派别主义文化,"限制了全校教师专业化发展共同使命的可能性,制造了不同教师群体之间的不平衡和不平等……限制了教师的专业发展,给学校的整体变革带来了困难"。因此哈格里夫斯从后现代教学的教师文化模式建构出发,提出了"流动的马赛克"文化,这样的教师文化超越学校界限而扩展到整个社会之中,从而有利于教师的专业化发展,这对于高职院校的教师来说是至关重要的④。

教师专业化发展是促进高校文化发展的主要动力。高校是一个国家最重要的文化传

---

① 薛忠祥.教育学术——教师专业化的发展走向[J].教师教育研究,2009,21(3):7-11.
② 周南照,赵丽,任友群.教师教育改革与教师专业发展:国际视野与本土实践[M].上海:华东师范大学出版社,2007:40.
③ 龙宝新.从"专业人"走向"文化人"——论当代教师认识论的转变[J].江苏教育研究,2009(16):20-24.
④ 邓涛,鲍传友.教师文化的重新理解与建构——哈格里夫斯的教师文化观述评[J].外国教育研究,2005,32(8):6-10.

承、文化创新之地,而教师作为学校文化传承和文化创新的主体,是高校文化发展与创新的重要体现,与之相应,教师自身的以文化发展为特征的专业发展也是学校文化发展的主要动力。事实上,高校的专业本身作为文化存在,教师的专业教育教学工作就是关于文化的工作,例如教材的选择就是关于文化的选择,教学目标的确定就是价值的选择。另外从专业学术的意义看,文化的创新总是离不开一定的学术框架和标准,即文化研究和创新总是学术性的,所以教师以学术专业为特征的专业化发展也是文化创新的前提。

2. 高职院校教师专业化发展

1) 高职院校教师专业化发展实践话语

高职教育作为具有高等教育和职业教育双重属性的教育,教师专业化发展同样是高职院校提高教育教学质量的主要迫切问题,也是高职院校内涵发展的关键要求。但是,在我国高职教育的实践话语系统中,教师专业化发展更多的是被"双师型教师"话语所替代,这样的要求既来自教育管理部门的文件,也来自高职院校的教师缺乏职业技术实践经验的现实,更是由于高职教育学术话语缺失带来的一种教师专业化发展话语理论变形。从概念上看,"双师型教师"要求比较接近于教师专业化发展的概念,但是,"双师型教师"的提法只是一种基于我们传统思维方式的"和"思维和"合"思维:一般可理解为高职"双师型教师"就是"教师"加"职业师",即既要掌握一定的基础理论知识,又要具有较强的实际动手能力。如果我们由此认为具有基础理论知识者便是教师,或者认为既有理论知识又有动手能力者便是合格的教师,是对教师的职业内涵的极大曲解,而且在逻辑上解释不通。因此,"双师型教师"只能是高职院校的实践话语,而不能作为教师专业化发展的代名词。

2) 职业院校教师专业化发展内涵研究现状及问题

高职教育教师专业化发展的理论话语要比实践话语丰富得多,但在理论上还没有形成相对统一的认识。大致上有两种关于教师专业化发展的认识,一是完全从中小学教师专业化发展概念的角度来理解高职教师专业化发展概念,二是注意到了高职教师专业化发展概念的特殊性,但更多的是强调专业技术实践能力的发展。例如:王小平等认为教师的专业化既包括学科专业性,也包括教育专业性;教师的发展是一个持续不断的过程,既是一种状态,又是一个不断深化的过程,而高职教师专业化发展的特定内涵包括系统的、有针对性的理论知识,不断更新的专业技能,丰富的职业教育理论,教育研究、科研开发能力[①]。陈永芳也认为职教教师专业化的独特性是,既要有学科专业理论知识和实践技能,也要有职业教育的知识和教育实践经验[②]。吴全全认为职教教师的专业化发展的途径包括企业职业实践的训练、职教教育教学理论学习、增强教学实践效果等[③]。赵志群认为职业的专门化需要具备特定的

---

① 王小平,杨怡.高职教师专业化发展的途径探讨[J].常州工程职业技术学院学报,2008(3):4-7.
② 陈永芳,郑建萍.职教师资专业化的培训对策[J].中国职业技术教育,2007(27):46-47.
③ 吴全全.关于职教教师专业化问题的思考[J].中国职业技术教育,2007(11):30-32.

专业权威性和系统化的知识,能够提供独立而可信的服务,具有满足专门要求的职业道德①。

纵观现有的职业教育教师专业化发展研究的文献,我们认为存在以下主要问题:一是在"双师型教师"话语现实下,教师专业化发展话语被弱化,相应地,高职教师专业化发展概念内涵的论证缺乏严密性和深度。二是对高职教育教师专业化发展的研究缺乏高职教育的高等性思考,即高职教师专业化的学术意义缺失;三是囿于现有教师专业化的一般概念和认识(教师地位、教师标准等),高职教师专业化发展研究的文化意义缺失。

3)双师型——教师专业化发展的命题假言

从逻辑上看,"双师型教师"对于教师专业化是一个复合命题——联言命题,其中包含了"学校教育教学的专家"和非教师职业的"专业技术工作的专家"两个子命题,由此我们似乎可以得出以下假言——事实上在高职院校的实践话语系统中已经成为真言。

(1)假言之一——教师已经作为合格教师而寻求成为技术工作专家

我国高职院校的教师大都取得了高校教师资格证书,并且具有相应的教师专业技术职称,从教师职业资格看,似乎已经符合高校教师条件。由于高职教育对教师应该具有生产、管理、服务第一线的实践经验的要求,而目前高职院校的教师仍然普遍达不到要求。因此在这一现实下,教育管理者提出"双师型"教师要求的关注点放在了促使教师争取获得其他如"工程师""会计师"等专业技术职称上,所以在客观上,至少是认为当前教师已经成为合格教师,而重点要促使教师成为技术工作专家。

当前高职院校教师的"教师"问题与一线实践经验缺乏问题同样令人担忧,甚至教师的教学问题和学术问题远比"职业师"问题要严重和复杂得多。近十几年来高职院校教师数量的爆发性增长,教师的教学成长经历缺失传统大学要求的助教学习锻炼过程,以及学校职称的学科学术导向和工作绩效的课时量导向等,都使得现今的教师缺乏教师信念,缺乏与教学工作相关的知识、技能和态度,没有教学的学术研究,没有与教学成长有关的学习和总结。

(2)假言之二——不是专业技术工作专家,便不能成为学校教育教学专家

在近年我国职业教育改革的实践中,"双师型"教师似乎具有某种隐喻,即高职院校教师首先应成为专业技术工作的专家,然后才能成为学校教育教学的专家。因为我们被告知职业技术教育应该像传统手工业中的"师傅带徒弟"那样进行教学,师傅当然是技术的专家,教师则应该先成为师傅,才能成为教师。

高职院校的教师应该也能够在教师职业生涯中成为具有技术实践经验的教育教学专家,教师的职业使命是让学习者在未来成为职业技术工作的专家,这也是由教师的职业特征和教育教学目标所决定的。其中的关键词"经验"区别于"专家",而且经验不仅只是工作的经验,对于高职院校教师来说,将工作的经验上升为"应用的学术"能力和经验可能更为重

---

① 赵志群.关于职业学校教师的职业及其专门化问题的研究[J].河北职业技术师范学院学报(社会科学版),2002,1(1):20-25.

要。事实上,多数发达国家对于教师要求的标准是,除了有学历上的一定要求外,特别强调的是生产、建设、管理与服务第一线的工作经历和实践经验。因此,高职院校的教师应该是"教学工作"的专家,而不一定是"技术工作"的专家,"教学工作专家"和"技术工作"经验是优秀教师的共同必要条件。相反地,专业技术工作的专家则不一定能够成为学校教育教学的专家。

(3) 假言之三——学校的教师能够成为专业技术工作专家

要求高职院校教师成为专业技术的专家,即意味着我们能够让教师成为专业技术工作专家。这一假言中的关键是过程可行性和目标现实性,过程可行性要求教师的工作环境、政策、条件等满足教师的专业技术成长要求,目标现实则取决于"专家"的内涵界定及评价时效。

从某种意义上说,教师自身不可能成为非教师职业的其他职业技术工作的专家,这是教师职业性所决定的。教师的职业性包括教师的职业使命、教师的职业环境、教师的个人价值追求、学校价值使命。显然,从事教师工作的职业性与从事专业技术工作的职业性是不同的,教师的职业使命是让学习者在未来成为职业技术工作的专家,而不是自己成为技术工作的专家。如果专业技术工作本身不能成为职业,由于缺乏职业工作的环境、技术实践的动力、技术能力形成所必需的现场工作时间,那么教师也无法成为专业技术工作的专家。事实上,作为高职院校的教师还必然有学术追求,学校的多维学术价值使命与企业的价值追求也是不相同的,这些都将使得教师难以成为企业工作意义上的专业技术专家。

二 教学卓越:高职院校教师发展的根本追求

从上述关于教师专业化发展概念以及内涵的回顾可以看出,教师专业化本身是一个历史的概念,强调的是教师的"专业化"——教师的地位、资格。但是随着时代的发展,教师专业化发展应该"打破仅以专业角度研究教师专业化发展需要"[①],也就是说我们应该从更广阔的文化视阈和教师生命价值追求的角度讨论教师专业化发展。因此,在以下的讨论中我们将用"教师发展"代替"教师专业化发展",教师发展在要求"专业化"的同时,更加强调教师作为人的发展和教育者的价值追求。当然,教师发展依然包含着教师专业化发展的主要概念与内涵。

1. 教学卓越追求意义下的教师发展

1) 教学卓越

英国在2016年发布了旨在推动全面改革高等教育体系的白皮书——《知识经济的成功:教学卓越、社会流动和学生选择》,正式提出了指导高校教学质量评价的教学卓越框架(TEF)。长期以来,英国高校中教学与科研地位的失衡饱受英国社会各界的诟病,人们强烈批评英国高校过于重视科研而轻视教学,教学在大学中的应有地位受到严重损降。英国政

---

① 周南照,赵丽,任友群. 教师教育改革与教师专业发展:国际视野与本土实践[M]. 上海:华东师范大学出版社,2007:32.

府提出建立教学卓越框架(TEF)的重要目的就是要通过框架评价高校教学质量,确保所有学生获得优秀的教学,以优秀教学质量吸引更多学生选择英国高校,这是一个以学生为本的教学质量评价体系。同时,英国政府希望通过确立教学卓越框架,"建立教学和研究具有平等地位的文化,优秀的老师与优秀的研究人员享有同样的专业认知度、职业机会和薪酬晋升机会",显然,这一框架肯定了高校教学的重要地位,以及教师专业化的重要性,并且给出了相应的政策指导。

英国教学卓越框架一经提出,便引起世界许多国家高等教育界的广泛关注,尽管英国的教育界仍有质疑,但主要是针对框架作为高校学科评估所存在的问题的批评。对于我国高职院校正在推进的质量保证体系构建而言,英国提出的教学卓越框架就其理念来说,不仅是对高校质量科学管理的功利性、技术性、工具性的修正,更为教师专业化发展注入了新的时代注解。

首先,教学卓越将"教学"确立在了学校的质量中心位置,只有教学才是学校教师的本分,无论怎样表述高职教师专业化发展,都不能离开教学这一核心,即使是双师型教师以"师傅"的名义,在以学校为主体的高职教育话语现实中,其专业化的职业角色依然是教师,其工作形式是教学。

其次,教学卓越将教学质量的目标确立在了"卓越","卓越"是发展和不断进步提升,所表达的质量管理理念超越了"保证""保障"。"追求卓越是我们这个时代的特征和要求。……卓越代表的是一种精神、一种品质、一种气质、一种个性、一种态度、一种境界、一种文化"。相应地,教学卓越表达的是"一种教学思想、教学理念、教学精神、一种教学境界、一种教学态度、一种教学品质"[①]。

再者,教师作为教育工作者,教学卓越还意味着卓越本身的内涵也一定是超越教学本身的,包括:课程的开发和设计、课堂管理能力;对学生评价、关爱的教育能力;与学生、同事、领导建立良好的合作和信任关系的能力,等等。总之,教学卓越追求下的教师应该具有优秀的领导力。

2) 从教学卓越追求到教师文化力提升

教师专业化发展的教学卓越追求如何成为教师的实际教学行动,对此,我们依然需要为教学卓越赋予具体的内涵。加拿大百年理工学院实施的教师反思性实践框架对教学卓越提出了九大主题:学习途径;探究和创新的学术;新技能学习;体验和工作结合的学习;技术增强的学习环境;全球联系(视野);参与(合作)性学习;质量和学术诚信的文化;领导力与全民学习。这一教学卓越主题表述突出了教师应以学习为中心的要求;体现了工学结合的职教特征;强调了学术与诚信的质量文化;核心则是通过学习增进教师领导力。教师领导力对于

---

① 余文森.从有效教学走向卓越教学[M].上海:华东师范大学出版社,2015.

教师追求教学卓越是非常重要的，对此，加拿大百年理工学院所建立的教师领导力模型，要求教师在教学卓越、学术质量和学生成功三个领域内体现其领导力，将教师领导力在这三个领域内的内涵分别表达为：国际化、责任、创新、本土化、反思性实践；质疑、创造力、价值观与道德；全球公民、包容、合作、社区、尊重、服务。

加拿大百年理工学院关于教学卓越和教师领导力的阐述对我们认识教师发展具有理论和实践意义。如果我们重新梳理关于教学卓越、教师领导力、教师专业化发展的概念，将不难发现它们之间内在的逻辑关系：如果教学卓越作为一个高校质量卓越的标志，那么教学实施的主体——教师必然需要具备学术与文化的领导力，而这样的领导力形成需要通过教师发展的途径实现。也正是基于上述逻辑，我们特别提出了教师领导力的两个向度——学术与文化，以及与此相适应的教学卓越指引下的教师发展向度——学术发展和文化发展。

首先，我们注意到了百年理工学院的教师领导力模型中教学卓越、学术质量、学生成功三个要素之间的动态性、互惠性和相关性的特点：追求教学卓越需要教师具备良好的学术能力，以及课程（内容、学习成果）本身的学术性质量，这两者体现了教师的学术领导力，只有在教学卓越的追求之下，通过学术质量的保证，才能实现学生的成功，也只有通过学生的成功才能证明学校的学术质量和教学卓越。更进一步地说，上面关于教师的学术领导力——教师教学的学术和课程的学术依然是关于探究、整合、应用和教学的学术。

其次，我们依然注意到百年理工学院提出的教师领导力的具体内涵，还需要将其放入更大的文化视域内理解。例如：服务、尊重、包容、合作、诚信、质疑、创造、创新等都是教师价值观的体现；国际化、本土化、全球公民、反思等体现着教师的文化视野、胸怀和境界。事实上，高职教师作为"文化人"，其自身就是文化的载体，文化就是他们存在的方式和样式，他们表达的价值观、理想、理念、信念、工作方式、教学行为等，构成了学校的教师文化。因此，教师领导力也必然通过其自身的文化样式来呈现，当所有教师以文化样式呈现出领导力的合力，将决定着学校文化力的最终形成。

从广义的文化概念看，教师从事的专业的教育生活和专业的存在方式只是其文化存在的一部分，也就是说教师的学术发展只是其文化发展的一部分（重要的一部分）。从狭义的文化概念看——价值观念、行为方式、风俗习惯、知识系统等，教师的文化发展能够促进其学术发展。如果说我们只是将高职教师看作"学术人"，那么教师发展只是停留在一个作为专业人士的学术发展上，而教师作为"文化人"的教师发展，必然是意味着其自身的文化发展。正如叶澜所指出的那样，教师在学生面前呈现的是其全部人格，而不只是"专业"，这是新时代对教师专业化发展的新注解和要求。也只有通过教师的"学术发展"和"文化发展"，才能形成以教学卓越追求为驱动的教师发展。

正是鉴于以上对教学卓越的认识，我们需要重新思考高职教师发展，我们认为在教学卓越追求的前提下，高职教师发展应该以提升教师领导力为目标，通过学术发展和文化发展两个向度,实践和实现高职教师发展。其中教师的学术发展是教学卓越的必要性条件和基础保证,教师的文化发展是教学卓越的充分性条件和核心保证。为此,我们提出在教学卓越追求下高职教师发展的定义认识:**以教学卓越为追求,以领导力增强为动力,在教育的职业和教学的职业两个维度上,教师关于学术和文化的素养及能力不断完善、提升的动态发展过程。**

2. 高职院校教师的多维学术发展

1) 多维学术观

高职院校的学术是怎样的学术?多维学术观为我们认识高职院校的学术话语提供了一个新的视域。美国当代著名教育家欧内斯特·L.博耶(Boyer)在其著名的《学术水平反思》(1990)报告中,对高等教育的学术内涵进行了重新诠释,他将传统意义上的大学学术分为四个维度的学术,即探究的学术、整合的学术、应用的学术、教学的学术,四个维度的学术既独立又相互关联。博耶认为探究的学术就是知识的探索与追求,也是学术的最高宗旨,探究的学术需要以专业的方式前进;综合的学术是要通过建立各个学科间的联系,把专门知识放到更大的背景中去考察,对探究的问题加以综合理解;应用的学术要求教师能够在理论与实践之间双向地往返,成为"反思的实践者"、问题的解决者,为社会提供学术性的知识应用服务;教学的学术是把传播知识的学术称为"教学的学术"。博耶认为"没有教学的支撑,学术的发展将难以为继",Menges 和 Weimer(1996)则强调"教学实践需要学术理论的支撑"[①]。在博耶看来,上述四个维度的学术是一个有机的整体,不同的大学应该根据自身的教育使命来处理好不同学术之间的关系,并确定自己的主要学术任务。

高职院校教师同样有探究的学术、整合的学术、应用的学术和教学的学术四个维度的学术价值取向和要求,但是四个维度的学术内涵与传统意义的大学是有所不同的,需要与高职教育的内涵与特点相适应,而且学术追求的重点也是不一样的。就高职院校而言,学校对教师的学术要求的重点应该是教学的学术和应用的学术。就教师而言,在学术探究的学术和整合的学术方面,更多的是在于"学"——学识的增长;在应用的学术和教学的学术核心方面,更多是在"术"——能力的提高。在一定意义上,高职教育关于教学的学问要比传统本科教育更为丰富和特殊,原因在于技术知识与科学知识的特征不同,技术能力形成的环境、条件不同,还有就是教育的对象不同。应用的学术则不能仅仅理解为理论应用于实践,而是指技术的运用和技术问题的解决,并且应用的学术需要以技术的实践经验为基础。再者,探究的学术与整合的学术对高职教师同样具有意义,因为应用的学术和教学的学术都需要探究的学术的精神、态度、方法,应用的学术在技术领域中的开展也会发展为整合的学术——职业工作对综合的技术运用正成为高职教师发展的新要求。

在我国高职教育教学改革的过程中,反对知识导向、学科导向成为课程与教学改革的主

---

① 董玉琦.协调发展　共同成长:2011高校教师发展国际研讨会论文集[M].长春:东北师范大学出版社,2012:33.

流话语,因此一个不争的现实是高职教育教学改革和师资队伍建设的学术话语缺失,这种学术话语缺失表现为高职教育话语系统去"学术"化——教学的学术缺失,以及学术理解的学科科学理论化——学术概念完整性缺失。从多维学术观看,作为高职教师的学术性不能被表述的话,"双师型"只能是高职教师发展内涵的一种特征描述,而不能成为教师发展的目标表达。因为真正的"教师"或"职业师"内涵都需要在探究的学术、整合的学术、应用的学术和教学的学术四个领域内做出更为深入的解读,即高职教师发展的学术话语是不能缺失的。

教师发展的学术话语缺失直接导致的结果就是教师的学术评价以专业学科科研为主体——教学学术性被严重忽视,教学绩效在教师评价中权重极低;教师的教学发展的重要性被专业技术实践能力要求所遮蔽;教师信念和教师品质的独特性要求被职业院校教师的"职业师"要求所淡化。我们不能因为强调职业技术实践能力,就忽视教师应该具备的关于教学的学问、方法、技术;不能因为强调技术知识的实践性,就忽视技术实践本身的学术性;不能因为职业的实践性,就忽视教育的学术性。因此,高职院校面临着双重的教师发展任务:一方面要重塑教师发展的学术话语,以提升教师发展的学术品质;另一方面要重新认识并大力提升教学学术的学术价值,促进教师教学学术水平的提高,真正让教师关于教学的知识、能力、态度能够得到不断成长和发展。

2) 高职教师的多维学术发展

(1) 两种职业(专业)语境下的教师发展

高职院校教师发展需要从两个职业——教学的职业语境与教育的职业语境下给予意义建构。教学的职业语境是指教师教学工作意义上的职业,相应的教师发展是指成为一名职业教师应具备专门化的教学知识、教学能力,并以良好的职业态度,持续改善和提高教学质量。需要特别说明的是,教师教学的职业语境的专业化内涵包含了教师从业者应具备教师的信念、教师的道德、学术的科学精神、育人的人文精神,这是我们在解读教师专业化发展时往往容易忽视的(所以我们更愿意用教师发展这一话语)。教育的职业语境是指受教育者(学生)就业意义上的职业,相应的教师发展是指教师应具备与教育目标相符的职业技术工作领域内(或学科)专门化的知识、能力和经验,并以科学的学术态度及能力,不断地更新知识和实践创新。需要指出的是,上述关于职业的两种语境,是在职业教育范畴下的讨论,如果仅仅是在通常意义下的教师专业化发展话语系统中,则可以表达为高职教师发展的两种专业语境——关于教学的专业语境和教育的专业语境(也可以称之为专业教育的专业),即教师课程教学工作意义上的专业化,以及与学生学习专业相对应的专业化。

(2) 多维学术发展

上述两种职业语境下的教师发展彼此之间是紧密关联和相互影响的,在高职教育的学术话语下,以多维学术观的观点看,教师在两个职业向度上的学术发展就是在四个学术维度上的发展。其中教学的职业语境下所体现的教师发展更多的是关于教学的学术和探究的学术,教育的职业语境下所体现的教师发展更多的是探究的学术、整合的学术和应用的学术。无论是教师教学的职业语境,还是学生教育目标的职业话语,教师的学术发展都是一个在四个学术维度上,从非专业到专业的成长过程。学术即研究,研究既是教师的主要职业行为,也是实现教师发展的主要形式。上述认识相比在教育的职业语境下的"双师型教师"认识,更加具有教师发展的学术意义。高职教育作为高等教育,教师的学术追求是高职院校教师发展的重要动力和应该具备的学术精神,必要的学术能力是高等教育教师的基本素养。特别重要的是,如果说高职教师的学术发展是教学卓越追求的必要条件和基础,那么教学的学术和应用的学术就是高职教师教学卓越追求的两翼,而探究的学术和整合的学术则是提升高职教师教学卓越追求所需要的能量和底气。

高职教师的学术发展在每一个学校可以有不同的具体要求,需要根据学校师资队伍实际、学校发展目标与要求、质量目标与要求等制定。我们在这里提供的是加拿大百年理工学院的教师学术发展框架,这一框架给出了每一个学术维度的发展目标和相应的绩效考核示例(包括但不限于),该校将这一框架同时作为教师反思性实践的行动要求而提出。我们从加拿大百年理工学院对教师提出的学术发展要求可以看到,他们更强调教师的教学的学术和应用的学术,整合的学术也是为课程教学服务,而探究的学术则相对要求低一些,显然,这样的教师学术发展定位也是符合我国高职院校教师学术发展要求的。

表 8-1 加拿大百年理工学院教师学术发展框架

类型	目的	绩效考核示例
探究的学术	通过传统的研究来建立新的知识	• 在同行评议的论坛上发表文章 • 在未建立的领域内从事创造性工作 • 为将来的研究创建基础架构
整合的学术	跨学科(和行业)解释知识的使用	• 准备一个全面的文献综述 • 编写一本适用于多学科使用的教科书 • 与同事合作设计并提供课程
应用的学术	帮助社会和行业解决问题	• 为行业或政府提供咨询或咨询服务 • 在专业组织中担任领导角色 • 为学生领导者提供建议,以促进他们的职业发展
教学的学术	学习教学模式以达到最佳学习效果	• 通过课堂研究提高学习理论 • 开发和测试课程教学材料 • 指导/培训学生 • 设计和实施教学评估系统 • 开发和共享开放教育资源(OERs),供他人使用或适应

3）教师的学术发展标志

由于教师发展的内涵十分丰富,因此并不能提出一个教师学术发展的量化标准,即使是英国国家教师专业标准,提出的也并不是达成性的而是框架式的大纲,包括专业知识、专业能力和专业精神。从教师学术人的角度看,教师的学术发展可以从以下两个维度予以观察:

(1) 学术水准——知识、经验与能力。学术是指多维的学术。知识包括:课程教学所需的基本知识(应知取向)——与课程内容相关的专业(学科)知识、教学技能的知识、科学研究的基本知识、必要的跨学科知识、全球多元化知识;人文知识(价值观取向)——以体现教师的情感与伦理、谦逊与反思和价值;元知识(行动取向)——关于创造与创新、解决问题与批判性思考、沟通与协作的实践与行动性知识。其中元知识是必不可少的,因为没有"元知识(认知)"的人只是一个"识字的文盲"。经验和能力对于高校教师来说是指课程教学、学科科学研究和社会(企业)服务的专业能力和经验,其中专业能力包括能够用不同的教学方法帮助学生学习,能够使用现代信息技术作为教学手段,能够恰当地评价学生课程学习的知识、技能、态度。这里需要指出的是,教师的经验是在一个长期的实践和学习过程中获得的,实践不一定能直接形成经验,而是需要通过总结、反思才能获得领悟,形成新的经验知识建构,这一建构依然需要学习。

(2) 学术素养——意识、态度与道德。学术意识是指对于教学、科研和技术服务中的现象具有学术人应有的敏感和认识(包括观察、理解、判断);对问题的解决有熟练、准确的解决办法;以学术人的信念反思自己的学术活动(行为)和价值观。学术态度是指对待教学、科研和社会服务工作具有持久的关注,求真、求是的研学、细致、精准的实操,并且符合有关的标准;以学术人的追求乐于学习、勤于实践,成为一个终生学习者;以专业的理解和跨学科的视野对待环境与生态;能以美学情感对待专业(教学、科研、技术)的问题;能够与他人(不同专业或学科)合作,愿意与他人分享自己的专业知识、经验;能够开放地对待全球多元文化,并从课程教学和科学研究中受益。学术道德是指能够坚守自己的学术诚信,同时促使学生遵守学术诚信。

3. 高职院校教师的文化发展

1）教师作为"文化人"的发展

高职教师发展,文化无法缺场,我们从管理学出发,从文化学的视角确定了高职院校教师"文化人"的人性假设,如果说"学术人"表明了高校教师的职业身份特征,那么"文化人"则表明了高校教师的本性特征。这里我们再次回顾泰勒关于文化的定义,他认为文化"包括知识、信仰、艺术、法律、伦理道德、风俗和作为社会成员的人通过学习而获得的任何其他能力和习惯"[①]。显然,如果说高校教师的"学术人"身份更多地体现了学科与教学的"知识",那么

---

① 泰勒.原始文化[M].蔡江浓,编译.杭州:浙江人民出版社,1988:1.

"文化人"身份则还承载着"信仰、艺术、法律、伦理道德"等更高、更深邃的文化意义。因此,高校教师作为重要的文化传承者和文化创造者,其教师发展的任务必然具有文化发展的要求,教师发展的过程也必然是文化发展的过程。也只有通过教师自身的文化发展,才能使教师作为个体的精神世界得到充实,其生命的全部意义才能获得真正的彰显。

2) 教师的文化发展

(1) 教学卓越意义下的文化人

高职教师作为文化人不是因为他们比其他人拥有更多的文化知识,而是因为教师的职业角色不仅决定了他们的教育使命,同时也决定了他们的文化使命(大学文化使命的承载):文化的传承者、建构者和创造者——作为教师和文化建筑师的使命。

首先,教师是文化的传承者,其教学卓越追求对文化传承提出了更高的要求。传承一是在于传,但是传不仅仅是传递——或者说是知识的"搬运工",而应该一个是播种者,对于学生而言,教学是耕作,要用好的"土壤"——好的教材、教学模式和条件,要给予好的"环境"——好的呵护:爱和严格。二是重在"承",教师本身就承载了文化,文化才是影响教师教育教学行为的力量,并决定着教师行为方式。教师在教学行为中的一言一行都在表达着自己的价值观、世界观、历史观,以及对人(人类)和自然的看法,包括生命、爱、美和义务、责任、担当等,因此真正的教学卓越,不是教师传播了多少文化知识,而是教师能否言传身教。"通过建构自身的文化来间接地建构学生世界是教师独特的生活方式,通过文化与学生相遇、相通、相知是教师独特的工作方式"[1],这就是教师作为文化传承者的言传身教。

其次,教师是文化的建构者和创造者,其追求教学卓越的过程本身是一个文化建构与创造的过程。一是教师的教学本身不仅是文化的传播过程,在卓越追求下,教学理念、方法、手段总是不断地创新,关于学科(专业)知识、职业与工作的知识总会在教学过程中产生新的意义建构。二是高校教师的学术研究本身就是文化创造、创新的推动力,在一定意义上,文化的创造、创新也必然是具有学术意义的。三是教师在追求教学卓越中将成为教师文化的自我建构者,因为在这一过程中,教师自身将被"唤起教师发展需要和对职业内在尊严与快乐的认识与追求"[2],并且"通过文化建构实践把各种影响教师成长的要素、事件和力量整合起来,最终使教师具备了一种生动、鲜活的文化形象"。

由于教师的文化人角色被赋予如此重要的文化使命,而教学卓越本身就是一种追求卓越的文化,因此教师的文化发展就显得更加重要。在追求教学卓越时,教师要成为一个优秀的教师和文化建筑师,就必须具备良好的文化素养和文化能力,这也是一个从事高职教育工作的文化人的应有之义。

---

[1] 龙宝新.从"专业人"走向"文化人"——论当代教师认识论的转变[J].江苏教育研究,2009(16):20-24.
[2] 周南照,赵丽,任友群.教师教育改革与教师专业发展:国际视野与本土实践[M].上海:华东师范大学出版社,2007:33.

(2) 文化素养

素养的内涵是多元而丰富的,一般地说,素养也指一个人的修养,与素质同义,文化素质的定义是指"人们在文化方面所具有的较为稳定的、内在的基本品质,表明人们在这些知识及与之相适应的能力行为、情感等综合发展的质量、水平和个性特点"①。也就是说文化素养是人在文化方面表现出的品质和特质,在这里我们从教育学和文化学的视角提出关于高职教师文化素养的认识:教学卓越追求意味着教师应该具有文化自觉的意识、自由人格的坚守、源于内心的爱、陶冶性情的美。

文化自觉的意识。文化自觉对于高职教师而言是重要的,文化自觉意味着能在文化上保持一种觉悟、深刻的认识和担当,特别是能够在教育教学过程中始终具有清醒的文化意识。文化自觉意味着教师能够始终具有"文化人"的身份角色意识,对自身所表达的教师文化有着清晰的认识;既对自己"文化人"身份感到骄傲,同时也愿意担当传承优秀文化和创造先进文化的责任。在这里,我们特别提出在教学卓越追求意义下的教师文化自觉,就是对教育教学价值观的反思。因为价值观是我们所有教育教学行动的坚实基础,我们的共同责任是在每一天都能够以正确的价值观行事。通过价值观的反思,可以了解和确定教师在教学实践中给学生和自己所带来的价值,并且寻找教师职业生涯价值和个人生命价值之间的一致性。教师的教育教学价值观是具体的,例如:诚实、承诺、诚信、尊重、同情、公平、客观、独力、开放、创造、创新、智慧、成就,等等。

自由人格的坚守。恩格斯说:"最初的、从动物界分离出来的人,在一切本质方面是和动物本身一样不自由的;但是,文化上的每一进步都是迈向自由的一步。"②自由对于人来说是无价的,尤其是人的人格自由。人格自由就是独立的人格和思想的自由,这被作为文化人的几乎所有高校教师所坚持。在教学卓越追求下,教育教学的创新、文化的创新需要教师具有思想的自由和自主的思考,同时还需要稳定的价值观,坚定的意志,宽广的胸怀,没有思想的自由就不可能有文化的发展。同样,学生需要得到思想的鼓励,因为我们不是在培养循规蹈矩、思想被禁锢的未来之文化人。另外卓越教学要求教师自身具备良好的道德品质,以自己的人格榜样影响学生,还要充分地尊重学生的独立人格——尊严、价值、名誉,因为独立人格对于学生未来的一生至关重要。

源于内心的爱。教学卓越不是功利的,走向卓越并不是靠什么"技术"所能做到的,需要教师发自内心深处的教育情感,对学生爱的情感,没有爱的教育是冷冰冰的教育。在我们的文化习惯中不善于说爱,也不善于表达爱,其实爱的方式和色彩可以是多样的:我们在课堂上总是具有激情的,对学生的每一次问题回答总是给予鼓励,或者是一个惊喜和微笑,这是向学生表明我们对教育和学生有多么地爱。爱就是能够时常关注学生的愿望,听取并考虑

---

① 文化素质[EB/OL].[2020-11-23].http://baidu.com/item/文化素质/8585566?fr=aladdin.
② 马克思恩格斯选集:第3卷[M].杨向荣,译.北京:人民出版社,1995:456.

学生的观点与看法,公平地对待每一个学生,并为他们提供更多的学习帮助;对学生的爱就是尊重、呵护、关心、帮助。我们不要去抱怨学生的学习基础不好、学习习惯不好、行为习惯不好等,不能戴着有色眼镜看学生,不能用言语轻视和冷落学生,更不能歧视。我们在和学生建立一种尊重、包容的关系的同时,也要对学生的不良行为给予坚决的制止,包括学术不端、课堂破坏行为等。爱是一种善念,我们要理解学生之间的学习差异,对每一个学生给予同样的情感关照和同样价值的学习感受,给每一个学生的学习成果给予热情的鼓励和赞赏。我们的教育不能缺失对生命的关照,尤其是要关心学生的心理健康,让学生能够感受到我们的老师之爱。我们还要尊重和保护学生的隐私,用自己的真诚和诚实换取学生的尊重。记住,所有这些都是对学生爱的体现,对学生的爱可以很简单,但每一个爱的表达都会是不同寻常的,因为你是在追求教学卓越的路上。

陶冶性情的美。"美"通常用来表示人、植物等的漂亮、好看,还指事物的美好,或是抽象意义上的人的品德之美。美是人类文化中最具魅力的存在,可以说人类文化的发展就是对美的追求和享受的过程,包括人之美、自然之美、艺术之美、科学之美、技术之美,等等。在这里我们所要说的"美",是在教学卓越追求意义下对教师关于"美"的素养要求,因为我们的教学需要给予学生愉快和美好,这也是美育的重要形式。首先,教师要能够表达自己对美的看法、认识,恰当地展示自己的美。由于文化的内敛性,我们总认为美是自我的,因而不太愿意展示美,尤其对于教师来说更是这样,但是我们如果以美的服饰、美的容貌、美的语言(非低级趣味的)呈现给学生,那么我们给予学生的教学环境也是美的。其次,教师要以美的心态对待学生,就是要能够从学生身上感受美、发现美,要善于欣赏学生表现出的美、赞许学生表达出的美,而不是仅仅以自己的审美好恶评价学生,因为美与善同义。再者,教师要善于将科学与技术的美呈现给学生,让学生感受科学技术内在的美,激发学生的学习兴趣,例如数学之艺术之美——如人体黄金比例,但更重要的是数学的体验之美,我们总是困于数学的严谨以致枯燥,但是我们也得到过在细致、精准的逻辑推导之下达到真解后的惊喜,在回望之后才发现这一条求解之路上的数学之精美,才发现自己成功之后的美好心情是其他任何的美所不能比拟的。

(3) 文化能力

教师良好的文化能力是教学卓越追求下文化发展的必要条件。文化能力可以从四个方面去理解:文化知识、文化认知、文化态度、文化技能,其中文化知识是文化能力的知识基础;文化认知表现为对文化现象的意识、自觉、理解;文化态度是指对文化现象的意义评价、情感倾向和行为意图;文化技能是指在文化活动中的沟通、表达技能。我国学者赵复查从教师文化能力出发,认为:在教师专业发展过程中,跨文化合作能够"为教师专业的发展奠定合作对话的学术背景";文化理解是"教师走向成功的智力支持,是教师职业生涯发展过程的情感驿站,也是教师专业自我认同和发展的理性慰藉";文化自觉能够让教师"在文化反省、文化创造和文化实践中体现文化主体的意识和心态,并以广阔的文化境界和执着的文化追求实现教师专业成长与发展的自我超越";文化开放可以使教师以"追求胜任的情感态度",完善自身专业成长的过程;文化建构是教师在文化认知的基础上对文化现象予以意义建构,是教师应有的"开拓创新的教育行为",也是教师作为文化人的教师发展体现[①]。

三 教学卓越追求下的质量文化管理

教学卓越框架是关于教学质量的标准之一,表现为学校的学院文化要体现"认可和奖励教学卓越的制度文化",包括"为教师教学的专业发展提供连续支持的学术团队,对教学卓越的教师有认证、奖励、晋升等制度文化保障"。显然,教学卓越框架的质量理念和制度文化要求,与我们在本研究中提出的高职院校质量文化管理理念是完全一致的,对此,高职院校应该做好与教学卓越追求相适应的质量文化建设。

1. 教师文化的生态化建设

教学卓越不是一种达成,而是一种追求,相应的教师发展也是一个过程,所以我们需要给予教师的专业化成长以更多的指引、帮助。因为教学卓越是一种状态,所以我们需要为教师的专业化发展创造更多、更好的环境(政策、条件)与呵护,这样的环境我们称之为生态化的教师文化,因为只有教师文化的生态化发展才能成就每一位教师的自身发展。

1) 卓越文化

任何高校质量管理的愿景都是走向卓越,而卓越的重要标志之一就是其质量文化的优秀。教学卓越框架所表达的质量文化,其本质是教学卓越,或者说,教学卓越框架所表达的质量文化就是教学卓越的质量文化。高职院校质量文化建设的重要任务就是要建立自己的卓越文化,卓越文化拒绝功利的职业教育,卓越意味着更好,质量管理不只是保证和保障,更意味着质量因社会和学生需要而不断地提升;教学卓越还意味着教师需要以学习为中心,通过多途径、多元化、多领域(学科)的学习,提升自己在学术和文化上的领导力。总之,追求教学卓越的质量文化,体现的是学校所有教师奋力向上的精神,一种超越功利的知识分子品质,一种"文化人"应有的脱俗的文化气质,一种严谨执着的科学态度,一种视成就学生为成就自我的境界。

2) 家园文化

学校是教师的第二家园,创造积极、热情、和融的家园文化意味着科层制管理的弱化:校长、部长、处长、院长、主任等与教师、行政科员们在人格上是平等的,在教师身份意义上的责任和情感都是一样的,因为每一个人都是从做教师开始的,无论你现在有多"荣光";在"文化人"身份意义上是相互分享的,因为每一个人都会有他自己的文化优势、特长;在"学术人"身

---

① 赵复查. 现代教师文化:理念、特征与建构[J]. 武汉大学学报(哲学社会科学版),2005,58(4):570-574.

份上是相互合作和存进的,因为没有一个人的学术进步和成功能够仅仅靠自己获取;在学校组织成员的身份意义上所有人是共存共荣的,任何一个人离开学校这一组织,你的意义将只能是你自己个人的意义。

家园还意味着我们有共同的成员——学生,家园文化中不能没有学生。我们不能在学生面前表现出高高在上的样子,以为学生只是我们的被教育者,因此我们可以对他们"发号施令",我们甚至以劳动教育周的名义,让学生为教师和行政办公室擦桌、扫地、打水。今天好像再也看不到我们上大学那会儿,老师在春节的时候,让不回家过年的学生到自己家里一起包饺子,这是多么让人怀念的师生情谊。当教师和学生之间成为一种变了味的利益相关者的关系,一种顾客和商品提供者的关系,那么学校就不再是学生的家园。

家园文化不只是从硬环境去创建,更重要的是从文化的软要素出发去创建,这样的家园应该是:① 精神的家园——享受职业的幸福,体现教育的价值。学校不能成为人们追名逐利的场地,教师需要与教师角色相符的精神安放,而精神安放的支点就是教师的良知。② 文化的家园——感受文化,享受文化。这样的文化是能够贴近教职员工生活的,又应该是具有高校品格和品位的。③ 学习的家园——教学经验的分享,教学创新的学习,全球视野的分享。在学科(专业)多样性的高职院校,教师学习的共同出发点一定是教学卓越,关于教学的学习是所有教师的共性需要,因此教学的学习应该是学习家园的主要特征。

3) 学习文化

教师职业生命的丰富性在于卓越教学追求下的不断学习,学校应该为教师学习提供良好的学习环境和平台。我们总是说学生要一杯水,教师要有一桶水,但还有一句话似乎不曾注意,就是学生希望的是"从溪流中喝水,而不是停下来的水池"。第一句话所说的是教师需要学习,学习是为了有更多的知识,而第二句话是美国学者 Howard Hendricks 在其所著的《改变生命的教学》(Teaching To Change Lives)中所说的,他认为一个优秀教师应是不停止学习和成长的人,也就是说教师的学习应该是与时俱进的,这是教师学习的真正意义,也是高职院校学习文化真正应该体现的价值取向。教师的教学生涯是一段漫长的旅程,没有具体的目的地,因为我们一直在追求教学卓越,在这一持续的旅程中,我们必须通过学习,以确保我们向学生教授的知识是最新的,也只有不断地学习,才能适应那些带着时代特征的不同学生向我们提出的教育期望。

高职院校教师发展需要有一个良好的教研室文化,学校应该建立相应的工作和考核机制。从高职院校基层组织的学习文化建设来讲,高校传统的教研室文化存在着被弱化现象,教研室的教师一起进行教学研究的教师文化传统,在教改成果和竞赛争奖的教学绩效功利性驱动下,正越来越失去其应有的价值和守护。在这样的教研室文化弱化的现实下,教师个体也缺乏教学研究、教学理论学习的动力,即使是学习也更多的是关于专业学科的学习,而驱动力还是职称评审。

高职院校教师需要形成关于教学的研究型学习文化,学校应该发挥学校高教研究机构的引导和指导作用。在高职院校在四十多年的发展过程中,特别是在近二十多年里,教学改革、课程改革始终不断,但是由于学校更多的是在执行性推动,对国外的模式和经验是拿来主义,对国内职教专家的各种职教理论和模式研究成果,更多的是以行政化的推广和作为示范校的标准来推动。但是,在高职院校基层教师层面似乎缺少真正意义上的关于教学的研究性、学术性学习。高职教师在学术意义下应该是"学术人",学术人的学习一定也应该是具有学术研究意义的,而不是被动的照搬、照办式的"学习",如果教师缺少了学术的探究和质疑,任何教学理论、模式都不会引起教师内在的互动,更不会转变为具有内在动力的行动。

4) 合作文化

质量文化管理的基本理念是实现学校所有成员的共同发展,与此相应的教师文化也应该是一个有助于所有教师共同发展的合作型文化。对于高职院校来说,合作型的教师文化不仅仅体现于教师之间的合作(第四章中已经讨论过),更重要的是教师与学校外部的合作。高校教师容易陷入自我的叙事结构中,因更在意自己的学术意义,在与外部的关系中更倾向于独立的精神世界。但是高职院校教师是一个职业教育工作者,其社会角色不仅仅限于学校内部,而是整个社会,包括自己与企业、社区,甚至是全球的关系都是不可分割的,因此高职院校教师在保持独立的同时,必然要成为一个能够与学校内外所有"利益相关者"(教育意义下的)合作的合作者,只有教师成为这样的合作者,才能够让自己从学校内的"知识权威"成为善于获取和使用社会教育资源的教育专家。这样的合作文化被称为"流动的马赛克文化",教师在这样的文化中获得的生命意义建构不再仅仅是关于教学的,还是关于教育的,甚至是关于社会和世界的。

2. 教师自主发展的管理保证

1) 教师自主发展

教师发展的关键是自主发展,教学卓越追求下的教师发展本身不是一个可描述的确定性结果和终极性目标,而是一个需要与社会、经济、科学技术发展相适应的自我追求与不断的自我超越行动。从心理学角度看,教师自主发展可以是个体具有发展的自我意识——自觉,以及发展的主观能动性——主动。教师发展的自主性越高,教师对教学工作的自我满意度就越高,教师的创造力就越强,工作积极性也越高。

从管理学角度,苏尚锋博士指出教师自主发展的自主性存在两个维度的意义,一个是"个体维度的教师自主性",一个是"组织维度的教师自主性"[①]。教师个人维度自主性的意义在于教师个体自身的主体性,主体性是指人的自觉、主动、能动、自由、有目的和创造性活动的特性,教师在教育教学活动中的主体性可以推动自身的发展和学生的发展,但是也往往容

---

① 苏尚锋. 个体与组织:教师自主性的二重维度[J]. 教师教育研究,2007,19(6):1-5.

易产生"以自我为中心"的负面效应。另外,由于人对自身需求的不同,在发展要求上也许其主体性中积极的一面表现得并不强烈,也就是说自我发展或卓越发展的意识和愿望不够强烈,表现出相对的消极和被动。也正是由于教师个体维度的自主发展的上述特征,我们既要充分尊重教师的主体性和激发教师的主体性,但也要防止绝对个人主义的主体性主张。

为此,我们需要从组织维度的教师自主性出发,建立一种个体自主性与组织自主性相融合的教师自主发展制度与机制。苏尚锋博士将教师自主发展的组织自主性称作"外部的政策杠杆与赋权",因为教师自主发展"不仅是个体自我发展的规划与努力方向,而是国家社会制度改革的宏观政策与学校微观政治的具体体现",所以教师自主发展应该是个体维度和组织维度的"互为因果的双边调整的结果"。对于上述观点,我们曾在之前论述的学校质量文化管理基本关系中涉及,我们提出质量文化管理的主体间关系是一种自我管理关系,但是这一关系并不是拒绝和脱离组织的管理。因此,教师自主(自我)发展的个体维度与组织维度的关系,也是教师自我管理与组织管理的关系,组织的发展自主性和管理对个体自主性的作用是引领和支持,但个体的自主性是教师发展的基础和根本动力。组织与个体的上述关系能否有利于教师发展,在一定意义上将取决于学校是否具有文化管理的理念和方法。在这里,我们简要地提出高职院校教师在教学卓越追求下的自主发展途径,以及相应的促进教师自主发展的文化管理制度建设。

2) 通过反思获得自我发展

教师要实现自主发展,首先是要成为一个反思者。之前我们专门讨论过课程反思性实践,其中教师的课程教学反思性实践,就是以教学卓越为追求的教师自我发展模式,这一模式的主要特点在于:① 反思性实践被纳入学校质量保证体系,学校需要为此提供相应的实施手册;② 反思性实践与学校核心价值观保持一致的方法是自我引导和自我评估,并以此指导个人成长和发展;③ 整个反思性实践的过程是在手册的指导下由教师自主实行和完成。显然,教师的课程教学反思性实践正是一种教师个体的主体性自我发展和学校组织的主体性自我发展相结合的模式,是在学校制度框架内,由学校核心价值观引领,由相关部门支持的教师自我发展行动。在这一行动中,教师通过自我检视、自我判断、自我质疑、自我评估、自我确认、自我调整、自我建构、自我追求,实现自我发展。

3) 通过研究获得自我发展

高职院校教师的工作特点在于学术研究,学术研究体现着教师的重要工作价值,学术研究是教学和文化创新的主要手段和途径,教师没有学术研究就只是"教书匠"。我们这里所讲的研究主要是指在教学卓越意义下,教师关于教学的学术研究,其中包括:新的教学理念、教学模式、教学策略、课程内容、教学方法、教学技术;学生学情、学生心理;课程与教学评估、课堂管理方法和技巧等。教学研究是教师最重要的研究,通过教学研究,改善教学、提高学生的有效学习成果。教师的教学研究可以是独立进行的,但更重要的是合作的,合作可以是教师之间的,也可以是师生之间的,还要有教师与校外职业人士、国际合作院校教师之间的。学校应该为教师的研究创造更多的平台和制度保证,例如:教师教学中心、教学论坛、研究性教学课程项目等。

4) 在专业实践中实现自我发展

专业实践对于高职院校教师极为重要,实践有教学的专业实践、专业教育的专业(或学科)实践,以及文化(社会)实践:① 教学的专业实践——听课、助课(答疑、批改作业、带实习和实训等)、试讲、授课,这是教师获得教学经验的主要途径,也是从教学新手到教学专家的必经过程。② 专业教育的专业(或学科)实践——生产、管理、服务第一线的专业性实践,也被称为双师型教师的企业实践,包括关于工作过程的实践教学、技术应用的服务、新技术学习等。③ 文化(社会)实践——社区服务、社会志愿者;博物馆、展览会、艺术活动等现场教学。为了确保教师能够有足够的机会参与上述实践性的学习,学校需要制定相应的制度,例如新入职教师的助教制度、教师企业实践制度、社会实践制度等等。

参考文献

[1] 汤正翔. 文化结构层次上的五种形态[J]. 芜湖职业技术学院学报,2005,7(4):34-37.
[2] 王方华. 管理文化的内核与外缘[J]. 上海管理科学,2018,40(5):2.
[3] 宝贡敏. 论适合我国管理文化特点的企业管理模式[J]. 浙江大学学报(人文社会科学版),2000,30(6):5.
[4] 吴福平. 文化管理的视阈:效用与价值[M]. 杭州:浙江大学出版社,2012.
[5] 吴福平. 文化管理的文化缺失[J]. 思想战线,2011,37(6):99-104.
[6] 李新春,胡晓红. 科学管理原理:理论反思与现实批判[J]. 管理学报,2012,9(5):658-670.
[7] 张德,吴剑平. 文化管理:对科学管理的超越[M]. 北京:清华大学出版社,2008.
[8] 代兴军. 关于企业文化管理若干问题的思考[J]. 经济纵横,2013(4):53-56.
[9] 吴剑平,张德. 试论文化管理的两个理论假说[J]. 中国软科学,2002(10):106-110.
[10] 于学友. 文化人:教师发展的应然追求[J]. 华北电力大学学报(社会科学版),2009(3):128-132.
[11] 王方华. 管理文化的内核与外缘[J]. 上海管理科学,2018,40(5):2.
[12] 郭启贵,潘少云. 文化管理及其对管理本质的凸显[J]. 求索,2013(4):103-106.
[13] 贾春峰. 文化力[M]. 北京:人民出版社,1995.
[14] 秦亚青. 世界政治的文化理论:文化结构、文化单位与文化力[J]. 世界经济与政治,2003(4):4-9.
[15] 彭中天. 什么是文化力[EB/OL]. (2018-08-10)[2018-08-10]. http://collection.sina.com.cn/wjs/rw/2018-08-10/doc-ihhnunsq6238898.shtml.
[16] 李继先. 企业文化结构层次新论[J]. 中州学刊,2010(6):44-47.
[17] 张德. 从科学管理到文化管理:企业管理的软化趋势[J]. 清华大学学报(哲学社会科学版),1993,8(1):28-36.
[18] 魏文斌. 文化管理范式的确立及其方法论意义[J]. 科学学研究,2006,24(S1):32-35.
[19] 王冀生. 大学文化的科学内涵[J]. 高等教育研究,2005,26(10):5-10.
[20] 王长乐. 大学文化简论[J]. 天中学刊,2000,15(6):70-75.
[21] 马晓梅. 大学文化与校园文化关系辨析[J]. 文教资料,2012(29):58-59.

[22] 孙鹤娟.学校文化管理[M].北京:教育科学出版社,2004.

[23] 郝明君,靳玉乐.教师文化的变革[J].中国教育学刊,2006(3):70-71.

[24] 邓涛,鲍传友.教师文化的重新理解与建构:哈格里夫斯的教师文化观述评[J].外国教育研究,2005,32(8):6-10.

[25] 洪明.谈谈学生文化及其培育[J].教育科学研究,2014(5):14-17.

[26] 李福华.高等学校文化构成及关系探讨:学生主体地位的文化学视野[J].大学教育科学,2004(4):10-13.

[27] 薛天祥.高等教育学[M].桂林:广西师范大学出版社,2001.

[28] 沈曦.大学学术文化的构成要素[J].当代教育论坛,2003(11):82-83.

[29] 陈何芳.大学学术文化与大学学术生产力[J].高等教育研究,2005,26(12):1-7.

[30] 徐国庆.实践导向职业教育课程研究:技术学范式[M].上海:上海教育出版社,2005.

[31] 徐国庆.职业教育课程论[M].上海:华东师范大学出版社,2008.

[32] 徐国庆.职业教育原理[M].上海:上海教育出版社,2007.

[33] 吴剑平,李功强,张德.试论大学管理模式与世界一流大学建设[J].清华大学教育研究,2004,25(2):51-56.

[34] 陶然.学校文化管理新思维[M].北京:中国人事出版社,2005.

[35] 康万栋.文化管理:学校管理的新走向[N].中国教育报,2009-04-28(6).

[36] 刘晓.国家示范性高职院校文化管理的探索与实践[J].教育与职业,2008(6):8-11.

[37] 姜大源.职业教育:模式与范式辨[J].中国职业技术教育,2008(31):1.

[38] 朱爱军.论库恩的范式概念及其借用[J].学习与探索,2007(5):49-52.

[39] 雷曜.管理教育范式与模式的比较研究[J].中国管理科学,2001(9):648-652.

[40] 郭启贵,潘少云.文化管理及其对管理本质的凸显[J].求索,2013(4):103-106.

[41] 王振洪.高职院校管理文化的独特性及其成因[J].中国高教研究,2012(3):86-89.

[42] 王建华.高等教育质量管理:从技术到文化[J].中国高等教育,2008(21):26-29.

[43] 王建华.高等教育质量管理:文化的视角[J].教育研究,2010,31(2):57-62.

[44] 陈金圣,谢凌凌.大学管理中的文化冲突及调谐[J].当代教育科学,2012(15):6-9.

[45] 周玲.大学组织冲突研究:角色、权力与文化的视角[D].上海:华东师范大学,2006.

[46] 苗伟.文化优化:一种自觉的文化管理[J].上海交通大学学报(哲学社会科学版),2008,16(2):66-73.

[47] 严璟.我国学校文化管理研究综述[J].文教资料,2009(14):98-100.

[48] 陈立旭.文化管理理论和实践的新视野:评吴福平《文化管理的视阈:效用与价值》[J].浙江社会科学,2013(9):152-154.

[49] 施晓光.西方高等教育全面质量管理体系及对我国的启示[J].比较教育研究,2002,24

(2):32-37.

[50] 眭依凡.培养目标达成:关于大学教学原则重构的思考[J].西北工业大学学报(社会科学版),2019,39(1):15-26.

[51] 卢显林.零缺陷管理[M].北京:中国商业出版社,2006.

[52] 刘德仿.论高校质量文化之构建[J].学海,2000(5):172-175.

[53] 陈玉琨,代蕊华,杨晓江,等.高等教育质量保障体系概论[M].北京:北京师范大学出版社,2004.

[54] 王方华.管理文化的内核与外缘[J].上海管理科学,2018,40(5):2.

[55] 黄崴.后现代主义教育管理思想解析[J].教育理论与实践,2001,21(7):18-20.

[56] 林健."卓越工程师教育培养计划"通用标准研制[J].高等工程教育研究,2010(4):21-29.

[57] 刘斌."双高计划"多维度提升高职教育发展质量[J].现代教育管理,2019(6):96-100.

[58] 徐敏,余洪斌.欧洲质量奖评价标准演变及新诉求[J].中国质量技术监督,2014(10):48-50.

[59] 刘文华,徐国庆.《悉尼协议》框架下高等职业教育发展策略探析:论我国职业教育的国际化[J].上海教育评估研究,2016,5(1):16-19.

[60] 周南照,赵丽,任友群.教师教育改革与教师专业发展:国际视野与本土实践[M].上海:华东师范大学出版社,2007.

[61] 董玉琦.协调发展 共同成长:2011高校教师发展国际研讨会议论文集[M].长春:东北师范大学出版社,2011.

[62] 傅根生,唐娥.高校质量文化研究:问题与思考[J].国家教育行政学院学报,2009(11):15-18.

[63] 张晓峰.教育管理:后现代研究视角[J].外国教育研究,2002,29(11):51-55.

[64] 盛正发.从制度到文化:现代大学管理的新向度[J].黑龙江高教研究,2012,30(1):35-37.

[65] 周川.教学质量只能靠教师内心来维护[J].大学教育科学,2012,3(4):48-50.

[66] 贾利军,李金生,李晏墅.从主体性管理到主体间性管理:管理范式的后现代转型[J].江苏社会科学,2010(1):73-78.

[67] 郭湛.论主体间性或交互主体性[J].中国人民大学学报,2001,15(3):32-38.

[68] 王树人.关于主体、主体性与主体间性的思考[J].江苏行政学院学报,2002(2):5-8.

[69] 童世骏.没有"主体间性"就没有"规则":论哈贝马斯的规则观[J].复旦学报(社会科学版),2002,44(5):23-32.

[70] 李霞.信念、态度、行为:教师文化建构的三个维度[J].教师教育研究,2012,24(3):17-21.

[71] 郭海龙.管理哲学应重视对自我管理的研究[J].学术论坛,2006,29(7):26-29.

[72] 齐振海.管理哲学[M].北京:中国社会科学出版社,1988.

[73] 潘成云.基于心理契约理论的高校文化管理若干问题研究[J].生产力研究,2007(21):68-69.

[74] 李伟.工具理性与价值理性的统一:职业教育二元困境分析及破解[J].教育与职业,2019(18):5-10.

[75] 马静,闫志利.技术理性及其批判对构建职业教育标准的启示[J].河北科技师范学院学报(社会科学版),2019,18(2):98-102.

[76] 杨金观,聂建峰.课堂教学质量评价:一个在高校实际工作中被误解的概念[J].高教发展与评估,2010,26(1):15-20.

[77] 辛涛,李雪燕.教育评价理论与实践的新进展[J].清华大学教育研究,2005,26(6):38-43.

[78] 魏红.我国高校教师教学评价发展的回顾与展望[J].高等师范教育研究,2001,13(3):68-72.

[79] 俞国良.学校精神与学校文化力[J].教书育人,2011(26):59-62.

[80] 钟凯雄.困局与破局:大学管理模式向文化管理转型的动因与策略[J].现代教育论丛,2019(2):45-51.

[81] 高田钦,平和光.大学文化力:从语义阐释到内涵界说[J].中国高等教育,2017(12):46-48.

[82] 陶红.教育价值观的研究:关于教育的哲学思考[D].长春:吉林大学,2005.

[83] 吕延.论高校公民教育中大学生价值的实现:基于文化价值哲学的视野[J].安徽理工大学学报(社会科学版),2019,21(3):89-93.

[84] 李新月.我国大学公民教育研究[D].武汉:华中科技大学,2011.

[85] 高丙中.中国的公民社会发展状态:基于"公民性"的评价[J].探索与争鸣,2008(2):8-14.

[86] 金家新.高等教育质量的人本立场、生命缺位与教育救赎:马克思主义人学的视角[J].理论导刊,2015(11):32-36.

[87] 冯建军.生命教育的内涵与实施[J].思想·理论·教育,2006(21):25-29.

[88] 宋永刚.自我发展:高校学术人员管理的新视野[D].上海:华东师范大学,2003.

[89] 杨应崧,李静,陈锡宝.高职院校专业质量保障的主体定位与顶层目标[J].上海城市管理,2015,24(3):88-89.

[90] 刘志军.发展性课程评价研究[D].上海:华东师范大学,2002.

[91] 朱旭东.教师专业发展理论研究[M].北京:北京师范大学出版社,2011.

[92] 熊川武.论反思性教育实践[J].教师教育研究,2007,19(3):46-50.
[93] 洪明."反思实践"思想及其在教师教育中的争议:来自舍恩、舒尔曼和范斯特马切尔的争论[J].比较教育研究,2004,26(10):1-5.
[94] 卢真金.反思性实践是教师专业发展的重要举措[J].比较教育研究,2001,23(5):53-59.
[95] 王艳玲,苟顺明.教师成为"反思性实践者":北美教师教育界的争议与启示[J].外国中小学教育,2011(4):53-57.
[96] 李小红,邓友超.教师反思何以可能:以学校组织文化为视角[J].高等师范教育研究,2003,15(3):43-48.
[97] 李松丽.道德示范·技术理性·反思实践:20世纪以来美国教师教育转型发展研究[D].保定:河北大学,2019.
[98] 叶伟萍,刘建武.从"教学管理"到"课程管理":浅析我国高校本科课程编制中的权力分配问题[J].长春工业大学学报(高教研究版),2008,29(1):52-56.
[99] 常波.西方反思型教师教育思潮兴起背景综述[J].外国教育研究,2000,27(2):31-34.
[100] 张永祥.从学术转向到文化自觉:改革开放以来我国教育科学的自主性历程[J].西北师大学报(社会科学版),2013,50(3):76-81.
[101] 涂三广.做反思性实践者:为何与何以可能:基于英国职教教师专业发展的考察[J].职教通讯,2018,33(11):1-6.
[102] 黄光杨.教育测量与评价[M].上海:华东师范大学出版社,2002.
[103] 杜瑛.我国高等教育评价的范式转换及其协商机制研究[D].上海:华东师范大学,2009.
[104] 毕家驹.高校内部质量保证工作:专业评估[J].高教发展与评估,2008,24(6):66-71.
[105] 谢敏,吴立平,徐涛.发展性评价视阈下高职院校内部专业诊断研究与实践[J].中国职业技术教育,2016(24):31-35.
[106] 史晓燕.发展性教育评价的理论与实践[M].石家庄:河北教育出版社,2003.
[107] 南纪稳.量化教学评价与质性教学评价的比较分析[J].当代教师教育,2013,6(1):89-92.
[108] 马新建.冲突管理:一般理论命题的理性思考[J].东南大学学报(哲学社会科学版),2007,9(3):62-67.
[109] 马新建.冲突管理:基本理念与思维方法的研究[J].大连理工大学学报(社会科学版),2002,23(3):19-25.
[110] 柳友荣.行政权力与学术权力:交叉,还是全异:关于构建和谐大学的权力问题追问

[J].江苏高教,2009(4):14-17.

[111] 董剑桥.高校内部管理体制改革的跨文化思考[J].江南大学学报(教育科学版),2007,27(3):17-22.

[112] 叶澜,白益民,王枬,等.教师角色与教师发展新探[M].北京:教育科学出版社,2001.

[113] 刘捷.专业化:挑战21世纪的教师[M].北京:教育科学出版社,2002.

[114] 陈伟.西方大学教师专业化[M].北京:北京大学出版社,2008.

[115] 孟中媛.高校教师专业化发展的国际比较与思考[J].教育探索,2007(3):121-122.

[116] 季诚钧,陈于清.我国教师专业发展研究综述[J].课程·教材·教法,2004,24(12):67-71.

[117] 陈伟.西方大学教师专业化[M].北京:北京大学出版社,2008.

[118] 薛忠祥.教育学术:教师专业化的发展走向[J].教师教育研究,2009,21(3):7-11.

[119] 龙宝新.从"专业人"走向"文化人":论当代教师认识论的转变[J].江苏教育研究,2009(16):20-24.

[120] 王小平,杨怡.高职教师专业化发展的途径探讨[J].常州工程职业技术学院学报,2008(3):4-7.

[121] 陈永芳,郑建萍.职教师资专业化的培训对策[J].中国职业技术教育,2007(27):46-47.

[122] 吴全全.关于职教教师专业化问题的思考[J].中国职业技术教育,2007(11):30-32.

[123] 赵志群.关于职业学校教师的职业及其专门化问题的研究[J].河北职业技术师范学院学报(社会科学版),2002,1(1):20-25.

[124] 余文森.从有效教学走向卓越教学[M].上海:华东师范大学出版社,2015.

[125] 赵复查.现代教师文化:理念、特征与建构[J].武汉大学学报(哲学社会科学版),2005,58(4):570-574.

[126] 苏尚锋.个体与组织:教师自主性的二重维度[J].教师教育研究,2007,19(6):1-5.

[127] 马克思,恩格斯.马克思恩格斯选集:第3卷[M].杨向荣,译.北京:人民出版社,1995.

[128] 汉森.教育管理与组织行为[M].冯大鸣,译.上海:上海教育出版社,2005.

[129] 杜威.我们怎样思维·经验与教育[M].姜文闵,译.北京:人民教育出版社,1991.

[130] 德鲁克.管理:任务、责任和实践(第二部)[M].陈小白,译.北京:华夏出版社,2012.

[131] 麦克尼尔.课程导论[M].谢登斌,陈振中,等译.6版.北京:中国轻工业出版社,2007.

[132] 泰勒.原始文化[M].蔡江浓,编译.杭州:浙江人民出版社,1988.

[133] 丹尼尔森,麦格里.教学评价:提高教师专业实践能力[M].陆如萍,唐悦,译.北京:中国轻工业出版社,2005.

[134] 舍恩.反映的实践者:专业工作者如何在行动中思考[M].夏林清,译.北京:教育科学

出版社,2007.

[135] 纽曼.大学的理想[M].徐辉,顾建新,何曙荣,译.杭州:浙江教育出版社,2001.

[136] 胡永嘉.简析霍金森的管理哲学[J].天中学刊,2010(1):75.

[137] 韦伯.科学作为天职:韦伯与我们时代的命运[M].李猛,译.北京:生活·读书·新知三联书店,2018.

[138] 苏霍姆林斯基.帕夫雷什中学[M].赵玮,王义高,蔡兴文,译.北京:教育科学出版社,1983.

[139] 乔纳森.学习环境的理论基础[M].郑太年,任友群,译.上海:华东师范大学出版社,2002.

[140] 朱兰,戈弗雷.朱兰质量手册[M].焦叔斌,等译.5版.北京:中国人民大学出版社,2003.

[141] 联合国教科文组织.反思教育:向"全球共同利益"的理念转变?[M].联合国教科文组织总部中文科,译.北京:教育科学出版社,2017.

[142] Hodgkinson C. Administrative Philosophy[M]. Oxford:Pergamon,1996.

[143] Centennial College. Program Quality Review Process Guidelines[R]. 2016.

[144] Wells,S, MaCaie, L, Barker, M, et al. Faculty Leadership: A Reflective Practice Guide for Community College Faculty[M]. Indianapolis:Dog Ear Publishing, 2018.

[145] ISO 9001:2015 标准重要术语详细解析[EB/OL].(2019-10-12)[2019-11-29]. http://www.360doc.com/content/19/1012/13/3066843_866329322.shtml.

[146] Thompson N,Pascal J. Developing Critically Reflective Practice[J]. Reflective Practice,2012,13(2):311-325.

[147] Gross R E, Dynneson T L. Social Science Perspectives on Citizenship Education[M]. New York:Teachers College Press,1991.

[148] Husten T. The International Encyclopedia of Education[M]. 2nd ed. Oxford:Pergamon Press,1994.

后　　记

如果说从开始当小学代课老师算起,到现在除去工厂工作和大学学习的时间,我的教师职业历程已经有38年,这个时间不能说不够长,但对于自己的职业生涯来说,我似乎从未感到过职业倦怠。无论是作为教师还是作为教学管理者,我对学校始终是充满敬意的,因为教育寄托了孩子们的希望;我对工作是充满热情的,因为我在其中感到了快乐。即使在这个时代校园外的世界异常精彩,但我依然对教师这个职业情有独钟,学校已经成为我精神上的第二家园。回望走过的教育工作旅程,我时常想,是谁在冥冥之中指引着我、鼓舞着我、支持着我,能够让我在这一旅程中获得幸福感呢?

去年,我又回到中学时代的校园,校园里的小河依然静静地流淌,大雪松依然苍劲挺拔,行走其间,身边还是那熟悉的青草香和鸟鸣。我四处地看着,忽然觉得少了些什么,我细细地想,哦,是那一排青砖砌成的教师办公室不见了,那可是我父亲工作的地方。那些年,办公室里总有一盏灯要亮到深夜,灯下是他备课的身影,也总会有一曲曲琴声从窗户飘出,琴声倾诉的是父亲对学生的爱。父亲是当地知名的数学老师,敬业和善良为他赢得了学生的爱戴,每年春节总会有许多学生从外地回家乡来看望父亲,那是父亲最开心的时刻,那一刻也总会再一次激发我也要做一个像父亲那样的老师的愿望。我感谢过许许多多的人,但好像从未对父亲说一声谢谢,其实他才是我一生最应该感谢的人,因为他是我心中那盏指路的灯,是我心中最温暖的音符。我想写点什么来感谢,但语言总是贫乏的,那就写写教育吧,因为这是我和父亲在心底始终默默交流的情感所在。于是,那一刻起我知道自己应该写些什么了,其实在这本书中我所表达的一些信念,也是父亲一生所恪守的,我想也许这才是对父亲最好的感谢和怀念。

教育问道的旅程很长,也会很清寂,但我从未感到孤独,那是因为在我身边有一个始终陪伴和支持我的人——我的太太,她也是一位大学教育工作者,在我工作最忙的时候,她总是默默地承担起家里所有的事,侍父母、育孩子。她总说:你工作开心,我也高兴。在我就要搁笔的此刻,我要真诚地对她说一声:谢谢!

所有的教育事业都需要勤勉的拉车者,也需要仰望星空者,我也愿意成为这样的人,职业生涯有尽头,但浩瀚的星空总有无限的可能,我依然会眺望着。

程宜康
2020年11月于苏州